Konrad Schmid

Die Theologische Fakultät der Universität Zürich

TVZ

Neujahrsblatt auf das Jahr 2016

Herausgegeben von der Gelehrten Gesellschaft in Zürich
(ehemals Gesellschaft der Gelehrten auf der Chorherren)

179. Stück

Als Fortsetzung der Neujahrsblätter der Chorherrenstube Nr. 237

Bisherige Neujahrsblätter der Gelehrten Gesellschaft in Zürich seit 1838:
www.gelehrte-gesellschaft.ch

Konrad Schmid

Die Theologische Fakultät der Universität Zürich

Ihre Geschichte von 1833 bis 2015

TVZ
Theologischer Verlag Zürich

Publiziert mit freundlicher Unterstützung der Baugarten-Stiftung, der Stiftung für wissenschaftliche Forschung an der Universität Zürich, der Theologischen Fakultät der Universität Zürich, des Emil Brunner-Fonds der Evangelisch-reformierten Landeskirche des Kantons Zürich, des Zürcher Universitätsvereins sowie der Gelehrten Gesellschaft in Zürich.

Bibliografische Informationen der Deutschen Nationalbibliothek
Die Deutsche Nationalbibliothek verzeichnet diese Publikation in der Deutschen Nationalbibliografie; detaillierte bibliografische Daten sind im Internet über http://dnb.dnb.de/ abrufbar.

Umschlaggestaltung
Simone Ackermann, Zürich
unter Verwendung einer Fotografie von Ursula Markus, Zürich

Druck
Westermann Druck Zwickau GmbH

ISBN 978-3-290-17865-9

http://www.tvz-verlag.ch/

Inhaltsverzeichnis

Anhang

Vorwort

Mein Dank für vielfältige Informationen und Unterstützung geht an das Staatsarchiv des Kantons Zürich, an das Universitätsarchiv und an die Universitätsarchivarin Silvia Bolliger sowie ihren Nachfolger Martin Akeret, an meine Kollegen Werner Kramer, Peter Opitz, Pierre Bühler, Paul Michel, Christoph Ammann, Christian Moser, Peter Schwagmeier, an Patrizia Stadler und Henning Ziebritzki sowie speziell an Nina Beerli, die zahlreiche Dokumente aus dem Staats- und Universitätsarchiv transkribiert und wertvolle Informationen zusammengetragen hat, und vor allem an Samuel Arnet für das Redigieren des Textes, die Herstellung der Anhänge sowie die Erstellung der Druckvorlage. Ausserdem danke ich Ursula Markus für die Bebilderung dieses Buches. Biographische Informationen zu einzelnen Personen sind mitunter dem Historischen Lexikon der Schweiz sowie – für die jüngere Zeit – den Webseiten ihrer Lehrstühle entnommen. Das Kapitel «Das Grossmünster und Karl der Grosse im Siegel der Universität Zürich» ist eine gekürzte und überarbeitete Fassung meines Beitrags zum Neujahrsblatt der Gelehrten Gesellschaft 2014.[1]

Die Erarbeitung und der Druck dieses Buches wurden unterstützt durch die Baugarten-Stiftung, die Stiftung für wissenschaftliche Forschung an der Universität Zürich, die Theologische Fakultät der Universität Zürich, den Emil Brunner-Fonds der Evangelisch-reformierten Landeskirche des Kantons Zürich, den Zürcher Universitätsverein sowie durch die Gelehrte Gesellschaft in Zürich. Auch ihnen danke ich herzlich.

Zürich, im Oktober 2015 Konrad Schmid

[1] Schmid 2014a.

Einleitung

Weshalb eine Geschichte der Theologischen Fakultät der Universität Zürich? Es liegen historische Darstellungen zur Universität Zürich insgesamt vor, besonders in Jubiläumsvolumen, die zu ihrem 50., 100. und 150. Gründungsjahr erschienen sind und die auch die Theologische Fakultät mitbehandeln,[1] aber bislang existiert kein eigenes Werk zur Theologischen Fakultät als solcher. Gegenwärtig ist sie die kleinste der mittlerweile sieben Fakultäten: An ihr sind etwas mehr als ein Prozent der Studierenden immatrikuliert, während sie etwas weniger als ein Prozent des Gesamtbudgets der Universität Zürich benötigt.

Obwohl insofern die Theologische Fakultät statistisch gesehen vergleichsweise unwichtig zu sein scheint, so ist sie für den Universitätsstandort Zürich doch von einerseits institutionell grundlegender und andererseits sachlich übergreifender Bedeutung. Zunächst einmal ist sie eine der Gründerfakultäten der Universität – ihre Vorgängerinstitutionen bilden die ältesten Wurzeln der Universität Zürich, deren Vorgeschichte zu einem ansehnlichen Teil mit den theologischen Schulen seit der Reformationszeit verbunden ist, wie überhaupt die frühe Universitätsgeschichte in Europa wesentlich mit der Theologie verknüpft ist.[2] Anhand der Geschichte der Theologischen Fakultät lässt sich gleichzeitig die Entwicklung jener Tradition nachzeichnen, die für das Verständnis der geistigen Situation und Geschichte Zürichs im 19. und 20. Jahrhundert zentral ist. Der Zürcher Protestantismus, besonders in seiner liberalen Ausprägung des 19. Jahrhunderts, hat Zürich – und damit auch seine Universität –

[1] Vgl. von Wyss 1883; von Schulthess-Rechberg 1914; Nabholz 1933; Stadler 1983.
[2] Vgl. Asztalos 1993.

bis in die Gegenwart hinein nachhaltig geprägt, auch dort, wo die geschichtlichen Wurzeln dieser Prägung längst nicht mehr bekannt sind.[3] Schliesslich, und das ist nicht minder bedeutsam, lässt sich am Standpunkt, den die Gesamtuniversität gegenüber ihrer Theologischen Fakultät einnimmt, auch ablesen, wie sich die Universität Zürich als Universität versteht.

Man kann aus unterschiedlichen Blickwinkeln die Theologische Fakultät der Universität Zürich betrachten. Manchmal wird in ihr eine Ausbildungsstätte für Pfarrerinnen und Pfarrer gesehen, doch ist sie das ebenso viel und ebenso wenig, wie die Medizinische Fakultät für die Ausbildung von Ärztinnen und Ärzten oder die Rechtswissenschaftliche Fakultät für diejenige von Anwältinnen und Anwälten zuständig ist. In erster Linie gehen aus der Theologischen Fakultät Theologinnen und Theologen hervor, die dann mittels eines zweiten Schritts einer komplementären kirchlichen Ausbildung zu Pfarrerinnen und Pfarrern werden können, analog dazu, wie aus Medizinerinnen und Medizinern Ärztinnen und Ärzte oder aus Juristinnen und Juristen Anwältinnen oder Anwälte werden können.

Bestimmt man das Aufgabengebiet der Theologischen Fakultät weniger vom Ausbildungsaspekt, sondern mehr vom Bildungsaspekt her, dann wird deutlich, dass sie innerhalb der Universität eine Einheit eigenen Fragezuschnitts ist, die – ausgehend von einem bestimmten Traditionszusammenhang – Grenzfragen stellt, ohne die eine Universität wohl keine Universität mehr wäre. Die Universität ist dabei die einzige Institution des europäischen Abendlandes, die sich weltweit unbestritten und konkurrenzlos durchgesetzt hat: Wo immer man heute Hochschulbildung anbietet oder entwirft, geschieht dies nach dem Modell der Universität – das nicht zuletzt auch auf die Theologie zurückgeht.

Was ist die spezifische Bedeutung der Theologie für die Universität?[4] Sie greift auf das Ganze der Wirklichkeit als eines möglichen Sinnzusammenhangs aus und thematisiert dabei die grundsätzliche Limitierung menschlicher Erkenntnisfähigkeit. Entsprechend kommt der Theologie innerhalb der Universität eine grundlegend

[3] Craig 1988. [4] Vgl. Ebeling 1975; Dalferth u.a. 1998; Dalferth 2006.

ideologiekritische Funktion zu: sie hat das Ganze im Blick, thematisiert aber gleichzeitig aus menschlicher Perspektive die elementaren Grenzen eines ganzheitlichen Blicks.

Seit es Theologie an der Universität gibt, haben diese Aufgabenstellungen bemerkenswerte interpretatorische und hermeneutische Energien freigesetzt, die die Theologie die Taktgeberin der Geisteswissenschaften sein liessen. Diese haben sich dann seit der Mitte des 20. Jahrhunderts in einem gewissen Prozess der Verkulturwissenschaftlichung und Versozialwissenschaftlichung einerseits verselbständigt, andererseits aber auch bisweilen von inhaltlichen Fragen entfernt. Wohlgemerkt: Kultur- und Sozialwissenschaften sind wichtig und haben viele neue Erkenntnisse generiert, aber Forschung und Lehre in einer Universität kann sich nicht auf die Eruierung von sozialen Funktionen und historischen Kontexten von bestimmten Ideen und Gedanken beschränken, sondern sie muss auch nach deren Bedeutung und sachlichem Gewicht fragen – nach dem, was sie zu denken geben.

In der gegenwärtigen gesellschaftspolitischen Situation ist die kirchliche Zugehörigkeit nur noch dann ein Mehrheitsphänomen, wenn die Anzahl Mitglieder aller Konfessionen zusammengezählt wird. Entsprechend steht die Traditionsorientierung der Theologie unter einem gewissen Erklärungsdruck, der aber – wiederum nicht zuletzt im Blick auf andere Fakultäten – zu relativieren ist. Dass sich die Theologische Fakultät ihren umfassenden Fragen nicht ausschliesslich, aber überwiegend aus einer bestimmten intellektuellen Tradition nähert, ist aus verschiedenen Überlegungen heraus begründbar: An der Universität Zürich steht in der Literaturwissenschaft die Erforschung der deutschen Literatur stärker im Fokus als etwa jene der portugiesischen, man befasst sich in der Veterinärmedizin mehr mit Pferden und Kühen als mit Emus und Kängurus, und in der Rechtswissenschaftlichen Fakultät ist die Beschäftigung mit dem schweizerischen Recht intensiver als jene mit dem japanischen – ebenso legt auch die hiesige Theologische Fakultät einen Fokus auf das Christentum und den Protestantismus, ohne aber andere Religionen und Konfessionen dabei auszublenden. Die allgemeine Religionsgeschichte gehört seit jeher zu den von der Theologischen Fakultät bearbeiteten Gebieten: seit 1980 besteht ein Lehrstuhl für Religionswissenschaft und seit 2000 ein entsprechender Studiengang, und 2006 wurde das Religionswissenschaftliche Seminar gegründet, das mittlerweile mit drei Professuren ausgestattet ist. Ebenfalls seit 2006 besteht das Zentrum für Religion, Wirtschaft und Politik (ZRWP), das in gemeinsamer Trägerschaft mit Basel, Lausanne und Luzern den Masterstudiengang «Religion, Wirtschaft und Politik» anbietet. Zudem verfügt die Fakultät seit 2011 über die Sigi-Feigel-Gastprofessur für Jüdische Studien und einen Joint-Master-Studiengang «Antikes Judentum», der in Kooperation mit der Universität Bern betrieben wird. Schliesslich wurde im Herbstsemester 2015 eine neue Gastprofessur für Islamische Theologie und Bildung geschaffen, die gemeinsam von der Philosophischen und der Theologischen Fakultät getragen wird.

Neben ihrer Bedeutung für die gesamte Universität Zürich ist die Geschichte der Theologischen Fakultät auch in binnentheologischer Hinsicht relevant. Dies zeigt sich darin, dass beinahe alle wichtigen theologischen Strömungen und Richtungsentscheidungen, die die europäische und zum Teil auch globale Theologie im 19. und 20. Jahrhundert geprägt haben,[5] in Zürich prominent bearbeitet oder massgeblich entwickelt wurden oder gar ihren Ursprung nahmen: die spekulative Theologie, die liberale Theologie, die dialektische Theologie, der religiöse Sozialismus, die Bibelübersetzung, die hermeneutische Theologie, Sozial- und Wirtschaftsethik, Religionsgeschichte und Religionswissenschaft, Religionsphilosophie und Religionspsychologie. Ja, die Unterscheidung in liberale und positive Theologie geht auf Professoren der Universität Zürich zurück – je nach Urteil auf David Friedrich Strauss oder auf Alexander Schweizer.[6]

Natürlich können mit der vorliegenden Schrift nur bestimmte Streiflichter auf die grösseren Zusammenhänge des Themas geworfen werden. Das Ziel besteht darin, einen informierenden Blick in die Vergangenheit dieser Teilinstitution der Universität zu werfen;

[5] Vgl. Smend 2000. [6] Schweizer 1972, 13; vgl. Schmid 1954, 261–275; Finsler 1881, 4–130; Nigg 1937, 146–174; Kaufmann 2006, 29; Aerne 2006, 27–76.

die Kenntnis dieser Vergangenheit ist sowohl für die Fakultät selbst als auch für die gesamte Universität von Bedeutung.

Den üblichen Arbeitsformen der Theologie entsprechend lässt sich die Geschichte der Theologischen Fakultät zerlegen in Teilgeschichten der an ihr wirkenden Dozierenden. Dabei überrascht, dass die Fakultät nicht nur von den grossen Namen geprägt worden ist, die man mit ihr für das 19. Jahrhundert (etwa Alexander Schweizer und Alois Emanuel Biedermann) oder für das 20. Jahrhundert (etwa Emil Brunner und Gerhard Ebeling) verbinden mag,[7] sondern dass an ihr auch eine Vielzahl bemerkenswerter Gelehrter wirkten, die sich dem späteren Gedächtnis weniger deutlich eingeprägt haben, die aber gleichwohl sowohl als Säulen der lokalen Institution als auch als international namhafte Vertreter ihres Fachs gelten dürfen.

[7] Vgl. Bolliger 2005.

I. Wurzeln und Anfänge

Vorgeschichte: Die Prophezei und das Carolinum

Die Theologische Fakultät der Universität Zürich besteht seit 1833 und ist damit so alt wie die Universität Zürich. Doch ihre Geschichte wäre unvollständig ohne ihre Vorgeschichte,[1] denn die Universität Zürich führt – unter anderem – eine höhere theologische Lehranstalt weiter, die am Grossmünster seit der Reformation bestand. «Kein Fach der heutigen Universität kann in Zürich schon so lange studiert werden wie die Theologie. Ja mehr: Die Geschichte der höheren Schulen in Zürich überhaupt, die Einrichtung anderer Studiengänge und schliesslich die Gründung der Universität hängen aufs engste mit der Geschichte der theologischen Studien zusammen.»[2]

Schon vor der Reformation unterhielt das Grossmünster eine Theologenausbildung, die allerdings im Wesentlichen eine Lateinschule war. Sie erreichte eine gewisse Blüte im 13. Jahrhundert mit Konrad von Mure (d.h. Muri), der die Stiftsschule leitete (1244–1271) und als Chorherr am Grossmünster (ab 1246) sowie als Kantor belegt ist (ab 1259).[3] Die Funktion dieser Schule war allerdings beschränkter Natur, und so musste die eigentliche höhere theologische Bildung ausserhalb von Zürich bezogen werden, etwa in Basel, Heidelberg, Wien, Paris, Mailand, Bologna oder Pisa.

Mit der Reformation in Zürich durch Huldrych Zwingli (1484–1531) entstand die Notwendigkeit einer eigenen, autarken theologischen Lehranstalt in Zürich: Protestantische theologische Fakultä-

[1] Nabholz 1933, 3–164. [2] Schmid 1980, 3–4.
[3] Vgl. ausführlich Gysel 2010, 91–101.

ten im Ausland waren erst in der Gründung begriffen, und die neue Lehre bedurfte der akademischen Selbstreflexion vor Ort. Deshalb sollte die bestehende Lateinschule am Chorherrenstift um eine theologische Lehranstalt auf reformatorischer Grundlage ergänzt werden.

Am 29. September 1523 traf der Rat von Zürich den Beschluss über die Errichtung einer solchen theologischen Lehranstalt,[4] die als «Lectorium» oder «Lectiones publicae» bezeichnet und später auch als «Prophezei» bekannt wurde.[5] Durch die Säkularisation des Grossmünsterstifts im Laufe der Reformation in Zürich konnte die Prophezei finanziert werden. Die Mittel flossen vor allem in die Anstellung von Professoren, die entsprechend der humanistischen Ausrichtung der Zürcher Reformation philologisch ausgerichtet waren. Einer der ersten Lehrer war Jakob Ceporin (Wiesendanger) (1499/1500–1525), der in Köln, Wien sowie in Ingolstadt bei Johannes Reuchlin studiert hatte, bevor er Professor für Griechisch und Hebräisch an der Prophezei wurde. Er verfasste eine Griechischgrammatik, die zahlreiche Auflagen erlebte und noch bis in das 18. Jahrhundert an Zürcher Schulen in Gebrauch stand.[6] Sein Nachfolger Konrad Pellikan (1478–1556) stammte aus dem Elsass, hatte in Heidelberg und Tübingen sowie ebenfalls unter Reuchlin in Ingolstadt studiert und kam dann nach Zürich, wo er einer der wichtigsten Mitarbeiter an der Übersetzung der Zürcher Bibel wurde und einen siebenbändigen Kommentar zu ihr verfasste – der erste protestantische Kommentar zur gesamten Bibel überhaupt.[7]

Die Anzahl der Chorherren am Stift wurde im Zuge seiner Säkularisation von 24 auf 18 reduziert. Die Chorherren wurden nun als Pfarrer am Grossmünster und dessen Filialen sowie als Lehrer an der neuen Schule angestellt. Am 19. Juni 1525 wurde die Prophezei eröffnet. «Von ihrer Stellung im Ausbildungsgang her nimmt die Prophezei einen Platz zwischen Lateinschule und Universität ein, da sie keineswegs das Theologiestudium an auswärtigen Universitäten ersetzen sollte. Eine Universitätsgründung war nie geplant. In den ers-

[4] Nabholz 1933, 4. [5] Vgl. Büsser 2004, 198–199.
[6] Egli 1901; Riedweg 2000b. [7] Gäbler 2004, 92; Zürcher 1975.

ten Jahren ihres Bestehens diente die Prophezei der Umerziehung und Schulung der schon im Amte stehenden Geistlichkeit der Stadt, die grundsätzlich zur Teilnahme an den Vorlesungen verpflichtet war.»[8]

Die Prophezei bot einen Unterricht, der Elemente eines heutigen alttestamentlichen Seminars mit denen eines Gottesdienstes kombinierte. Jeden Tag, ausgenommen Sonntag und Freitag, fand der Unterricht ab 8 Uhr zunächst unter den Theologen – Professoren und Pfarrern – statt, die sich der fortlaufenden Auslegung des Alten Testaments widmeten. Der Text wurde Vers für Vers auf Hebräisch, Griechisch und Lateinisch vorgelesen und ausgelegt.[9] Um 9 Uhr stiess das Volk hinzu, und nun wurden diese Auslegungen ins Deutsche übertragen und in Form einer Predigt vorgetragen.[10] Für das Hebräische waren Ceporin und dann Pellikan zuständig, die Septuaginta-Auslegung übernahm Zwingli, und die deutsche Predigt wurde meistens von Leo Jud wahrgenommen. Am Fraumünster gab es nachmittags eine Parallelveranstaltung zur Auslegung des Neuen Testaments,[11] an der Zwingli auch oft mitwirkte. Nur an wenigen Tagen des Jahres fand kein Unterricht statt.[12]

Der Unterricht an der Prophezei zeigt, dass Zwingli sich eine Pfarrerschaft wünschte, die vor allem philologisch ausgebildet war. Zwingli war hier von entsprechenden Forderungen Erasmus von Rotterdams beeinflusst, welcher das ähnlich aufgebaute «Collegium Trilingue» in Löwen ins Leben gerufen hatte (1517–1519).[13] Eine grosse Errungenschaft der Zürcher Reformation war die Übersetzung der Zürcher Bibel, die 1531 veröffentlicht wurde.

Nach dem Tod Zwinglis in der Schlacht bei Kappel (11. Oktober 1531) rückte Heinrich Bullinger (1504–1575)[14] zum leitenden Kopf der Prophezei auf. Bullinger hatte in Köln studiert und wirkte als Lehrer an der Klosterschule in Kappel am Albis (1523–1529), wo sich eine enge Verbindung zu Zwingli ergeben hatte. Anschliessend war er Pfarrer in seiner Geburtsstadt Bremgarten (1529–1531). Nach

[8] Gäbler 2004, 92–93. [9] Büsser 2004, 196.
[10] Nabholz 1933, 6; Büsser 1999, 18–19. [11] A.a.O., 19. [12] Nabholz 1933, 14.
[13] Büsser 2004, 198. [14] Siehe Büsser 2004.

Zwinglis Tod schuf er eine dauerhafte Kirchenverfassung und verhalf der Zürcher Schule durch die Berufung ausgewiesener Gelehrter zu hohem Ansehen. Bullinger gehörte zu den wichtigsten und bekanntesten Gelehrten seiner Zeit: seine Briefkorrespondenz umfasst etwa 12 000 überlieferte Schreiben und zeigt, dass er Kontakte in ganz Europa pflegte.

Ab 1532 wirkte Theodor Bibliander (1506–1564) an der Prophezei. Er war ein bedeutender Philologe und Bibelausleger, der sich hauptsächlich dem Alten Testament widmete. Auf ihn geht auch die erste gedruckte lateinische Übersetzung des Korans zurück – sie erschien 1543 in Basel bei Johannes Oporinus.[15]

Bald traten in der Zürcher Schule Rhetorik, Dialektik und Philosophie als neue Fächer neben die alten Sprachen und die Bibelauslegung. 1541 wurde sogar ein Lehrstuhl für Naturwissenschaften eingerichtet, der Konrad Gessner (1516–1565) übertragen wurde. Der dahinterstehende Gedanke war, dass sich das Walten der göttlichen Vorsehung in der Natur beobachten lasse und entsprechend auch Naturkunde zum Lehrangebot einer theologischen Lehranstalt zu gehören habe. Gessner gehörte zu den herausragendsten Gelehrten seiner Zeit.[16] Er hatte an den Universitäten Bourges und Paris studiert (1533–1534) und wurde 1537 als Professor für Griechisch an die reformierte Akademie in Lausanne berufen. Er erlangte zudem in Basel ein Doktorat in Medizin (1541). 1555 veröffentlichte er den «Mithridates», der den ersten Entwurf einer vergleichenden Sprachwissenschaft darstellt, 1559 folgte die *editio princeps* von Marc Aurels «Meditationes». Am bekanntesten sind seine «Bibliotheca universalis» (1545), die erste in Druckform vorliegende Bibliographie aller damals bekannten hebräischen, griechischen und lateinischen Werke, sowie seine «Historia animalium» (1551–1558), die die moderne beschreibende Zoologie begründete. Die «Descriptio montis Fracti» (1555) gilt als das erste Werk der Pflanzengeographie. Gessner erlag der 1565 auch in Zürich wütenden Pest.

[15] Vgl. Bobzin 1986; Christ-von Wedel 2005. [16] Leu 1990.

Während einiger Zeit bot auch Karlstadt (Andreas Bodenstein, 1486–1541) in Zürich Vorlesungen über weltliches Recht an.[17] Er war 1530 auf Vermittlung Zwinglis hierher gekommen und wirkte hier als Pfarrer und juristischer Berater; ab 1534, nun auf Fürsprache durch Heinrich Bullinger, lehrte er als Professor der Theologie an der Universität Basel, die 1460 gegründet worden war.

Ab 1559 wurde die Prophezei als Hohe Schule für Theologie eingestuft und trug fortan den Namen «Schola Tigurina» (Zürcher Schule). 1601 wurde sie Teil des «Carolinum», das aus einer theologischen, philologischen und philosophischen Abteilung bestand und dessen Name sich auf Karl den Grossen bezieht, den legendären Stifter des Grossmünsters, der allerdings wahrscheinlich nie in Zürich war. Die Bezeichnung bürgerte sich spätestens seit den 1664 publizierten Karlstagsreden (1662 und 1663) von Johann Heinrich Hottinger (1620–1667) ein, in denen er die Geschichte der von ihm so genannten «Schola Tigurina Carolina» seit Karl dem Grossen darstellte, den er für ihren Gründer hielt. Hottinger selbst, eine der herausragenden Figuren des Carolinum, besuchte die Schulen in Zürich, reiste dann studienhalber nach Genf sowie nach Frankreich, in die Niederlande und nach England. In Leiden studierte er Hebräisch, Arabisch, Syrisch und Aramäisch. 1642 kehrte er nach Zürich zurück und wirkte als Professor für Kirchengeschichte, Orientalistik und Rhetorik am Carolinum. 1655 wurde er vom Kurfürsten der Pfalz zur Neuaufrichtung der Theologischen Fakultät und als Professor für Orientalistik nach Heidelberg berufen. Von 1661 an war er als Rektor wieder am Carolinum in Zürich. Kurz vor seinem Tod nahm er einen Ruf an die Universität Leiden an, ertrank aber noch im selben Jahr in der Limmat.

Im 17. Jahrhundert wurde der Einfluss der protestantischen Orthodoxie auf den Lehrbetrieb am Carolinum spürbar, indem im Lectorium die biblischen *dicta probantia* («Beweisstellen») für das theologische Lehrstudium nun die zentrale Stellung einnahmen. Im Mittelpunkt des Interesses stand – entsprechend der damaligen Verfassung der protestantischen Theologie auch ausserhalb Zürichs –

[17] Hasse 1989–1991.

das protestantische Lehrgebäude, von dem ausgehend man sich auf die Suche nach Bibelstellen machte, die die entsprechenden Lehrsätze begründen könnten.[18] Das bestbekannte Werk dieser Art war das *Collegium biblicum in quo dicta scripturae Veteris et Novi testamenti iuxta seriem locorum communium theologicorum disposita dilucide explicantur*[19] von Sebastian Schmidt, das alt- und neutestamentliche Belegstellen der theologischen *loci* separat auflistete. Bibel und Theologie verhielten sich in dieser Zugangsweise zueinander wie implizite Grundlage und systematische Explikation. Doch mangelte es dieser Zugangsweise einerseits am Bewusstsein der historischen Distanz zur Bibel und andererseits an der Anerkennung der Vielstimmigkeit der Bibel selbst.

Zur inhaltlichen Unbeweglichkeit trat erschwerend hinzu, dass nur noch Stadtbürger zu Professoren am Carolinum ernannt werden konnten. So fanden sich im Carolinum zwar noch einzelne herausragende Gestalten wie der bereits erwähnte Johann Heinrich Hottinger oder auch dessen Nachfolger Johann Heinrich Heidegger (1633–1698), doch der vormalige Glanz der Institution war verblichen. Letzterer, als Sohn eines Kapiteldekans in Bäretswil geboren, studierte am Zürcher Carolinum, in Marburg und Heidelberg (bei Johann Heinrich Hottinger), bevor er als Professor in Steinfurt (Westfalen) wirkte (1659–1665) und in Zürich die Professur für Exegese und Dogmatik antrat (1667). Neben den Leistungen von Hottinger und Heidegger ist als wissenschaftliche Errungenschaft des Carolinum in jener Zeit die Totalrevision der Zwingli-Bibel zu erwähnen (1665/1667).

Kurzfristigen Glanz verlieh dem Carolinum der ab 1710 dort als Mathematik- und später Physikprofessor wirkende Johann Jakob Scheuchzer (1672–1722), auch wenn er bezüglich der von ihm vertretenen kopernikanischen Weltsicht mit grossen Widerständen in der Zürcher Orthodoxie zu kämpfen hatte. Scheuchzer hatte an der Universität in Altdorf bei Nürnberg Naturphilosophie studiert und war dort mit der Technik des Experimentierens vertraut geworden. 1694 wurde er in Utrecht zum Dr. med. promoviert. 1695 kehrte er

[18] Marti 2009. [19] Strassburg 1671, [2]1676, [3]1689.

nach Zürich zurück und wurde zweiter Stadtarzt und 1697 Aktuar der gelehrten Gesellschaft der Wohlgesinnten. Im selben Jahr nahm ihn die *Academia naturae curiosorum* (die spätere Leopoldina) und 1704 die *Royal Society* in London als Mitglied auf. Wenige Monate vor seinem Tod rückte Scheuchzer in Zürich zum Physikprofessor und zugleich zum ersten Stadtarzt und Chorherrn auf.

Ein staatswissenschaftlicher Lehrstuhl wurde am Carolinum erstmals 1731 eingerichtet. Johann Jakob Bodmer (1698–1783), der die Lateinschule und das Collegium Carolinum in Zürich besucht hatte, als Kaufmann im Seidenhandel arbeitete (ab 1718) und als Verweser am Carolinum wirkte (ab 1725), bekleidete diesen Lehrstuhl für Helvetische Geschichte als erster (1731–1775). Er war auch Mitglied des Grossen Rates (ab 1747). Bereits um 1720 begann die langjährige Zusammenarbeit mit Johann Jakob Breitinger (1701–1776), der selbst ein Schüler des Carolinum, später dort Professor des Hebräischen (ab 1731) sowie zudem der Logik und Rhetorik war (ab 1740). 1745 wurde er Professor für Griechisch und zugleich Chorherr am Grossmünster. Sowohl im Bereich der Schweizergeschichte als auch der Literaturtheorie erwarben sich Bodmer und Breitinger Anerkennung über ihren engeren Wirkungsort hinaus: ihr Positionsbezug im

Sinne der Betonung der Kreativität gegenüber der Mimesis als grundlegendem poetischen Prinzip hatte gegen Johann Christoph Gottsched (1700–1766) grossen Anteil.[20]

Ein Schüler Bodmers und Breitingers am Carolinum war Johann Caspar Lavater (1741–1801), der als Pfarrer an der St. Peter-Kirche in Zürich wirkte und vor allem durch seine Arbeiten zur Physiognomik berühmt wurde.[21] Sein umfassendes literarisches Schaffen wird derzeit in einer auf zehn Bände angelegten Edition veröffentlicht, von denen bislang 6 Teilbände erschienen sind.[22]

Als einer der führenden Köpfe der zeitgenössischen Aufklärungstheologie, die sich auch am Carolinum etablieren konnte,[23] behauptete sich Johann Jacob Zimmermann (1695–1757).[24] Er bekämpfte sowohl die herrschende Dogmatik als auch den aus Frankreich und den Niederlanden einbrechenden Atheismus bzw. Deismus; er hielt sich an natürliche Theologie und philosophische Ethik. Seine Festrede zum Karlstag 1741 führte zu Protesten der Pfarrerschaft und kostete ihn fast den Lehrstuhl.[25] Der spätere Zürcher Theologie-Professor Fritzsche porträtierte Zimmermann zum Hundertjahrjubiläum dieser Rede in einer kleinen Schrift.[26]

Im Carolinum wurde 1773 Deutsch als Unterrichtssprache eingeführt.[27] Doch da die Schule ganz in der Kontrolle der Geistlichkeit verblieb und ihre Professorenstellen nach wie vor nur mit Zürchern besetzt waren,[28] genoss sie Anfang des 19. Jahrhunderts keinen herausragenden Ruf mehr als Bildungsanstalt. Neben den inneren Schwierigkeiten forderten aber auch die durch die Epoche der Aufklärung erfolgten Wissensfortschritte neue Formen der Bildungsinfrastruktur Zürichs. So wurde 1782 das Medizinisch-chirurgische Institut zur Ausbildung von Ärzten geschaffen. Die Doktorwürde konnte es seinen Abgängern allerdings nicht verleihen. Einer seiner Gründer jedoch, Johann Heinrich Rahn (1742–1812), besass die Würde eines Pfalzgrafen (ab 1792); von der damit verbundenen Be-

[20] Vgl. Lütteken / Mahlmann-Bauer 2009. [21] Vgl. Weigelt 1991.
[22] Vgl. Lavater 2001–. [23] Marti 2012. [24] Von Schulthess-Rechberg 1914, 6.
[25] Widmer 1979, 34. [26] Fritzsche 1841.
[27] Marti 2009, 155. [28] Craig 1988, 139.

fugnis, Doktoren zu kreieren, machte er ab und zu Gebrauch. Das Institut bot also gewissermassen einen propädeutischen Studiengang an, der dann an der Universität Basel oder einer ausländischen Universität abgeschlossen werden konnte; die Gesellschaft zum Schwarzen Garten (als Zweig der Zunft zur Schmieden) sowie der kantonale Sanitätsrat erteilten ursprünglich deren Diplom. 1803 wurde das Institut eine staatliche, kantonale Anstalt.

Etwas später wurde das Politische Institut gegründet (1807), das der Ausbildung von Juristen und Staatsmännern diente. Es war keine öffentliche Einrichtung, wurde aber durch ein Kuratorium verwaltet, von dem vier Mitglieder auch dem 1803 gegründeten Erziehungsrat des Kantons angehörten und das so dem Kanton in einer partiellen Personalunion angeschlossen war. Der Erziehungsrat nahm die Aufsicht über alle öffentlichen und privaten Unterrichtsanstalten im Kanton wahr und unterstand dem helvetischen Direktorium; er stand unter dem Vorsitz des Bürgermeisters (Hans von Reinhard, 1803–1831) und setzte sich zusammen aus zwei Mitgliedern des kleinen Rates, dem Antistes, dem Rektor des Gymnasiums, den zwei ältesten Mitgliedern des Schulkonventes sowie acht Mitgliedern geistlichen oder weltlichen Standes freier Wahl.[29]

So präsentierte sich die Situation des höheren Zürcher Bildungswesens im beginnenden 19. Jahrhundert in einer recht diversifizierten Form. Nach wie vor am wichtigsten war das Carolinum, das allerdings eher als Gymnasium denn als höhere Lehranstalt zu charakterisieren war: Man trat als Zwölfjähriger ein und besuchte es fast zehn Jahre lang.[30] Der Hauptakzent der Bildung lag nur in den letzten beiden Studienjahren auf theologischen Fächern; in den vorangehenden Jahren waren auch klassische und naturwissenschaftliche Fächer zu belegen. Neben dem Carolinum, dem Medizinisch-chirurgischen und dem Politischen Institut bestanden noch zwei weitere Schulen, die Kunstschule (1773 versuchsweise und 1776 dauerhaft errichtet) sowie das Technische Institut,[31] die beide handwerkliche oder höhere mathematische, technische oder kaufmännische Studien anboten.

[29] Von Wyss 1883, 3. [30] Nabholz 1933, 177. [31] Ebd.

Die Gründung der Universität Zürich und ihrer Fakultäten

Die Universität Zürich entstand 1833, und zwar sowohl in Kontinuität als auch in Diskontinuität zum Carolinum, ihrer wichtigsten Vorgängerinstitution. Der bedeutendste allgemeine Faktor auf dem Weg zu ihrer Gründung bestand darin, dass sich alte Strukturen im Zuge der Helvetik auflösten. Zwar war das 1798 von Frankreich aufoktroyierte Grundgesetz, das einen nationalen Einheitsstaat herstellen wollte, ein Fremdkörper für die bisherige Eidgenossenschaft. Doch seine Prinzipien der Rechtsgleichheit, der Volkssouveränität und der Gewaltentrennung beeinflussten die Geschichte der späteren Schweiz stark. Besonders einschneidend war der verfassungsmässige Ausschluss sämtlicher «Diener irgend einer Religion» von Staatsämtern und Primärversammlungen,[1] da damit der geistliche Stand aus der politischen Führung verabschiedet wurde. Obwohl die Helvetik infolge des überraschenden Abzugs der französischen Besatzungstruppen (im Juli 1802) schon 1803 zu einem Ende kam, verlieh sie den Reformkräften, die die Säkularisierung und Egalisierung der Gesellschaft vorantreiben wollten, Auftriebskraft: Ihre unmittelbarste Frucht war die Einrichtung von Erziehungsräten in den Kantonen, denen die Reform des Bildungswesens oblag.

Auch mit der fortschreitenden Industrialisierung wurden neue Kräfte freigesetzt. Umfangreiche Strassenbauten erleichterten den Verkehr, 1835 nahm das erste Dampfschiff auf dem Zürichsee seinen Betrieb auf, ein Jahr später setzte das moderne Bankwesen in Zürich ein, eine Vielzahl neuer Gebäude wurde erstellt, mit einer Verfas-

[1] Stadler 1996, 43.

sungsrevision wurden 1838 die letzten Rechtsungleichheiten zwischen Stadt und Land beseitigt.[2] Die Bevölkerung der Stadt Zürich wuchs im 19. Jahrhundert rasant an, von 10 500 Einwohnern im Jahr 1800 auf 190 733 im Jahr 1910.[3] Gleichzeitig mussten die alten und einflussreichen Familien der Stadt die Teilung der Macht einüben sowie das aufstrebende Wirtschaftsbürgertum und die Industriellen auf dem Land in die politischen und wirtschaftlichen Entscheidungsprozesse miteinbeziehen.

Die beherrschende Figur der Zürcher Bildungseinrichtungen vor der Gründung der Hochschule war auf lokaler Ebene Johann Jakob Hottinger (1750–1819),[4] der ganz auf klassische Bildung setzte und an den alten Institutionen hing.[5] Er hatte Theologie am Carolinum in Zürich studiert (1763–1769) und wurde 1773 als Professor der Eloquenz ans Carolinum berufen; später kamen die alten Sprachen und die Hermeneutik als Lehrgebiete hinzu. Er publizierte zunächst vor allem als Theologe, dann aber vermehrt als Altphilologe und übersetzte auch zahlreiche Werke lateinischer Schriftsteller.

Für die wichtigste Zäsur im höheren Zürcher Bildungswesen des 19. Jahrhunderts – den Übergang vom Carolinum zur neuen Universität – ist bemerkenswerterweise just Hottingers Nachfolger als verantwortlich anzusehen: Johann Caspar von Orelli (1787–1849). Er sah die Notwendigkeit einer scharfen Trennung zwischen Gymnasium und Universität[6] und gilt zu Recht als die treibende Kraft bei der Zürcher Universitätsgründung.[7] Er war in Wädenswil geboren worden. Nach dem Besuch der Dorf- und Lateinschule studierte er am Carolinum in Zürich (ab 1801). Geistig geprägt wurde er durch seine Lehrer Johann Jakob Hottinger, Johann Heinrich Bremi sowie Johann Heinrich Pestalozzi, deren Bildungsideale seine eigene Position stark beeinflussten. Von Orelli verbrachte ein halbes Jahr (1806)

[2] Nabholz 1933, 243. [3] Brunschwig u.a. 2005, 169.

[4] Er war ein Ururenkel des in der Limmat ertrunkenen Orientalisten Johann Heinrich Hottinger (1620–1667) und ist nicht zu verwechseln mit seinem etwas jüngeren Namensvetter Johann Jakob Hottinger (1783–1860), der als ausserordentlicher (ab 1833) und als ordentlicher (1844–1859) Professor für Vaterländische Geschichte an der Universität Zürich wirkte.

[5] Nabholz 1933, 145. [6] A.a.O., 151–152. [7] Ferrari 2000.

in Pestalozzis Anstalt in Yverdon. Nachdem er Prediger in Bergamo geworden war (1807), unterrichtete er Geschichte und Sprachen an der Kantonsschule in Chur (1814–1818), bevor er ans Carolinum berufen wurde (1819) und dort als Professor für Eloquenz wirkte. Sein eigentliches wissenschaftliches Arbeitsgebiet war die Altphilologie. Er edierte zahlreiche lateinische Texte, etwa von Horaz, Persius, Platon, Plinius, Tacitus und Tommaso Campanella. Zudem gab er eine vollständige Ausgabe der Werke Ciceros in sieben Bänden heraus (1826–1838). Sein zweibändiger Horaz-Kommentar (1837–1838) avancierte zum Standardwerk und wurde mehrfach neu aufgelegt. Die Universität Basel ernannte ihn zum Dr. h.c. für Philosophie (1827). Er war Mitglied des Zürcher Erziehungsrats (1820–1839) und leitete als Oberbibliothekar die Stadtbibliothek Zürich (1831–1849).

Obwohl von Orelli bereits seit 1819 am Carolinum lehrte, konnte sich sein Reformgeist erst seit seiner Wahl in den Erziehungsrat, der 1831 neu konstituiert wurde, entfalten. Ihm ist die Grundentscheidung zu verdanken, dass die Universität Zürich nach deutschem Vorbild gestaltet werden sollte: die akademische Freiheit soll gewährleistet sein und über der Politik stehen, so dass alle universitätspolitischen und administrativen Entscheidungen allein nach wissenschaftlichen Gesichtspunkten getroffen werden können.[8]

Von zentraler Bedeutung für das intellektuelle Umfeld der neu entstehenden Universität in Zürich war die Regeneration, d.h. die Zeit zwischen den kantonalen Verfassungsrevisionen (1830–1831) und der Gründung des Bundesstaats (1848). Die Epoche war geprägt von umfassenden liberalen Reformen und wirtschaftlichen Modernisierungen, die eine zunehmende Polarisierung zwischen Liberalen einerseits und Konservativen andererseits herbeiführten. Sie trennten nicht nur zwischen den Konfessionen – die Protestanten galten insgesamt eher als liberal, die Katholiken eher als konservativ –, sondern wurden auch innerhalb ihrer prägend. Nicht nur in Zürich, sondern auch im Tessin, Thurgau, Aargau, in Luzern, St. Gallen, Freiburg, in der Waadt, in Solothurn, Bern und Schaffhausen wurden nach Massenpetitionen und Volkstagen (1830–1831) die alten Eliten

[8] Craig 1988, 140.

entmachtet und liberale Kantonsverfassungen eingeführt, die Presse-, Handels- und Gewerbefreiheit mit sich brachten. Zudem wurden neben der obligatorischen und unentgeltlichen Volksschule auch Lehrerbildungsanstalten sowie Kantonsschulen eingeführt.[9] In Bern und Zürich kam es zu Universitätsgründungen. In Neuenburg scheiterten zwei Versuche einer Liberalisierung (1831), und in Basel führten die Bemühungen um eine Verfassungsreform, welche die politische Benachteiligung der Landschaft beseitigen sollte, zur Trennung in zwei Halbkantone (1833). In dieser Zeit setzten Bestrebungen zu einer Revision des Bundesvertrags ein: Die Kantone Zürich, Bern, Luzern, Solothurn, St. Gallen, Aargau und Thurgau bildeten unter anderem zu diesem Zweck das liberale Siebnerkonkordat (1832). Darauf schlossen sich die Kantone Uri, Schwyz, Nidwalden, Obwalden, Neuenburg und Basel im konservativen Sarnerbund zusammen, um die Revision zu verhindern, doch dieser wurde alsbald von der Tagsatzung für rechtswidrig erklärt und aufgelöst (1833). Er fand eine Neuauflage im Sonderbund (1845), der bekanntlich zum Sonderbundskrieg führte (1847), der für den Sonderbund erfolglos ausging.

Eine weitere wichtige Rolle in der Reorganisation der Zürcher Politik kam dem Ustertag vom 22. November 1830 zu. Drei Tage vorher hatten in Stäfa über hundert Männer aus dem ganzen Kanton beschlossen, eine Volksversammlung nach dem zentral gelegenen Uster einzuberufen, um der politischen Forderung nach der Gleichstellung von Stadt und Landschaft Nachdruck zu verleihen. Als Versammlungsort war die neue Kirche vorgesehen, der Anlass musste dann allerdings wegen des enormen Zulaufs von etwa zehntausend Personen auf den Zimikerhügel verlegt werden. Die Versammlung verlief friedlich, und ihre Forderungen wurden der Kantonsregierung übergeben. Der Ustertag hatte als eines der dringlichsten Bedürfnisse die durchgreifende Verbesserung des Schulwesens genannt. Die neue Verfassung – sie wurde am 20. März 1831 mit überwältigender Mehrheit angenommen[10] – sah eine völlige Neuordnung des Gemeinwesens und auch eine Neubestellung der Behörden vor. Der

[9] Vgl. Riedweg 2000a.

[10] Mit 40 503 gegen 1721 Stimmen; siehe von Wyss 1883, 7; Nabholz 1933, 162.

Erziehungsrat wurde neu organisiert: seine Aufgabe bestand darin, das Bildungswesen von Grund auf neu aufzubauen. Er fasste den Beschluss, neben der Volksschule und Mittelschule eine «oberste Anstalt mit einer theologischen, juristischen, medizinischen und philosophischen Fakultät zu errichten».[11] Die finanziellen Voraussetzungen für den Aufbau einer Hochschule wurden im Grossen Rat durch Friedrich Ludwig Kellers Antrag auf Aufhebung des Grossmünsterstifts geschaffen; mit diesem Beschluss konnte das Vermögen des Stifts für die Finanzierung der neuen Universität verwendet werden.[12] – Die Eile, die man bei der Universitätsgründung an den Tag legte, hing nicht zuletzt mit den konkurrierenden Plänen einer einzigen grossen Nationaluniversität zusammen, die 1822 bei der Tagsatzung in Luzern diskutiert worden waren, später allerdings im Sand verliefen.

Die Stiftungsfeier der neuen Universität fand am 29. April 1833 im Grossmünster statt. Es wurden vier Fakultäten eingerichtet: je

[11] Beschluss vom 18. Juli 1831; Nabholz 1933, 163.

[12] Antrag vom 21. Dezember 1831, Beschluss vom 10. April 1832; Schwarz 1987, 11; Craig 1988, 140.

eine für Theologie, Medizin, Philosophie und Jurisprudenz. Die Hochschule übernahm somit die Funktionen der Vorgängerinstitutionen – des Carolinum, des Medizinisch-chirurgischen und des Politischen Instituts –, die allesamt mit der Eröffnung der Hochschule geschlossen wurden. Sie hiess erst ab 1912 amtlich «Universität», nachdem der Neubau an der Rämistrasse 71 durch die Volksentscheide von 1908 und 1911 möglich geworden war;[13] zuvor hatte von Orelli mühsam die Bezeichnung «Hochschule» gegenüber derjenigen einer «Akademie» durchsetzen müssen, denn er hielt letztere für ein «unseliges Mittelding zwischen Gymnasium und Universität»[14] und wollte sie um jeden Preis verhindern.

Der Hochschule wurden folgende provisorische Räumlichkeiten zugewiesen: vier Hörsäle im Gebäude des aufgehobenen Alumnats (dem sogenannten «Hofe» beim Fraumünster, der 1882 abgerissen werden sollte), zwei im künftigen Hochschulgebäude des «Hinteramts» und einer im ehemaligen «Collegium humanitatis», ausserdem konnten einzelne Zimmer im ehemaligen Carolinum benutzt werden. Doch das Gebäude im Hinteramt musste dringend umgebaut werden, um der Universität angemessene Räumlichkeiten bieten zu können. Neben den Auditorien (drei grössere und vier kleinere), einer Aula sowie dem Senats- und Dozentenzimmer sollte auch die Bibliothek darin Platz finden können.[15] Das Gebäude im Hinteramt wurde dann ab 1835 sukzessive bezogen,[16] bevor es in der Aula am 30. April 1838 eingeweiht werden konnte.

Was die Besetzung der Professorenstellen an der neuen Universität betraf, so konnte sich von Orelli mit seinem Vorschlag im Erziehungsrat durchsetzen, nicht einfach die Stelleninhaber der Vorgängerinstitutionen zu berufen, sondern jedenfalls für die ordentlichen Professuren Gelehrte von einwandfreier wissenschaftlicher Reputation aus Deutschland vorzusehen, die dank des reaktionären politischen Klimas im Deutschland der frühen 1830er Jahre auch leicht zu gewinnen waren. Die Zürcher Gelehrten konnten bei hinreichender

[13] Stadler 1983, 25.
[14] NZZ vom 10. Dezember 1831, zitiert bei Nabholz 1933, 199.
[15] Von Wyss 1883, 23. [16] A.a.O., 35.

Eignung als Extraordinarien angestellt werden, und so wurde von Orelli selbst zum ausserordentlichen Professor für Klassische Philologie berufen.[17] In einem lateinischen Rundschreiben zur Eröffnung der Hochschule am 29. April 1833 betonte von Orelli die Verbundenheit der Schweiz mit Deutschland:

> *Numquam enim obliti sumus Germaniam et Helvetiam originibus, sermone, moribus, eodem praesertim bonarum artium studio tam arcte esse coniunctos, ut in literarum certe historia divelli nequeant.*
> Wir haben niemals vergessen, dass Deutschland und die Schweiz durch Ursprünge, die Sprache, Gebräuche und besonders auch durch das Studium der schönen Künste so eng verbunden sind, so dass sie auch in der Geschichte der Wissenschaften gewiss nicht getrennt sein können.[18]

Aus Bayern kamen der Naturphilosoph Lorenz Oken, der der erste Rektor der Universität wurde, und der Chirurg Johann Lukas Schönlein; beide hatten wegen ihren liberalen politischen Auffassungen in ihrer Heimat Schwierigkeiten bekommen. Aus Baden wurde der Bibelwissenschaftler Ferdinand Hitzig berufen, der Alttestamentler an der Theologischen Fakultät wurde.

Die Gründung der Universität Zürich wurde in der Schweiz aufmerksam beobachtet. Die Basler Zeitung publizierte einige kritische Kommentare, die wohl vor allem davon genährt waren, dass Basel nicht mehr die einzige Universität der Schweiz war, während die Berner in aller Eile eine eigene Universität gründeten, die 1834 eröffnet werden konnte.[19] Damit hatte sich der Plan einer einzigen gesamteidgenössischen Hochschule[20] zerschlagen.

Am 1. Mai 1833 begann das erste Semester an der Universität Zürich. 18 Professoren und 28 Privatdozenten hielten Vorlesungen – 11 theologische, 16 staatswissenschaftliche, 24 medizinische und 54

[17] Ferrari 2000. [18] Vgl. Stadler 2000, 362.
[19] Craig 1988, 142. [20] Geiser 1890.

philosophische[21] – vor 159 immatrikulierten Studierenden.[22] Von ihnen studierten 16 Theologie, 25 Jurisprudenz, 97 Medizin und 21 Philosophie.[23] 35 Prozent der Studierenden waren Zürcher, 43 Prozent kamen aus anderen Kantonen, 22 Prozent waren Ausländer.

Rektor Schönleins Einbürgerung in Zürich scheiterte daran (1834 und 1836), dass er katholisch war.[24] Er erhielt aber das Bürgerrecht in Stäfa, das ihm allerdings durch eine Sondersteuer von 63 Franken für die Kosten des Kirchturms vergällt wurde, was in einen unschönen Disput mit der Gemeinde mündete.[25] Der Lutheraner Oken erhielt auf weniger stürmische Weise das Bürgerrecht von Wipkingen (1835). Zu Reibereien kam es bei eingebürgerten Professoren hin und wieder in Fragen der Bezahlung des Militärpflichtersatzes.

[21] Nabholz 1933, 213. [22] A.a.O., 219.
[23] Von Wyss 1883, 30; das Protokoll der ersten Sitzung der Theologischen Fakultät nennt allerdings 17 Theologiestudierende.
[24] Nabholz 1933, 257. [25] A.a.O., 257–258 Anm. 2.

Das Grossmünster und Karl der Grosse im Siegel der Universität Zürich

Das Siegel der Universität Zürich zeigt das Grossmünster Zürich in Frontansicht: Es steht auf neun Rundbögen, und in deren Mitte thront Karl der Grosse. Rechts von ihm steht «MDCCC» («1800»), links «XXXIII» («33»), was addiert das Gründungsjahr der Universität Zürich ergibt (1833). Gegenüber der ursprünglichen Ausführung ist im Rahmen des 2010 eingeführten Logos die Linienführung vereinfacht und die Linienstärke ausgeprägter gestaltet

UNIVERSITAS TURICENSIS
MDCCC XXXIII

Universität
Zürich UZH

worden. Damit wird auf das Bedürfnis nach mehr Augenfälligkeit eingegangen, das sich in der Diskussion unter anderem aus dem Vergleich mit dem massiveren ETH-Logo ergeben hatte. Der Messung an der Schwester- und Nachbarhochschule dürfte sich auch die in das Logo eingebundene Dreibuchstabenabkürzung verdanken, die an Analogien aus Nordamerika denken lässt.

Das Siegel geht in die Gründungszeit der Universität zurück. Der erste Rektor, Lorenz Oken, berichtete brieflich dem Erziehungsrat über die Resultate der ersten Senatssitzung, die am 24. April 1833, fünf Tage vor der Eröffnung der Universität Zürich, stattgefunden hatte. Darin fiel die Bemerkung: «An ein Univ.-Siegel ist gedacht».[1] Der Senat der Universität Zürich entschied sich in seiner Sitzung vom 17. August 1833 unter den eingegangenen Entwürfen für das nachmalige Siegel. Die Auswahl der Vorschläge und die Beweggründe für die Entscheidung des Senats sind nicht bekannt. Das Protokoll der Sitzung vermerkt lediglich: «Das Siegel wird gewählt».[2] Eine Abbildung ist nicht beigegeben.

Ebenfalls nicht bekannt ist der Urheber des Siegels. Man vermutet, dass es sich beim Künstler um Karl Johann Jakob Schulthess (1755–1855) gehandelt haben könnte. Gestochen wurde es von Jakob Friedrich Aberli (1800–1872); er lieferte das Siegel am 26. Oktober 1833 ab und stellte dafür 125 Gulden in Rechnung.

Schliesslich ist auch nicht bekannt, welche Überlegungen hinter der konkreten Wahl der Motive – Grossmünster und Karl der Grosse – im Universitätssiegel stehen. Mangels Quellen ist man für eine Erklärung auf Indizien und Rückschlüsse angewiesen.

Was das Grossmünster betrifft, so lässt sich zunächst feststellen, dass die Darstellung eines konkret identifizierbaren Gebäudes unter den üblichen Universitätssiegeln aus dem deutschsprachigen Raum einmalig ist. Für das Siegel der Universität Zürich kommt noch hinzu, dass das dargestellte Gebäude kein Universitätsgebäude ist, also eine andere Bedeutung haben muss als die blosse Darstellung der Räumlichkeiten der neuen Universität; letztere waren zunächst auf der linken Seite der Limmat lokalisiert (an der Augustinergasse, also in einer gewissen Distanz zum im Siegel dargestellten Grossmünster auf der rechten Seite der Limmat), bevor sie an der Rämistrasse ihre Heimat fanden.

Wenn nun also das Grossmünster im Siegel der Universität Zürich nicht als Universitätsgebäude abgebildet ist und man auch davon ausgehen darf, dass mit ihm nicht einfach in unspezifischer Weise das Wahrzeichen der Stadt Zürich darin Eingang gefunden hat,

[1] Schreiben vom 26. April 1833; Staatsarchiv Zürich, U 97.1 (Faszikel Rektorat 1833–1890); vgl. Fumasoli 1984, 148. [2] Ebd.

worin könnte dann der Grund für die Wahl dieses Sujets gelegen haben? – Zu verstehen ist es zunächst wohl als Anspielung auf den Bedeutungszusammenhang des *gesamten* Gebäudekomplexes der Kirche *samt dem ehemaligen Chorherrenstift*, das an die Nordflanke des Chors des Grossmünsters angebaut ist.

Dieser grössere Zusammenhang ergibt sich besonders durch Karl den Grossen, der unter dem Grossmünster in disproportionaler Übergrösse abgebildet ist. Er repräsentiert zwar ein Teilelement des Grossmünsters (die Sitzstatue befindet sich an der Südseite des rechten Grossmünsterturms), aber es ist doch erkennbar, dass durch ihn das Grossmünster auch als Symbolbild des geistigen und gelehrten Zentrums Zürichs in den Blick genommen wird, denn Karl der Grosse gilt als der legendarische Begründer des Zürcher Schulwesens. Die Plazierung Karls des Grossen im Siegel unter dem Grossmünstergebäude mag zwar vor allem darstellungstechnisch bedingt sein, doch legt sich so ein Verständnis des gesamten Bildzusammenhangs nahe, in dem das Grossmünster nachgerade als auf Karl basierend vorgestellt wird.

Der jetzige, neoromanische Bau des ehemaligen Chorherrenstifts, der heute die Theologische Fakultät der Universität Zürich beherbergt, stammt aus den Jahren 1849–1851. Sein Architekt war Gustav Albert Wegmann (1812–1858), auf den auch die Konzeption des damaligen Gebäudes des Hauptbahnhofs Zürich zurückgeht. Der Kreuzgang dürfte erstmals um 1170 bis 1180 gebaut worden sein; für das neue Gebäude hat man die Elemente des Vorgängerbaus säuberlich zerlegt und wieder in den Bau eingefügt. Die Baugeschichte des Stifts ist im Einzelnen noch unerforscht;[3] das Stift war wohl zunächst ein Kloster, doch zeigt die Errichtung von Chorherrenhöfen an der Kirchgasse im Verlauf des 13. Jahrhunderts, dass das Klostergebäude zu diesem Zeitpunkt nicht mehr als Wohnort der Chorherren gedient hat.

Dieses ehemalige Chorherrenstift beherbergte nach lokaler Überlieferung[4] von Anfang an eine Schule, als deren legendärer Stifter Karl der Grosse galt. Tatsächlich belegt ist eine Stiftsschule erst ab 1169, und seit 1225 wirkte ein Chorherr als «Scholasticus»; die Unterrichtsräume befanden sich in vorreformatorischer Zeit an der Ostecke des Kreuzgangs des Stifts. Das im Chorherrengebäude des Grossmünsters eingerichtete «Carolinum» war die prominenteste Vorgängerinstitution der Zürcher Universität, auch wenn es gleichzeitig – wegen des «Unteren Collegium» bzw. «Collegium humanisticum» – mit ebensolchem Recht als Vorgängerinstitution der Kantonsschule zu gelten hat.[5]

Man darf allerdings bezweifeln, dass die Abbildung des Grossmünsters auf dem Siegel der Universität eine besondere inhaltliche Nähe der neugegründeten Universität zur Kirche ausdrücken wollte.

[3] Gutscher 1983, 19. [4] A.a.O., 22. [5] Kronbichler 1983.

Das Zürcher Unterrichtswesen war 1830 aus der Aufsicht durch die Landeskirche gelöst und den neugeschaffenen zivilen Behörden unterstellt worden. 1832 entstand ein neues Unterrichtsgesetz, 1833 wurden die ersten Sekundar- und Kantonsschulen im Kanton gegründet, und die Gründung der Universität im selben Jahr entsprach dem liberalen Postulat eines von den kirchlichen Autoritäten losgelösten höheren Bildungswesens.

Eine nicht zu unterschätzende Rolle bei der Wahl des Sujets des Grossmünsters dürfte allerdings die Finanzierung der neugegründeten Universität mit Hilfe des Vermögens der vom Grossen Rat am 10. April 1832 beschlossenen Aufhebung des Chorherrenstifts gespielt haben:[6] Ohne die Überführung dieser Gelder an den Fiskus wäre die Errichtung der Universität kaum zu bezahlen gewesen.[7] Insofern basiert die Universität Zürich nicht nur in bildungsgeschichtlicher, sondern auch in ökonomischer Hinsicht auf dem Chorherrenstift des Grossmünsters.

Nicht zuletzt ist für die Wahl des Grossmünsters als Siegelmotiv wohl auch in Betracht zu ziehen, dass die Stiftungsfeier der Universität Zürich am 29. April 1833 im Grossmünster stattfand. Das Siegel bildet mit seiner Motivwahl diesen Gründungsakt gewissermassen ab.

Es ist offenkundig, dass das Grossmünster das augenfälligste Motiv im Zürcher Universitätssiegel darstellt. Doch was hat es mit der kleinen Karlsfigur unterhalb der dargestellten Grossmünsterfassade auf sich? Wie bereits angemerkt, zeigt sie an, dass das Grossmünster nicht als Gebäude per se dargestellt sein soll, sondern als Symbol der Zürcher Bildungstradition, die im daran angebauten Chorherrenstift ihren Ausgang genommen hatte. Woher aber stammt das Motiv des sitzenden Kaisers mit dem Schwert auf den Knien?

Die Darstellung Karls des Grossen nimmt die monumentale Sitzstatue am Karlsturm des Grossmünsters auf, deren spätgotischer Stil auf eine Herstellung zwischen 1450 und 1470 schliessen lässt.[8] Die

[6] Nabholz 1933, 186. [7] Meyer 1940, 7–8.13. [8] Gutscher 1983, 133.

erste schriftliche Nachricht über eine solche Sitzstatue stammt von Hans von Waldheim aus dem Jahr 1474:

> *zu Czurch in deme thurme sitzt sanctus Carolus magnus der keyser. der hat syn svert uff synem schosse ligen und hat das halp uss der scheiden gezogen und halp stegket es noch in der scheiden.*[9]

Auch die Stadtansicht von Hans Leu dem Älteren (1502) sowie der Stadtplan von Jos Murer (1576) lassen eine Karlsstatue am Grossmünster erkennen.

Die heutige Statue an der Aussenwand ist eine von Otto Münch (1885–1965) angefertigte Kopie aus dem Jahre 1933 (das Original aus dem 15. Jahrhundert ist in der Krypta ausgestellt). Eine weitere Kopie, die Münch gewissermassen als Reserve hergestellt hatte, steht heute im Innenraum des Grossmünsters auf der Empore. Da bereits ab 1260 der Propst des Grossmünsters – als erster Heinrich Maness[10] – den thronenden Karl samt Schwert in seinem Siegel führt, war die erste Sitzfigur am Grossmünster vermutlich stilbildend für die Siegel der Pröpste;[11] da der Bau des romanischen Münsters 1230 abgeschlossen war, darf man annehmen, dass das Grossmünster bereits damals über eine Sitzfigur Karls des Grossen verfügt hat.[12]

Was den Typus der Karlsstatue sowie der entsprechenden Siegel betrifft, so scheint die Darstellung des thronenden Kaisers Karl mit Schwert auf den Knien – belegt sind die Varianten blank gezogen, halb gezogen und Schwert in der Scheide – besonders in Zürich verbreitet gewesen zu sein.[13] Die Sitzhaltung Karls sowie das Schwert als Symbol der weltlichen Gerichtsbarkeit (der *potestas gladii*) scheinen auf seine Funktion als Richter hinzudeuten; üblicherweise sitzt zwar der Richter bei einer Verhandlung, während die anderen Prozessbeteiligten stehen,[14] doch kann die Sitzhaltung mit

[9] Kötzsche 1967, 202. [10] A.a.O., 203. [11] A.a.O., 195.
[12] Gutscher 1983, 133; Kötzsche 1967, 204. [13] Saurma-Jeltsch 2004.
[14] Schott 2006.

Schwert auch als allgemeine Herrscherpose interpretiert werden.[15] Im Fall der Zürcher Sitzstatue aus dem 15. Jahrhundert kann die Richterfunktion nur schon deswegen nicht mehr von Bedeutung gewesen sein, da die Gerichtsbarkeit des Propstes des Stifts mittlerweile an die Stadt übergegangen war. Eher dürfte Karl der Grosse in der Grossmünsterstatue in weiterem Sinn als *miles christianus* aufgefasst worden sein, der sich mit Tapferkeit und unermüdlichem Einsatz um das Christentum verdient gemacht hat.[16]

Mit dem Siegel und seiner Kombination von Grossmünster und Karlsfigur sollen der Bildungsort Zürich und die geschichtlichen Wurzeln der Universität Zürich im Chorherrenstift betont werden.

Wie aber überhaupt ist diese enge Verbindung des Grossmünsters zu Karl dem Grossen historisch zu erklären? Worauf beruht die Prominenz Karls in Zürich? – Karl war 1165 (auf Betreiben Friedrich Barbarossas hin) heiliggesprochen worden. Ab 1233, als seine Reliquien von Aachen nach Zürich übertragen wurden, gab es auch in Zürich einen Karlskult. Im Grossmünster wurde 1325 ein Karlsaltar

[15] Schott 2006, 181–182. [16] Saurma-Jeltsch 2004, 37.

gestiftet; er stand auf der nördlichen Seite vor dem Stufenaufgang in den Chor und wurde 1326 durch Graf Kraft III. von Toggenburg dotiert.[17] Der Reliquienbestand des Karlsaltars lässt sich leider nicht genau rekonstruieren. Zwar existiert ein Verzeichnis des Kirchenschatzes vom 2. Oktober 1525, das bei dessen Entfernung erstellt wurde. Darin werden genannt:

> *Item s. Karlins heltumm.* […] *Item s. Carlins schů. Item Karolj bettbůch. Item Karolj psalter.*[18]

Schuh, Betbuch und Psalter sind eindeutig identifizierbar, *heltumm* (d.h. «Heiltum») bezeichnet pauschal Reliquien. Um welche Körperteile es sich gehandelt haben mag, muss offenbleiben (manche denken an den grossen Fingerknochen des Kaisers). Über ihren Verbleib nach der Aufhebung des Altars in der Reformationszeit ist, anders als im Fall der Überführung der Reliquien der Stadtheiligen Felix und Regula nach Andermatt, leider nichts bekannt.[19] Es ist denkbar, dass auch die Karlsreliquien nach Andermatt verbracht worden sind, aber es gibt dazu keine Belege.

Ist Karl der Grosse je in Zürich gewesen? Diese Frage lässt sich historisch nicht entscheiden. Die neuere Forschung neigt dazu, sie zu verneinen; in der Tat gibt es einige Indizien, die einen Aufenthalt Karls des Grossen in Zürich unwahrscheinlich erscheinen lassen. Zwar zeigt die berühmte, erstmals beim Chronisten Heinrich Brennwald (1510) bezeugte Legende[20] – Karl der Grosse findet, geführt durch einen Hirsch, die Gebeine der Märtyrer Felix und Regula auf – einen engen Bezug zwischen Karl und Zürich an. Später wurde sie durch weitere in Zürich angesiedelte Karlslegenden ergänzt (Karl der Grosse soll gar in Zürich eine Pfalz gehabt und zeitweise dort residiert haben). Doch Legenden sind als solche historisch nicht be-

[17] Gutscher 1983, 135; 198 Anm. 204, mit Verweis auf UBZ IX 4037.

[18] Gutscher 1983, 159.

[19] Der dritte Stadtheilige, Exuperantius, wird den Geschwistern Felix und Regula erst im 13. Jahrhundert zugesellt, vgl. Gutscher 1983, 36.

[20] MS A 118, Zentralbibliothek Zürich; vgl. Gutscher 1983, 36, 190 Anm. 80.

lastbar. Es ist einerseits wahrscheinlich, dass die Legendenbildung auf einer (alten) Verwechslung Karls des Grossen mit dessen Urenkel Karl III. beruht, der tatsächlich in Zürich gewesen war,[21] andererseits ist auch denkbar, dass sein Einfluss, namentlich im Blick auf die Errichtung eines Schulwesens, so prägend war,[22] dass man die Anwesenheit Karls des Grossen in Zürich ohne Schwierigkeiten fingieren konnte.

Die Entstehung von Legenden um Karl den Grossen ist jedenfalls breit belegt. Sie lässt sich bereits in den «Gesta Karoli» Notkers des Stammlers († 912) beobachten. Dieses Werk war Karl III. gewidmet, der das einstige Reich Karls noch einmal vereinigen konnte und so auch die Entsprechung von Urgrossvater und Urenkel erklärt, die für den Bezug Karls zu Zürich vermutlich von entscheidender Bedeutung war.[23] Bereits im 10. Jahrhundert konnte Andreas von Monte Soratte dann ohne jeglichen historischen Anhalt berichten, Karl sei als Pilger nach Konstantinopel und nach Jerusalem gezogen, und im 12. Jahrhundert stilisierte ein Mönch aus Saint-Denis Karl zum Kreuzfahrer empor. Bei den beiden letztgenannten Erzählungen vermochte eine Ätiologie die Überbringung der Reliquien in das jeweilige Kloster zu erklären: In Monte Soratte sollen Gebeine des heiligen Andreas liegen, in Saint-Denis ein Nagel vom Kreuz Christi und die Dornenkrone. Mit den Legenden um Karl den Grossen in Zürich steht es wohl ähnlich: Im Zuge ihrer Entstehung wurde Karl auch zum Entdecker der sterblichen Überreste der Zürcher Stadtheiligen Felix und Regula.[24] Wie die mündliche Gestalt oder zumindest der Stoff dieser Legende zu datieren ist, lässt sich historisch nicht genau sagen, sondern nur eingrenzen: Sie wird immerhin durch das Pfeilerrelief im Grossmünster bezeugt, das vor 1230 entstanden ist. Wie weit man hinter dieses Datum zurückgelangen kann, bleibt offen.[25]

[21] Karl III. war der Sohn Ludwigs des Deutschen, dessen Töchter mit der Gründungslegende des Fraumünsters verbunden sind, vgl. Egloff 1949, 20–35.43; Wiesmann 1937, 5, vgl. auch Steiner 1998, 54–55; Wittmer-Butsch/Gabathuler 2004, 219.
[22] Hartmann 2010, 177–205. [23] Becher ^{5}2007, 118–119. [24] Vgl. Müller 1971.
[25] Wittmer-Butsch/Gabathuler 2004, 222–224.

Karl der Grosse war also kaum je in Zürich – aber das Siegel der Universität Zürich hält die auf ihm begründete und über Jahrhunderte hinweg am Chorherrenstift des Grossmünsters gepflegte Bildungstradition nach wie vor in Erinnerung.[26]

[26] Vgl. zu dieser Frage Führer 2015.

Die Anfänge der Theologischen Fakultät

Die Theologische Fakultät bestand anfänglich aus 2 ordentlichen und 3 ausserordentlichen Professoren (23 an der gesamten Universität) sowie 17 Studierenden (161 an der gesamten Universität).[1] Der Maxime der neuen Hochschule entsprechend wurden die Ordinarien aus dem Ausland berufen, während die lokalen Gelehrten als Extraordinarien angestellt werden konnten. Der eine Ordinarius war Heinrich Christian Michael Rettig aus Giessen. Er wurde zum Professor für Dogmatik, Kirchengeschichte und Erklärung des Neuen Testaments bestellt[2] und publizierte über Xenophon, Ktesias, die Johannesapokalypse und den Philipperbrief. Er wurde bekannt mit seiner Schrift über «Die freie protestantische Kirche oder die kirchlichen Verfassungsgrundsätze des Evangeliums» (1832), in der er die Trennung von Kirche und Staat empfahl. In Zürich arbeitete er an der Publikation des Codex Sangallensis, einer Evangelienhandschrift aus dem 9. Jahrhundert.[3] Er galt als anregender Lehrer über die Fakultätsgrenzen hinaus und wurde 1835 zum Rektor gewählt. Auf ihn geht die Vereinigung der verschiedenen Bibliotheken Zürichs zu einer – wie man sie damals noch nannte – Kantonalbibliothek zurück. Nur drei Wochen nachdem ihm die Stadt Zürich das Bürgerrecht verliehen hatte,[4] verstarb er am 24. März 1836 überraschend im 37. Altersjahr.

Zum zweiten Ordinarius, für alttestamentliche Exegese und die verwandten Fächer, wurde Ferdinand Hitzig aus Hauingen, einem Ortsteil des heutigen Lörrach, gewählt. Er wurde 1807 als Pfarrers-

[1] Von Wyss 1883, 17–21. [2] Nabholz 1933, 212, 340; von Wyss 1883, 17.
[3] Von Schulthess-Rechberg 1914, 25. [4] A.a.O., 25–26.

Ferdinand Hitzig

sohn geboren[5] und gehörte der Universität nach seiner Berufung für 27 Jahre an, bevor er nach Heidelberg wechselte, wo er 1875 verstarb. Er gehörte zu den prägendsten Gestalten nicht nur der frühen Zürcher Fakultäts-, sondern auch der Universitätsgeschichte. 1858 stand er der Universität als Rektor vor. Hitzig war von Wilhelm Gesenius und Heinrich Ewald geprägt, bei denen er in Halle bzw. Göttingen studiert hatte. Er galt als erklärter Rationalist, der die biblische Exegese streng von der Philologie her betrieb. Er kommentierte zahlreiche biblische Bücher in der von ihm eröffneten, ersten historisch-kritisch ausgerichteten Kommentarreihe «Kurzgefasstes exegetisches Handbuch zum Alten Testament». In seinen Psalmenkommentaren (1836 und 1863) verriet er viel Zuversicht über die Datierungsmöglichkeit von Psalmen und erregte einiges Aufsehen durch seine Ansetzung etwa der Hälfte der Psalmen in der Makkabäerzeit.[6] Seine wissenschaftliche Privatmeinung blieb die Hypothese eines Kontakts zwischen Mose und der iranischen Religion. Fakultäts- und universitätspolitisch bedeutsam wurde sein Eintreten für die Berufung von David Friedrich Strauss, von der noch eigens zu handeln sein wird.

Drei Zürcher Lehrer des früheren Carolinum wurden zu ausserordentlichen Professoren bestellt.[7] Zunächst ist Ludwig Hirzel (geb. 1801) zu nennen, der für theologische Enzyklopädie und Methodologie, Einleitung in das Alte und Neue Testament, biblische Theologie des Neuen Testaments und theologische Hilfswissenschaften

[5] Von Schulthess-Rechberg 1914, 26–34; Nabholz 1933, 340–341; vgl. Steiner 1882.
[6] Von Schulthess-Rechberg 1914, 29–30. [7] Von Wyss 1883, 17–18.

zuständig war.[8] Nachdem er selbst am Carolinum studiert hatte, begab er sich für Sprachstudien nach Leipzig, wo sein Bruder Heinrich als Prediger der reformierten Gemeinde wirkte. 1823 kehrte er nach Zürich zurück, wo er Lehrer am Carolinum wurde. In Basel wurde er zum Dr. theol. promoviert (1. Oktober 1836); er widmete seinen Kommentar zum Buch Hiob (1839) der dortigen theologischen Fakultät. Er war mit dem Basler Wilhelm Martin Leberecht de Wette eng verbunden, ebenso mit dem Zürcher Alexander Schweizer. Am 13. April 1841 verstarb er im 40. Altersjahr.

Zum Extraordinarius für exegetische und katechetische Vorlesungen wurde Johannes Schulthess, vormaliger Chorherr, berufen. Als er seine Professur antrat, war er bereits siebzig Jahre alt. Er hatte 1791 das bis heute existierende Verlagshaus Schulthess gegründet und 1795 eine städtische Armenschule. 1816 war er Theologieprofessor am Carolinum geworden und gleichzeitig zum Chorherren am Grossmünster bestellt worden. Nach dem Tode von Hottinger (1819) war er eine der treibenden Reformkräfte des Zürcher Unterrichtswesens gewesen.[9] In der Exegese war Schulthess ein entschiedener Aufklärer und ging davon aus, dass Bibel und Vernunft sich nicht widersprechen können.[10] Das führte ihn in der Exegese zur Identifikation weitreichender Interpolationen im Text, die den ursprünglichen Sinn der Bibel verstellt haben sollen. Seine letzte Publikation «Vorlesungen über das historische Christentum nach der wissenschaftlichen Ansicht des 19. Jahrhunderts» (Zürich 1836) war eine freundliche Auseinandersetzung mit David Friedrich Strauss, von dessen Zugang zu den Evangelien Schulthess beeindruckt war. Er schloss sich seiner Mythentheorie an, nahm jedoch dessen spekulative Weiterführung und Auflösung der Christologie in die allgemeine Anthropologie kaum zur Kenntnis – sie interessierte ihn nicht.[11] Ausserdem war Schulthess seit 1828 an einer Ausgabe sämtlicher Werke Zwinglis beteiligt, den er zeitlebens als Denker und Theologe verehrte.

In diesem Zusammenhang ist eine bezeichnende Anekdote überliefert. Sie ist undatiert, spielt aber vor 1835: Im Rahmen seiner Edi-

[8] Nabholz 1933, 343. [9] Von Schulthess-Rechberg 1914, 5.
[10] A.a.O., 9–11. [11] Schweizer 1972, 25.

tionstätigkeit zu Zwingli stiess Schulthess auf einen Brief Zwinglis an seinen Beichtvater Heinrich Utinger vom 5. Dezember 1518, in dem er ihm gestand, in Einsiedeln eine Barbierstochter geschwängert zu haben. Das Schriftstück lag jahrhundertelang wohlverwahrt im Archiv des Zürcher Antistitiums, so dass kaum mehr jemand davon wusste und der Ruf Zwinglis in dieser Hinsicht nicht tangiert war. Als nun Schulthess das Dokument unter die Augen bekam und es seinem Schüler, dem späteren Theologieprofessor Alexander Schweizer, zeigte, fragten sich die beiden einen Augenblick, ob dem Andenken Zwinglis nicht besser gedient wäre, wenn sie das skandalöse Dokument in die auf dem Arbeitstisch brennende Kerzenflamme halten würden und in Asche verwandelten – so würde die Nachwelt nichts von dieser Verfehlung Zwinglis erfahren:

> «Sie kennen den Inhalt dieses Briefes», bemerkte Schulthess zu seinem Schüler, indem er das Blatt der Kerzenflamme näherte: «Was meinen Sie? Ausser Ihnen und mir kennt heute niemand diesen Brief [...]» Dann, mit einem Ruck, legte er den Brief zu den anderen. «Nein, der Protestantismus ist die Wahrheit, Wahrheit unter allen Umständen».[12]

Entsprechend blieb diese Episode überliefert und ist heute Teil der Zwinglibiographien. – Nach dreieinhalb Jahren Tätigkeit an der jungen Hochschule verstarb Schulthess am 10. März 1836.

Schliesslich wurde als dritter Salomon Hess zum ausserordentlichen Professor für christliche Moral, Homiletik und Katechetik gewählt (6. April 1833). Hess war 1789 geboren worden, besuchte dann als einer der ersten Zürcher die 1810 gegründete Universität Berlin und wurde nach seiner Rückkehr Pfarrer am Waisenhaus sowie Diakon am Grossmünster und erteilte Religionsunterricht am Gymnasium.[13] Hess war als Prediger und Lehrer beliebt, trat jedoch schon 1835 von seiner Professur zurück, um wieder ins Pfarramt zurückzu-

[12] Von Schulthess-Rechberg 1914, 16; vgl. Farner 1946, 298–299; Schindler 2009.
[13] Von Schulthess-Rechberg 1914, 18.

kehren. Als seinen Nachfolger empfahl er seinen Schüler Alexander Schweizer. Leider nicht hinreichend aufschlussreich im Blick auf diesen Rücktritt ist der entsprechende Protokolleintrag:

> Es gelangte an den Dekan ein Protokollauszug des Erz. R. a. 14. März, gerichtet an den akademischen Senat, welches den Beschluss, dass Hr. Prof. Hess aller Funktionen als Professor für einstweilen entbunden sey, […] mittheilt. […] Die Fakultät konnte nicht zu Rath gezogen werden, ob Etwas und was zu geschehen habe, da wegen eingetretener Ferien die Herren Professoren Hitzig und Hirzel abwesend waren. Da bis zur Rückkehr der Abwesenden nichts geschehen kann, und mit dem 14. April das Dekanat an Hr. Dr. Hitzig übergeht: So wird demselben das Weitere überlassen.[14]

Diese Notiz lässt nicht erkennen, ob das Ausscheiden von Hess aus der Universität tatsächlich auf seinen eigenen Wunsch geschah.[15] 1852 verstarb Hess.

Die Fakultätsprotokolle[16] geben einen guten Einblick in die bescheidenen Verhältnisse der frühen Jahre der Theologischen Fakultät. In der ersten Fakultätssitzung (ein Datum fehlt) traten die Professoren Hitzig, Hirzel und Hess zusammen, um einen Dekan zu wählen und sich zur Fakultät zu konstituieren. Gewählt wurde – in absentia – der Neutestamentler Rettig, der das Amt am 29. April 1833 für zwei Jahre antreten musste. Das Protokoll hielt weiter fest:

> Die Zahl der Theologie Studierenden war bei Eröffnung der Hochschule siebenzehn. Die bei weitem Meisten widmeten sich im ersten Semester als angehende Studenten fast ausschliesslich der Philosophie und Philologie. Dazu traf es sich, dass durch ungünstige Ereignisse auch noch mehrere der begonnenen theologischen Vorlesun-

[14] Protokoll vom 24. März 1835.
[15] So von Schulthess-Rechberg 1914, 18.
[16] Staatsarchiv Zürich, U 104.

> gen unterbrochen wurden, indem Rettig am 3. Juli schwer erkrankte und für ihn ganzer Rest des Semesters zu lehren unvermögend war, Hirzel gleichfalls wegen Krankheit für 8 Wochen ein Bad besuchen musste, und die begonnene Vorlesung erst im Winter 1833/34 endigen konnte.[17]

In der dritten Fakultätssitzung ging es um die Disziplin der Studenten:

> Auf die Nachricht, dass mehrere Studiosen der Theologie keine Vorlesungen besuchen, wurde der Kantonsschulverwalter zu einem Verzeichniss veranlasst, die Wahrheit der Nachricht bestätigt und die fehlbaren Studiosen von dem Dekan zum Fleiss ermahnt. [...Z]ugleich [wird] für immer dem Dekan die Pflicht der Zurechtweisung der Theologie Studierenden in ähnlichen Fällen übertragen.[18]

Die Sitzung vom 18. November 1833 drehte sich um Fragen der neu zu gründenden Universitätsbibliothek. Am 1. Dezember 1833 wurde der Entwurf einer Promotionsordnung diskutiert. Am 21. und am 22. März 1834 wurde über die Promotion von Antistes Gessner und Prof. Hitzig abgestimmt, die beide den Doktorgrad am ersten Jahrestag der Universität, am 29. April 1834, erhalten sollen. Hitzig verfügte zum Zeitpunkt seiner Berufung nur über den Grad eines Lizentiaten. (Die infolge einer Berufung zum Professor erfolgte Ehrenpromotion war bis in das 20. Jahrhundert hinein üblich. Die Kosten für das *honoris causa* verliehene Diplom wurden, nach entsprechenden Erkundigungen des Dekans, vom Erziehungsrat bezahlt.)

Am 18. Januar 1835 fand wiederum eine Dekanswahl statt, nun für die zweite Amtsperiode der noch jungen Fakultät. Anwesend waren Rettig, Hitzig, Hess und Hirzel. Beinahe schon traditionsgemäss wurde wieder ein Abwesender – Schulthess – zum Dekan für die Jahre 1835 und 1836 gewählt, doch dieser lehnte die Wahl wenige

[17] Protokoll einer Fakultätssitzung (undatiert).

[18] Protokoll der Fakultätssitzung vom 10. Juni 1833.

Tage später schriftlich ab. Am 25. Januar 1835 wollte die Fakultät Schulthess mündlich zur Annahme der Wahl bewegen, was allerdings nicht gelang, und so musste die Fakultät neu wählen; die Wahl fiel diesmal auf Hitzig, der sie dann auch annahm – ob widerwillig oder nicht, ist nicht überliefert. Weiter beschäftigte sich die Fakultät mit der Wahl eines Fakultätssiegels, wozu sie mehrfach vom Erziehungsrat gemahnt werden musste, sowie mit der Formulierung einer Preisaufgabe.

Wie familiär die Verhältnisse der frühen Fakultät waren, zeigt auch der Umstand, dass Fakultätssitzungen bisweilen im Privathaus eines Kollegen abgehalten werden konnten, so etwa im Haus von Rettig (am 23. Januar 1836) oder bei Schulthess (am 30. April 1836).

Nach dem Tode Schulthess' wurde für dessen Aufgaben 1837 Otto Fridolin Fritzsche (geb. 1812),[19] Privatdozent in Halle, berufen. Er war zunächst für das Neue Testament zuständig, nach dem sehr frühen Rücktritt von Eduard Elwert, auf den noch zu sprechen kommen sein wird, übernahm er allerdings auch die Kirchengeschichte, die er in der Lehre alsbald ausschliesslich vertrat. In der Forschung wandte er sich besonders den Apokryphen und Pseudepigraphen zu. Seine Publikationen bestanden vor allem aus Textausgaben und Kommentaren. «Mit dem Schriftsteller Fritzsche stand der Dozent nicht auf gleicher Höhe».[20] Er wirkte als Rektor der Universität (1866–1868) und lange Zeit als Leiter der Kantonalbibliothek, um deren Wachstum er sich verdient machte (unter seiner Führung wuchs der Bestand von 16 000 auf 75 000 Bände an).[21] Nach langer Amtszeit trat er 1893 wegen Asthmabeschwerden von seinem Lehrstuhl zurück, am 9. März 1898 verstarb er.

Als Nachfolger von Hess wurde Alexander Schweizer gewählt. Er war am 14. März 1808 – im selben Jahr wie David Friedrich Strauss – in Murten geboren worden, kam aber aus einer Zürcher Pfarrfamilie und besuchte vom 14. Lebensjahr an zürcherische Schulen,[22] u. a. das Carolinum, das er 1831 abschloss. Nach seinem Examen und der Ordination studierte er – nachdem ihm Johannes Schulthess ein Sti-

[19] Nabholz 1933, 345; von Schulthess-Rechberg 1914, 37–41.

[20] A.a.O., 39. [21] A.a.O., 40. [22] A.a.O., 42.

Alexander Schweizer

pendium verschafft hatte – ein Jahr in Berlin und kam dort in Kontakt mit Friedrich Schleiermacher, der ihn tief beeindruckte: Schweizer wurde einer seiner wichtigsten Schüler, entwickelte seine Gedanken sachlich aber auch weiter. 1833 folgte er einem Ruf als Hilfsprediger an die reformierte Gemeinde in Leipzig. 1835 wurde er zum ausserordentlichen Professor für Praktische Theologie an die Theologische Fakultät der Universität Zürich berufen. Nach den (noch darzustellenden) Wirren um die Berufung von David Friedrich Strauss wurde Schweizer 1840 ordentlicher Professor und übernahm zudem ab 1844 die Pfarrstelle am Grossmünster in Zürich, deren Aufgabenbereich sich allerdings im Wesentlichen auf die Übernahme der Sonntagspredigt beschränkte.[23] Seine Predigttätigkeit ist in fünf Bänden mit Predigtsammlungen dokumentiert. 1856 bemühte sich Schweizer – in Zusammenarbeit mit dem Kirchenrat – um die Schaffung eines theologischen Konviktes,[24] um damit mehr Studierende nach Zürich zu locken und mit Basel konkurrenzfähig zu werden. Allerdings ergab sich aus dieser Initiative nichts mehr als die Einrichtung einer entsprechenden Kommission. 1845 war er in die Gelehrte Gesellschaft, die er ab 1865 präsidieren sollte, gewählt worden; unter seinem Vorsitz fanden 43 Neuzugänge in die Gesellschaft statt.[25] Schweizer publizierte 1863 und 1872 sein Hauptwerk, die «Christliche Glaubenslehre nach protestantischen Grundsätzen»,[26] das 1877 in zweiter Auflage erschien. Am 25. Mai 1888 gewährte die Regierung Schweizer, nunmehr 80 Jahre

[23] Von Schulthess-Rechberg 1914, 50.

[24] Protokolle der Fakultätssitzungen vom 30. Mai und 6. Juni 1856.

[25] Schwarz 1987, 20–21.

[26] Schweizer 1863/1872.

alt, auf seinen Antrag hin die Entlassung; kurz darauf, am 3. Juli desselben Jahres, verstarb er.[27]

Das Lehrangebot der Theologischen Fakultät von 1833 bis 1900 ist zugänglich über das Portal «Historische Vorlesungsverzeichnisse der Universität Zürich».[28] Es erschliesst alle im 19. Jahrhundert an der Universität Zürich angekündigten Lehrveranstaltungen auf der Grundlage der gedruckten Vorlesungsverzeichnisse.[29]

[27] Eine Pensionierungsregelung führte erst die Universitätsordnung vom 12. März 1920 ein: Nach dem 65. Altersjahr waren die Professoren berechtigt, nach dem zurückgelegten 70. Altersjahr verpflichtet, «mit den gesetzlichen Ansprüchen auf Gewährung eines Ruhegehalts in den Ruhestand zu treten» (§ 70); Stadler 1983, 29.
[28] www.histvv.uzh.ch. [29] Vgl. Moser 2011.

Der Straussenhandel

Der bedeutendste Vorgang in der frühen Geschichte der Theologischen Fakultät, wie auch der Universität Zürich überhaupt, sind die Wirren um die Berufung von David Friedrich Strauss (1808–1874), die – später als «Straussenhandel» bezeichnet – zum Sturz der Regierung und beinahe zur Auflösung der eben erst gegründeten Universität führten. Der Aufruhr der damaligen Zeit wird als sogenannter «Züriputsch» bezeichnet.[1]

Nach dem unerwarteten und frühen Tod Rettigs (24. März 1836)[2] schlug Ferdinand Hitzig als Nachfolger David Friedrich Strauss vor. Strauss, geboren am 27. Januar 1808 in Ludwigsburg, besuchte nach einer Lateinschule zunächst das Seminar in Blaubeuren, um 1825 ins Tübinger Stift zu wechseln. Das Theologiestudium schloss er 1830 mit einem glänzenden Examen ab, dann wurde er für kurze Zeit Lehrer in Maulbronn. Doch zog es ihn bald nach Berlin, um Hegel und – nach dessen Tod – Vatke zu hören. 1835 publizierte er sein bahnbrechendes Buch zum «Leben Jesu, kritisch bearbeitet», das sein weiteres akademisches Schicksal bestimmen sollte.[3] Strauss beschrieb darin die Evangelien nicht als Berichte über historische Tatsachen, sondern als deren mythologische Ausgestaltungen. Zwar sei, so Strauss, Jesus in Nazareth aufgewachsen, lehrend im Land Israel herumgezogen und schliesslich aufgrund seiner Konflikte mit der Obrigkeit hingerichtet worden; doch dieses historische Gerüst sei in den Evangelien nachträglich breit mit frommen Ideen und religiösen Interpretationen ausgestaltet worden. Erst das Urchristentum habe

[1] Das schweizerdeutsche Wort «Putsch», das so viel wie «Stoss» bedeutet, hat daraufhin seinen Weg als Lehnwort zur Bezeichnung eines politischen Umsturzes in fast alle Weltsprachen gefunden. [2] Nabholz 1933, 380. [3] Strauss 1835/2012.

Jesus zum Sohn Gottes gemacht, der mannigfache Wunder gewirkt haben und nach seinem Tod am Kreuz auch auferstanden sein soll. Die Christologie sei dabei nur ein Spezialfall der allgemeinen Anthropologie: Die göttliche Idee habe sich nicht nur in Jesus inkarniert, sondern sie realisiere sich in der gesamten Menschheit. Dass das Neue Testament den göttlichen Geist nur auf ein Individuum ausgeschüttet sieht, hänge mit den damaligen Zeitvorstellungen zusammen. – Aus heutiger Sicht lässt sich sagen, dass die Annahme einer mythologischen Überformung der Jesusüberlieferung zum Allgemeingut der neutestamentlichen Wissenschaft geworden ist, während Strauss' spekulative Anthropologie wissenschaftsgeschichtlich eine Episode geblieben ist.

Hitzig kannte Strauss vermutlich über seinen Cousin Gustav Binder, einen Promotionsgenossen von Strauss, der dessen Ansichten teilte und seinen Freund vor kirchlichen Angriffen verteidigte.[4] In ihren Berufungsberatungen hielt die Zürcher Fakultät an ihrer Sitzung vom 13. Mai 1836 zunächst «einmüthig fest […], dass ihre Empfehlungen an den Erziehungsrath rein vom Standpunkte der Wissenschaft aus gegeben werden müssten».[5] Gleichzeitig kam sie in Betreff auf die Personalie Strauss in derselben Sitzung zum ablehnenden Entschluss,

> dass eine allfällige Besetzung unserer ersten Professur NTlicher Theologie durch Dr. Strauss nicht für wünschenswerth gehalten werden könne, weil, so sehr eine Berufung dieses ausgezeichneten Gelehrten für das wissenschaftliche Leben Zürichs und für die Hochschule insbesondere erspriesslich und wünschenswerth seyn würde, […] doch bei den Verhältnissen einer in ihrem Organismus noch sehr beschränkten Fak. es nicht im Interesse wohl eingerichteter akademischer Mittheilung liegen könne, dass d[ie] wichtigsten Fächer neutest. Theologie ausschliesslich durch eine extreme, ihrer Bewährung

[4] Neunhöffer 1975. [5] Staatsarchiv Zürich, U 104.

> noch so wenig gewisse Richtung, wie die des Hr. Dr. Strauss, gesetzlich repräsentirt werde.[6]

Gleichwohl hielt die Fakultät Strauss' Buch nicht für eine Gefahr für den Fortbestand des Christentums:

> Übrigens seyen sie überzeugt, dass von dem Buche des Hr. Strauss, welches wie kein anderes auch äusserlich als Produkt der Bewegung theologischer Wissenschaft von vielen Jahren her sich darstelle, für das Wesen des Christenthums keine Gefahr zu besorgen sey.[7]

So verliefen Hitzigs Bemühungen fürs Erste im Sand, und es war ein anderer Schwabe, Eduard Elwert, der schliesslich das Rennen um die Besetzung der Nachfolge Rettigs machte. Doch die Diskussion um Strauss wurde ruchbar, und in Zürich kam eine pietistische Schmähschrift, «Laienworte über die Hegel–Straußsche Christologie», in Umlauf.[8]

Schon 1837 – nach dem Tode Schulthess' – war wieder eine ausserordentliche Professur für neutestamentliche Exegese zu besetzen, für die Hitzig – trotz der ablehnenden Haltung seiner Fakultät ein Jahr zuvor – wiederum bei Strauss anfragte.[9] Strauss bestand jedoch auf einer ordentlichen Professur, was dem Verzicht auf die Stelle gleichkam.

1838 musste Elwert aus gesundheitlichen Gründen zurücktreten (er wurde dann später Ephorus in Schönthal, wo er schon vor seiner Berufung nach Zürich gewirkt hatte). Er starb am 9. Juni 1865 in Cannstatt.[10]

Für die Nachfolge Elwerts fragte Hitzig nun zum dritten Mal bei Strauss an. Doch die Fakultätsmehrheit, geführt von Alexander Schweizer, konnte diesem Ansinnen nach wie vor nichts Positives abgewinnen.[11] Das Protokoll der Fakultätssitzung beschreibt die Stimmung wie folgt:

[6] Protokoll der Fakultätssitzung vom 13. Mai 1836. [7] Ebd.
[8] Ziegler 1908, 264. [9] A.a.O., 265. [10] Von Schulthess-Rechberg 1914, 36.
[11] Von Schulthess-Rechberg 1914, 44.

> Eine sehr einlässliche Berathung veranlasste nämlich bei Behandlung von 1. der Antrag des Hr. Collega Hitzig, dem Erziehungsrathe an die erledigte ordentl. Professur der Dogmatik u. Kirchengeschichte den Dr. Strauss vorzuschlagen. Keines der übrigen Facultätsmitglieder trat diesem Antrage bei, vielmehr wurde die Unmässigkeit der vorgeschlagenen Besetzung von verschiedenen Seiten ins Licht gesetzt. Andere Vorschläge wurden indes von niemandem gemacht.[12]

Nach Erscheinen der dritten, stark umgearbeiteten Auflage von Strauss' «Leben Jesu», in der er seine Position zur historischen Zuverlässigkeit des Johannesevangeliums noch einmal erheblich kritischer formulierte, wurde die ablehnende Haltung der Fakultät im Gutachten Schweizers wie folgt begründet:

> Obwohl die letzte Auflage seines Werks in Vor- und Nachrede, sowie einige Stellen in seinen Streitschriften und ein populärer Aufsatz über Bleibendes und Vergängliches im Christentum positivere Sätze über die Person Christi teils zugegeben, teils selbst aufgestellt haben, so ist doch diesen Ideen noch kein irgend ein erheblicher Einfluß auf das Hauptwerk selbst gestattet, welches vielmehr immer noch als ein extremes Werk negativer Kritik vorliegt und dem Bewußtsein und Glauben der Kirche, namentlich der protestantischen, notwendig als eine Kriegserklärung erscheinen muß.[13]

Nach Alexander Schweizer müsste die auch von ihm selbst als notwendig angesehene Reform der Kirche und des theologischen Denkens eine positive Grundlage haben, die Strauss' Theologie aber nicht zu bieten vermöge.

[12] Protokoll der Fakultätssitzung vom 7. Dezember 1838.

[13] Ziegler 1908, 290–291.

Der «allezeit tapfere und fröhliche Hitzig»[14] gab aber nicht auf, sondern verfasste darauf ein Separatvotum:

> Dem in Folge der heutigen Berathung an den Erziehungsrath abzugebenden neuen Gutachten erklärte Hr. Collega Hitzig sein Special-Votum beifügen zu wollen, um der Behörde seine in der Minderheit gebliebene Ansicht betreffend die Berufung des Dr. Strauss darzulegen.

Hitzig kam darin zum Schluss:

> Wenn ich erwäge, daß die Ernennung eines Lehrers der wissenschaftlichen Theologie und nicht die Kreierung eines Antistes die Frage ist, und daß Strauß die übrigen Fakultätsmitglieder wohl verdunkeln, nicht aber mit Vernichtung ihres Einflusses auf die Studierenden eine Richtung zur allein geltenden erheben werde, so kann ich nicht umhin, die Berufung des Dr. Strauß anzuraten.[15]

In dieser Weise – als Separatvotum von Hitzig und ohne konkurrierende Personalvorschläge anderer – kam das Geschäft vor den Erziehungsrat. Hier setzten sich vor allem drei Persönlichkeiten für Strauss ein. Zunächst ist Johann Caspar von Orelli zu nennen, der geistige Vater der neuen Universität Zürich, der gleichzeitig Theologe und klassischer Philologe war. Er war von Strauss aus allgemeinen wissenschaftspolitischen Motiven eingenommen: In ihm sah er einen freien Wissenschaftler, der einen ganzheitlichen – Theologie und Philosophie, Natur und Geschichte umgreifenden – Humanismus vertrat, wie er ihm selbst höchst sympathisch war.

Dann fand der Vorschlag einer Berufung von Strauss Sukkurs durch Konrad Melchior Hirzel (1793–1843), den Bürgermeister von Zürich und Präsidenten des Erziehungsrats. Hirzel war von der Überzeugung getrieben, die Kirche bedürfe einer grundlegenden Reform, zu der sie selber allerdings nicht fähig sei. Deshalb bedürfe es

[14] Ziegler 1908, 291. [15] A.a.O., 292.

einer Gestalt wie Strauss, die einen aufgeklärten, kritischen Glauben in der Kirche befördern könne.

Schliesslich wurde Strauss' Berufung von einer der Zentralfiguren der noch jungen liberalen Bewegung in Zürich unterstützt: von Friedrich Ludwig Keller, Professor für zürcherisches Privat- und Zivilprozessrecht und gleichzeitig Mitglied des Grossen Rates. Seine Motive waren hauptsächlich politischer Natur: Strauss' Denken entsprach Kellers eigenem, radikalen politischen Liberalismus, und entsprechend war Keller der Option, Strauss an die neue Universität Zürich zu holen, mehr als zugeneigt. Keller hatte am Politischen Institut in Zürich sowie in Berlin und Göttingen studiert. Ab 1824 wirkte er am Politischen Institut in Zürich als Lehrer des Zivilrechts. 1826 wurde er dort Professor. 1829 wurde er Mitglied des Grossen Stadtrats und 1830 des Grossrats (er präsidierte ihn 1832 und 1835). Nach dem Ustertag, an dessen Ereignissen er allerdings nicht beteiligt gewesen war, wurde er zu einer der einflussreichsten Führergestalten der Radikal-Liberalen des Kantons. Ab 1831 präsidierte er das Obergericht. Mehrfach wirkte er als Tagsatzungsgesandter. Nach der Gründung der Universität Zürich wurde Keller dort zunächst ausserordentlicher Professor für zürcherisches Partikularrecht und römisches Recht, 1838 wurde er zum ordentlichen Professor befördert. Ab 1844 wirkte er als Professor für römisches Recht in Halle, 1846 wechselte er nach Berlin. 1860 verstarb er vereinsamt bei Berlin auf einer Zugfahrt.

Mit Hilfe dieser drei Fürsprecher gelang es, einen positiven Berufungsvorschlag für Strauss herbeizuführen: Durch den Stichentscheid Hirzels beantragte der Erziehungsrat der Regierung die Berufung von Strauss. Im Vorfeld dieses sehr knappen Entscheids war auch die Theologische Fakultät zu einer Stellungnahme eingeladen worden: wie erwartet war sie ablehnend ausgefallen – bei nur einer Gegenstimme, die angesichts der vorauslaufenden Diskussion trotz geheimer Abstimmung unschwer Hitzig zuzuschreiben ist –, vermochte aber den Erziehungsrat nicht umzustimmen. Verfasst worden war die Stellungnahme von Alexander Schweizer, der sich zwar grundsätzlich anerkennend zu Strauss' wissenschaftlichen Leistungen in der Exegese äusserte, auch wenn er sie insbesondere in ihren spekulativen Ausformungen und Folgerungen nicht nachvollziehen konnte,[16] sich aber vor allem aus pragmatischen Gründen dafür aussprach, von einer Berufung Abstand zu nehmen. Strauss zu berufen sei zwar möglich, in der gegenwärtigen Situation von Universität und Kirche in Zürich aber nicht zu empfehlen: Seine Radikalität würde der Kirche als zu weitgehend erscheinen, und es könnte zu einer Gefährdung des Fortbestands der noch jungen Universität kommen.

Nachdem der Berufungsvorschlag des Erziehungsrats der Regierung übermittelt worden war, hatte diese abschliessend zu entscheiden. Doch tagte kurz vor dieser Entscheidung der Grosse Rat, in der Antistes Johann Jakob Füssli am 31. Januar 1839 die Motion einbrachte, dass der Kirchenrat Einfluss auf die Wahl der theologischen Professoren bekomme. Darüber wurde zehn Stunden lang debattiert – in Wahrheit ging es gar nicht um diese allgemeine Regelung, sondern um die Berufung von Strauss. Strauss sei, so argumentierte Füssli ganz auf der Linie der Mehrheitsmeinung der Fakultät, nicht in der Lage, einen für die Kirche konstruktiven Beitrag vonseiten der Theologie zu leisten, und Zürich habe gegenüber einer radikalen Position der Wissenschaft die Bedürfnisse von Kirche und Volk zu berücksichtigen. Gegen Strauss argumentierten auch Alexander Schweizer, der damals neu in den Grossen Rat gewählt worden war, sowie Johann Caspar Bluntschli (1808–1881).

Bluntschli hatte am Politischen Institut in Zürich sowie in Berlin und Bonn studiert. Ab 1833 lehrte er als ausserordentlicher, ab 1836 als ordentlicher Professor zunächst römisches Recht, dann auch deutsches Recht und Rechtsgeschichte. 1837 wurde er in die Gelehrte Gesellschaft in Zürich aufgenommen. Von 1837 bis 1848 sass Bluntschli für die Liberal-Konservativen im Grossen Rat, den er 1845 präsidierte. Nach dem Züriputsch wurde er 1839 Regierungsrat und Tagsatzungsgesandter. 1848 wechselte er als Ordinarius für Privatrecht und Staatsrecht nach München, 1861 dann als Professor der Staatswissenschaften an die Universität Heidelberg.

[16] Schweizer 1834, 1837, vgl. Straub 2008, 223–226.

David Friedrich Strauss

In der Debatte fand Strauss beherzte Fürsprecher im Präsidenten des Erziehungsrats und Bürgermeister Konrad Melchior Hirzel sowie in Friedrich Ludwig Keller, die beide auch dem Grossen Rat angehörten. Mit 98 gegen 49 Stimmen wurde die Motion des Antistes schliesslich abgewiesen und gleichzeitig die Berufung von Strauss gebilligt. Entsprechend bestätigte der Regierungsrat am 2. Februar 1839 seine Wahl (15 gegen 3 Stimmen).

Von der Affäre um David Friedrich Strauss war dies allerdings nicht das Ende, sondern eher der eigentliche Anfang. Die Berufung des kritischen Theologen löste einen Sturm der Entrüstung im Zürcher Volk aus. Wortführer der Widerstandsbewegung war Johann Jakob Hürlimann-Landis (1796–1853), Sohn des Fabrikanten Johannes Hürlimann (1767–1854), der die Industrie nach Richterswil gebracht hatte und mehrere Betriebe besass.[17] Als der Regierungsrat die Wahl Strauss' beschlossen hatte, formierte sich alsbald der Widerstand um Vater und Sohn Hürlimann, die weit über Richterswil hinaus bekannt und angesehen waren. Bereits am 10. Februar 1839 trafen sich etwa achtzig Personen aus Stäfa, Männedorf, Meilen, Hombrechtikon, Bubikon und Wädenswil in Richterswil, um zu beraten, wie die Anstellung von Strauss rückgängig zu machen sei. Es wurde beschlossen, ein Komitee von 14 Personen unter dem Vorsitz von Johann Jakob Hürlimann-Landis zu gründen, das an die Gemeinden im Kanton Zürich gelangen und sie auffordern soll, lokale Komitees zu bilden, von denen jeweils zwei Mitglieder in ein neu zu schaffendes Bezirkskomitee zu entsenden seien; diese Bezirkskomi-

[17] Peter 1989, 218.

tees wiederum sollen je zwei Mitglieder in ein Zentralkomitee (oder Kantonalkomitee) abordnen.[18]

Nachdem sich in einer durch diese Komitees organisierten Volksbefragung im Kanton Zürich 39 000 Stimmen gegen die Berufung von Strauss ausgesprochen hatten, beschloss die Regierung (4. März 1839), den 32-jährigen Strauss noch vor seinem Amtsantritt bei einer Rente von 1000 Franken zu pensionieren. Kurz darauf ging zudem eine Petition mehrerer Kirchgemeinden beim Grossen Rat ein (10. März 1839), die neben der Ausschliessung von Strauss vom Lehramt auch die Besetzung des Lehrstuhls für Dogmatik mit einem Professor evangelisch-christlichen Glaubens forderte sowie ein Recht des Kirchenrats, über die Eignung von künftigen Professoren der theologischen Fakultät ein Gutachten anzufertigen.[19]

Die Pensionierung von Strauss und die Petition der Kirchgemeinden lösten im Grossen Rat eine drastische Gegenreaktion aus, indem von liberaler Seite – von Regierungsrat Bürgi sowie 24 weiteren Mitgliedern des Rates – der Antrag auf Aufhebung der Universität eingebracht wurde (19. Mai 1839): Wenn es nicht möglich sei, Strauss zu berufen, dann genüge die Universität den geforderten wissenschaftlichen Ansprüchen nicht und sei deshalb wieder zu schliessen.[20] Bekämpft wurde die Motion von den Regierungsräten Hegetschweiler und Caspar Hirzel, von alt Oberrichter Ulrich, Erziehungsrat Meyer, von Bluntschli, Alexander Schweizer, aber auch von Bürgermeister Hirzel sowie Regierungsrat Keller. Schweizer verglich den Antrag mit «dem Beispiele von Leuten, die, um einen Nagel aus der Wand zu bringen, das Zimmer abbrechen, oder, um noch gründlicher zu verfahren, ihr Haus in Brand stecken».[21] Nach gut helvetischer Art einigte sich der Rat darauf, eine Kommission einzusetzen, die die Leistungen der Hochschule zu überprüfen habe und so zu einer Empfehlung hinsichtlich ihres Fortbestandes kommen solle.

So forderte der Erziehungsrat, im Auftrag ebendieser Kommission, die junge Universität auf, einen entsprechenden Bericht über ihre wissenschaftlichen Leistungen zu erstellen. Bemerkenswerterweise wehrte sich die Universität (d.h. der Senat) dagegen und über-

[18] Peter 1989, 220. [19] Von Wyss 1883, 53. [20] A.a.O., 50–51. [21] A.a.O., 51.

liess es vielmehr dem Erziehungsrat, diesen Bericht zu erstellen: dem Erziehungsrat sei alles Geforderte hinlänglich bekannt, ein von ihr selbst angefertigter Bericht würde ihr nur als Selbstlob ausgelegt und zu neuen Angriffen verwendet werden – «Vertheidigung vor der Anklage widerspräche dem Anstand und der Ehre», so hielt die junge Universität fest.[22] Die Einsetzung der Kommission und ihre Arbeit zeitigten eine besänftigende und ausgleichende Wirkung. Der Grosse Rat beschloss auf ihren Bericht hin (27. Juni 1839):

> In Erwägung, dass sich aus einer sorgfältigen Prüfung aller bisherigen Leistungen der Hochschule ergebe, dass die Wirksamkeit derselben sowohl den bestehenden allgemeinen Verhältnissen, als den Bedürfnissen und Anforderungen auf eine Weise entspreche, welche bis auf den Fall der Errichtung einer eidgenössischen Universität die Aufrechterhaltung sowie den wesentlich unveränderten Fortbestand dieser höchsten Bildungsanstalt als mit der Wohlfahrt und Würde des Kantons eng verbunden erscheinen lasse, [ist] der am 19. März für Aufhebung der Hochschule gestellten Motion keine weitere Folge zu geben und der Regierungsrath beauftragt, die Massregeln zu berathen, wodurch ihr für ihren Fortbestand diejenige Festigkeit gewährt werde, welche unerlässliche Bedingung ihres Gedeihens sei.[23]

Doch auch mit diesem Entscheid des Grossen Rats war die Angelegenheit um die Berufung von Strauss keineswegs ausgestanden. Der Regierungsrat untersagte Bezirksversammlungen, die vom Zentralkomitee einberufen worden waren, und bot zur Wahrung der öffentlichen Ordnung die Infanterie auf. Eine Volksversammlung in Kloten (2. September 1839) unterstützte die Anliegen der Opposition. Auf ein Gerücht hin, dass 30 000 Mann des Siebnerkonkordats radikaler Kantone zur Unterstützung der liberalen Regierung in Zürich im Anmarsch auf Zürich seien, liess Bernhard Hirzel, Pfarrer

[22] Von Wyss 1883, 53. [23] A.a.O., 53.

in Pfäffikon, abends vier Stunden lang Sturm läuten (5. September). Andere Gemeinden folgten dem Beispiel. Schliesslich marschierte ein Zug von Freischärlern nach Zürich, wo er mit militärischen Einheiten zusammenstiess (6. September). In der Stadt kam es zu tumultuarischen Szenen und Schiessereien – dem sogenannten «Züriputsch» –, bei denen 14 Putschisten sowie Regierungsrat Johannes Hegetschweiler, der den Befehl zum Einstellen des Feuers überbringen wollte, umkamen.

Als Folge des Aufruhrs trat die Regierung zurück, und es wurde ein provisorischer Staatsrat gebildet. Der Grosse Rat beschloss Neuwahlen (9. September 1839), die zugunsten der Konservativen ausgingen (17. September). Dieses konservative «Septemberregime» endete bereits 1845, als die Liberalen die Wahlen wieder für sich entschieden. An der Universität Zürich musste im Gefolge dieser Neuorientierung der Senat selber im Sommer 1847 gegen die Studierenden einschreiten, «deren übertriebener Unabhängigkeitssinn sich mit unumgänglicher Ordnung und dem Ansehen der Lehrer nicht vertrug».[24] Gesamtschweizerisch markierte der sogenannte «Züriputsch» eine deutliche Verschärfung der Rivalitäten zwischen Radikalen und Konservativen, die schliesslich in den Sonderbundskrieg von 1847 mündete.[25]

[24] Von Wyss 1883, 54.

[25] Gottfried Keller ereiferte sich später darüber, wie sich Nietzsche in «Unzeitgemässe Betrachtungen» (erstes Stück) über Strauss ausgelassen hatte: «Das knäbische Pamphlet des Herrn Nietzsche gegen Strauß habe ich auch zu lesen begonnen, bringe es aber kaum zu Ende wegen des gar zu monotonen Schimpfstiles [...]. Nietzsche soll ein junger Professor von kaum 26 Jahren sein, Schüler von Ritschl in Leipzig und Philologe, den aber eine gewisse Großmannssucht treibt, auf anderen Gebieten Aufsehen zu erregen. Sonst nicht unbegabt, sei er durch Wagner-Schoppenhauerei [sic!] verrannt und treibe in Basel mit ein paar Gleichverrannten einen eigenen Kultus. Mit der Straußbroschüre will er ohne Zweifel sich mit einem Coup ins allgemeine Gerede bringen, da ihm der stille Schulmeisterberuf zu langweilig und langsam ist. Es dürfte also zu erwägen sein, ob man einem Spekulierburschen dieser Art noch einen Dienst leistet, wenn man sich stark mit ihm beschäftigt. [...] Ich halte den Mann für einen Erz- und Cardinalphilister; denn nur solche pflegen in der Jugend so mit den Hufen auszuschlagen und sich für etwas anderes als für Philister zu halten, gerade weil dieses Wähnen etwas so Gewöhnliches ist.» (Gottfried

Man kann die divergierenden Zürcher Positionen um die Berufung von Strauss nicht verstehen, ohne einen Blick auf die Situation der Zürcher Theologie im frühen 19. Jahrhundert zu werfen. Die Aufklärung und ihr Einfluss auf die Theologie hatten einen tiefen Graben in der Pfarrerschaft hinterlassen. Der damalige Pfarrer an der Zürcher Predigerkirche, Conrad von Orelli, schrieb 1819:

> Eine Grosse Zahl von Theologen scheint zwei Extremen verfallen zu sein: auf der einen Seite wird eine höchst freie, freche und gewalttätige Exegese getrieben, indem man gegen alles Wunderbare ankämpft; auf der anderen Seite verdammt man den Vernunftgebrauch überhaupt.[26]

Die traditionelle Sichtweise auf die Bibel und ihre Auslegung war noch stark bei den Pfarrern und in den Gemeinden verankert. Die liberale kritische Partei genoss aber die Unterstützung durch den neuverfassten Kanton Zürich, und so setzte sich die liberale Richtung im 19. Jahrhundert mehr und mehr durch. Besonders bedeutsam in diesem Prozess wurde die Aufhebung der Bekenntnispflicht: In einer ausserordentlichen Kirchensynode (8. September 1838) wurden die alten Bekenntnisschriften für die Theologen als unverbindlich erklärt. Die Regelung des Verlesens des Apostolikums bei Taufe und Abendmahl wurde allerdings erst 1868 aufgehoben.[27] Doch die Auseinandersetzungen um die Berufung von Strauss standen ganz im Zeichen des Zwistes zwischen der liberalen und der konservativen Partei.

Keller an Emil Kuh, 18. November 1873, zitiert nach Reich 2013, 453). Ich danke Peter Schnyder (Neuchâtel) für diesen Hinweis.

[26] Zitiert nach Schweizer 1972, 18. [27] Gebhard 2003.

Die Theologische Fakultät im Widerstreit von Gegnern und Befürwortern von Strauss

Nach den Wirren um die Berufung von David Friedrich Strauss bestimmte der Frühpensionierte indirekt auch als Abwesender noch die Geschicke der Fakultät: Sie erhielt durch die Neuberufungen der vierziger Jahre des 19. Jahrhunderts zunächst eine Ausrichtung, die sachlich zwar gegen Strauss gerichtet war, ihr aber durchaus eine pluralistische Ausrichtung gab. Sie betonte im Nachgang der Affäre ihre Freiheit in Lehre und Forschung[1] und pochte auf akademische Standards, auch wenn natürlich umstritten war, was das *in praxi* nun bedeuten sollte.

Die frühzeitige Pensionierung von David Friedrich Strauss zog die Notwendigkeit nach sich, den seit dem Weggang von Eduard Elwert vakanten Lehrstuhl wieder zu besetzen. Die nach dem «Züriputsch» neu konservativ geprägte Regierung wählte Johann Peter Lange, einen reformierten Pastor aus Duisburg, auf die Professur, die er 1841 antrat.[2] Er war 1802 geboren worden und hatte bei Karl Immanuel Nitzsch und bei Friedrich Lücke in Bonn studiert und war entsprechend vermittlungstheologisch geprägt. Langes Publikationen im Neuen Testament waren gegen Strauss gerichtet: Die Ausrichtung seiner Werke «Über den geschichtlichen Charakter der Evangelien» (1836) und «Das Leben Jesu nach den Evangelien dargestellt» (1844–1847) war in historischer Hinsicht konservativ. Gleichwohl spiegelt sich bei Lange eine spekulative Prägung, insofern er die Geschichte des Heidentums und Judentums als Prälu-

[1] Nabholz 1933, 416–417. [2] Von Schulthess-Rechberg 1914, 68.

dium der Erscheinung Christi verstand und so eine idealistische Geschichtsphilosophie vertrat. Weiter publizierte Lange eine dreibändige «Christliche Dogmatik» (1849–1852), die um den zentralen Gedanken der Verwirklichung der Gottmenschheit kreiste, die sich im Verlauf der Geschichte ergeben soll – von der anfänglichen Gegenüberstellung von Gott und Mensch über die Christologie bis hin zur endzeitlichen Vereinigung von Gott und Mensch. 1854 folgte Lange einem Ruf an seine Heimatuniversität Bonn, wo er am 8. Juli 1884 verstarb. An der Philosophischen Fakultät der Universität Zürich wirkte auch Langes Sohn Albrecht (1870–1873).[3]

Neben Lange wurde August Ebrard, der 1818 in Erlangen in eine reformierte Hugenottenfamilie hineingeboren worden war, 1844 zum Professor für alt- und neutestamentliche Exegese berufen. Ebrard hatte in Erlangen und Berlin studiert und sich in Erlangen 1842 habilitiert. Wie bei Lange bezog auch Ebrards wichtigste frühe Publikation, seine 1100-seitige «Wissenschaftliche Kritik der evangelischen Geschichte», die er als 23-Jähriger publiziert hatte, gegen Strauss Stellung. Nach nur dreijähriger Tätigkeit in Zürich folgte er einem Ruf nach Erlangen (1847), wurde aber sechs Jahre später von dort – offenbar aufgrund von fakultätsinternen Querelen – nach Speyer versetzt, wo er dann als Konsistorialrat und Hauptprediger wirkte.[4]

Das Profil der Theologischen Fakultät wurde durch die Ernennungen Langes und Ebrards und die Habilitationen der Privatdozenten August Koch und David Fries (beide Neues Testament) relativ breit, indem sie sehr viele theologische Richtungen in sich vereinte.[5] Fries wirkte zwar nur ein Jahr als Privatdozent (1848–1849), doch war er theologiegeschichtlich bedeutsam für die Wiederkehr liberalen Denkens nach dem Straussenhandel. Durch die Berufung Alois Emanuel Biedermanns als ausserordentlicher Professor für theologische Enzyklopädie und neutestamentliche Einleitung (1850) hat sich das liberale Denken an der Zürcher Fakultät vollends eta-

[3] Von Schulthess-Rechberg 1914, 77. [4] A.a.O., 82.
[5] Nabholz 1933, 529; von Schulthess-Rechberg 1914, 87.

bliert.[6] Biedermann, geboren am 2. März 1819 in Bendlikon bei Zürich, studierte Theologie in Basel, wo ihn namentlich Wilhelm Martin Leberecht de Wette beeindruckte, und in Berlin, wo er vor allem von Georg Wilhelm Friedrich Hegel und Wilhelm Vatke beeinflusst wurde. Einen starken Eindruck machte auf ihn auch die Lektüre von David Friedrich Strauss' «Leben Jesu». Als Biedermann 1850 an die Theologische Fakultät der Universität Zürich kam, war mit ihm – nach Lange und Ebrard – erstmals kein geistiger Gegner von Strauss an die Fakultät berufen worden. Biedermann hatte Freunde sowohl bei den Positiven als auch bei den Freisinnigen und galt als theologische Autorität der Reformpartei.[7] 1860 wurde er zum ordentlichen Professor für Dogmatik befördert.

Als Biedermann noch im Münchensteiner Pfarramt war, veröffentlichte er eine Programmschrift («Die freie Theologie, oder Philosophie und Christentum in Streit und Frieden», 1844), die in ihren Grundzügen bereits sein Hauptwerk, die «Christliche Dogmatik» (1869), erkennen lässt.[8] Dieses steht in der spekulativen Tradition Hegels, ist aber gleichzeitig geprägt von der kritischen Verbindung von Erkenntnistheorie, Religionspsychologie, Religionsphilosophie und Bibelwissenschaft. Biedermann wurde zu einem der entscheidenden Wegbereiter der liberalen Reformbewegung im Zürich des 19. Jahrhunderts. Im Grunde genommen war er in seiner theologischen Stossrichtung Strauss sehr verwandt, doch anders als Strauss, der wissenschaftlich wie persönlich scheiterte, konnte Biedermann seine Position nachgerade zur Mehrheitsfähigkeit bringen. Für Dellsperger liegt dies in der «ungleich größeren integrativen Kraft von Biedermanns Denken», aber auch daran, dass er über «eine ausgeprägte Fähigkeit zum offenen Dialog» verfügte.[9]

Die Regierung übertrug Biedermann mit seiner Berufung an die Universität gleichzeitig auch den Religionsunterricht am oberen Gymnasium, was ein deutlicher Richtungsentscheid war.[10] Zuvor hatte sich Lange in einem persönlichen Minoritätsgutachten deut-

[6] Kuhn 1997. [7] Von Schulthess-Rechberg 1914, 95.
[8] 2. Aufl. 1884/1885, Biedermann ^{2}1884/1885.
[9] Dellsperger 1980, 484, vgl. auch Nabholz 1933, 530–531. [10] Von Wyss 1883, 82.

Alois Emanuel Biedermann

lich gegen die Berufung Biedermanns ausgesprochen; ebenso votierte eine Minderheit des Kirchenrats, die sich namentlich gegen die Übertragung des gymnasialen Religionsunterrichts an Biedermann gewehrt hatte.[11] Die wissenschaftliche Qualifikation Biedermanns wurde dabei nicht in Frage gestellt, wohl aber die spezifische philosophische Prägung seiner Theologie. Offenbar war der Berufungsvorschlag Biedermann aus dem Erziehungsrat gekommen, nicht von der Fakultät. – Biedermann verzichtete seinerseits ab 1864 auf den Religionsunterricht am Gymnasium, den er offenbar vor allem aufgrund von finanziellen Überlegungen angenommen hatte.

Allwöchentlich bestieg Biedermann den Uetliberg. Am 25. Januar 1885 verstarb er nach 35-jähriger Wirksamkeit an der Universität Zürich. Auf seinen Lehrstuhl folgte Theodor Häring, ein württembergischer Theologe, der aber bereits 1890 als Nachfolger Ritschls nach Göttingen wechselte.[12]

[11] Nabholz 1933, 529–530 Anm. 1.

[12] Von Schulthess-Rechberg 1914, 97; vgl. Köberle 1949.

Positive und Liberale

Nachdem Johann Peter Lange 1854 nach Bonn berufen worden war, wurde der neutestamentliche Lehrstuhl 1855 an Konstantin Schlottmann übertragen.[1] Schlottmann, geboren am 7. März 1819 in Minden (Westfalen), war ein philologisch breit gebildeter Gelehrter und gehörte der positiven Richtung an. 1856 geriet er mit Alexander Schweizer aneinander, als Schlottmann im Rahmen eines Auftritts in der Synode die spekulative Theologie angriff. Glücklos agierte er auch im Ankauf von gefälschten Tonwaren aus Moab, die in Wahrheit aus Moses Shapiras Töpferwerkstatt in Jerusalem kamen.[2] Schlottmann verliess Zürich bereits nach vier Jahren, um nach Bonn zu gehen, und wirkte dann ab 1866 in Halle,[3] wo er am 8. November 1887 starb.

Sieht man von den Privatdozenten Held (1860–1864) und Wörner (1865–1875) ab, war unter den Professoren seit dem Weggang Schlottmanns (1859) und bis zum Amtsantritt Theodor Härings (1886) ausschliesslich die liberale Richtung vertreten.[4] Deshalb verlangten 77 Geistliche die Anstellung eines positiv gesinnten Ordinarius oder doch zumindest die Beförderung des Privatdozenten Wörner zum ausserordentlichen Professor. Die Fakultät verhielt sich diesem Ansinnen gegenüber ablehnend und wies darauf hin, dass bei Berufungen nur die wissenschaftliche und pädagogische Qualifika-

[1] Die Fakultät beklagt sich anlässlich der Berufung, dass die durch die Vakanz angesparten Mittel zum grossen Teil der Fakultät entzogen worden seien (Protokoll der Fakultätssitzung vom 23. Juni 1855).

[2] Allegro 1965.

[3] Von Schulthess-Rechberg 1914, 97.

[4] A.a.O., 145.

tion der Bewerber zähle, nicht aber deren Richtungszugehörigkeit.[5] Der Regierungsrat wies diese Petition ab.[6]

Nach der Wegberufung Hitzigs nach Heidelberg (1861) wurde Eberhard Schrader nach Zürich berufen und schon nach einem Jahr zum Ordinarius ernannt.[7] Schrader, am 5. Januar 1836 in Braunschweig geboren, studierte in Göttingen, vor allem als Schüler Heinrich Ewalds, Theologie und semitische Sprachen (1856–1859). Eine Preisarbeit über die äthiopische Sprache konnte er als Dissertation einreichen. Nach der Habilitation (1862) wurde er auf den Lehrstuhl für Altes Testament an der Universität Zürich berufen (1863). In seiner Zürcher Zeit gab er die von ihm neu bearbeitete, 8. Auflage von de Wettes «Einleitung in das Alte Testament»[8] heraus – ein völlig neues Werk, das allerdings aufgrund der in den Folgejahren von Julius Wellhausen[9] durchgesetzten Sicht der Neueren Urkundenhypothese alsbald veraltet war.

Durch Zufall kam Schrader in Zürich mit der Keilschriftforschung in Kontakt. Julius Weber, ein Zürcher Kaufmann in Bagdad, hatte der Zürcher Antiquarischen Gesellschaft eine Reihe assyrischer Reliefs geschenkt (1863/1864), wovon 14 Inschriften trugen. Der Vorsitzende der Gesellschaft, Dr. Ferdinand Keller, gab Schrader den Auftrag, sie zu entziffern und zu katalogisieren, und damit den Anstoss, dass sich Schrader der noch jungen Disziplin der Keilschriftforschung zuwandte. Mit seinen darauffolgenden Werken legte Schrader die Grundlagen für die Assyriologie im deutschsprachigen Raum und verhalf ihr zur institutionellen Etablierung.

1870 wurde Schrader nach Giessen berufen, 1873 nach Jena. 1875 holte ihn die Berliner Akademie der Wissenschaften nach Berlin. Dort gesellte sich zum Erfolg Schraders alsbald die Opposition: Alfred von Gutschmid warf ihm vor, allzu leichtfertig neue Erkenntnisse aus den Funden zu postulieren,[10] worauf Schrader ihm in einer

[5] Nabholz 1933, 655, Protokoll der Sitzung vom 16. Februar 1872.
[6] Beschluss vom 23. März 1872, Protokoll der Fakultätssitzung vom 3. April 1872.
[7] Stolz 1987. [8] De Wette 1869. [9] Wellhausen 1883; 1899.
[10] Von Gutschmid 1876.

Erwiderung antwortete (1878).[11] Ein Schlaganfall, den Schrader 1895 erlitt, nötigte ihn 1898 zum Rücktritt. 1908 verstarb er.

Auf verschlungenem Weg kam der Neutestamentler Gustav Volkmar, der schwerpunktmässig zur Apokalyptik und den Apokryphen arbeitete, nach Zürich. Geboren 1809 in Hersfeld, studierte er in Marburg Theologie, mit philologischem Schwerpunkt, und nahm dann Lehrerstellen an verschiedenen Gymnasien wahr. Er trat für die verfolgten Deutsch-Katholiken ein und legte sich mit dem Kurfürst Friedrich Wilhelm I. zugunsten der hessischen Verfassung an, was ihm seine Verhaftung am 26. November 1852 eintrug und eine gerichtliche Amtsenthebung nach sich zog. In seiner scheinbar aussichtslosen Situation stellte Volkmar ein Gesuch an die Theologische Fakultät der Universität Zürich, ob er sich hier habilitieren könne. Am 28. April 1853 fand der Probevortrag statt und am 9. Juni wurde ihm die *venia legendi* erteilt. Damit zählte Volkmar zu den zahlreichen politischen Verfolgten der damaligen Zeit, die in Zürichs Hochschule eine Zufluchtsstätte fanden.[12]

Um sich und seiner Familie ein Auskommen leisten zu können, nahm er eine Hilfspredigerstelle an. Daneben erteilte er auch Unterricht in Religionsgeschichte am Lehrerseminar in Küsnacht und wirkte als Dozent für Kulturgeschichte an der ETH.[13] 1858 wurde er zum Extraordinarius gewählt, bezog aber vorerst noch kein Gehalt. Vielmehr hielt er sich «aber wie andere seiner Leidensgenossen mit jährlichen Gratifikationen einigermaßen über Wasser».[14] Zwischen 1858 und 1865 erhielt Volkmar ein Gehalt von jährlich 400 bis 1600 Franken; erst als er zum Ordinarius ernannt wurde (1870), betrug sein Gehalt 3200 Franken. Zum Vergleich: Der Pedell (Hausmeister) der Universität bezog 1400 Franken (seit 1865) und konnte zudem kostenlos in einer Wohnung leben.[15] In den Jahren 1869 bis 1881 gehörte Volkmar dem Zürcher Kirchenrat an.

[11] Schrader 1878. [12] Nabholz 1933, 533; Craig 1988.
[13] Volkmar 1857. [14] Nabholz 1933, 533. [15] A.a.O., 533–534 Anm. 1.

Seine Schrift «Die Religion Jesu und ihre erste Entwicklung nach dem gegenwärtigen Stande der Wissenschaft»[16] knüpfte an Strauss an und führte dessen Forschung allgemeinverständlich fort:

> Schon bei mehr als einer Gelegenheit ist auch hier das Bedürfniß in immer weiteren Kreisen empfunden worden, die neueren Fortschritte der geschichtlichen Wissenschaft über Strauß hin näher kennen zu lernen, und zugleich eine unbefangene Kritik der Tübinger Schule zu finden.[17]

Trotz seiner vielfältigen Publikationstätigkeit blieb Volkmar innerhalb seiner Zunft weitgehend unbeachtet.[18] Allerdings hat sich besonders William Wrede, dessen «Messiasgeheimnis in den Evangelien» (1901) Theologiegeschichte schrieb und der selber den Forschungen Volkmars viel verdankte, seiner erinnert. Er und vor allem Adolf Jülicher (in der Allgemeinen Deutschen Biographie) haben Volkmars Forschungen gewürdigt. Am 9. Januar 1893 verstarb Volkmar im Alter von 84 Jahren. Sein Nachfolger wurde Paul Schmiedel.

Nach Schlottmanns Weggang war die positive Richtung unter der Professorenschaft an der Theologischen Fakultät in Zürich nicht mehr vertreten. Die evangelische Gesellschaft Zürich veranlasste deshalb den in Göttingen wirkenden Privatdozenten Karl Friedrich Wilhelm Held (1830–1870), dass er sich in Zürich habilitieren möge. Dieser zog nach Zürich, nahm seine Lehrtätigkeit auf (1860) und zog dabei viele Hörer an. Später wurde er nach Breslau berufen (1864) und nach Bonn. Doch er wurde geisteskrank und starb in einer Irrenanstalt in Illenau.[19]

Nach dem Weggang Helds wurde Karl Theodor Keim Nachfolger auf dem Lehrstuhl Schlottmanns (1864) – er sollte ein konservatives Gegengewicht zu Volkmar bilden. Keim, geboren 1825 in Stuttgart, studierte in Tübingen und wandte sich bald der geschichtlichen

[16] Volkmar 1857. [17] A.a.O., Vorwort.
[18] Von Schulthess-Rechberg 1914, 107. [19] A.a.O., 111.

Überlieferung des Neuen Testaments zu. In der Wunderfrage betonte er, Jesus selbst sei das eigentliche Wunder. In der Auferstehungsfrage wollte er sich nicht mit der Reduktion ihres historischen Hintergrunds auf Visionen der Jünger begnügen.[20] Die Opposition zu Volkmar war mit Händen zu greifen. Vertrat Volkmar – als einer der ersten Neutestamentler – die Markuspriorität, so hielt Keim (mit dem Mainstream seiner Wissenschaft) Matthäus für das älteste Evangelium. Für Volkmar waren die Evangelien im Wesentlichen Poesie, für Keim Geschichte. Bei den Studenten fand Volkmar viel Anklang, Keim nicht. An einer Fakultätsversammlung kam es 1869 sogar zu einem offenen Konflikt zwischen den beiden:

> 3. Herr Prof. Keim bringt den Conflict, der zwischen ihm und Herrn Prof. Volkmar wegen der von letzterm festgehaltenen gleichzeitigen Ankündigung des Lebens Jesu entstanden war, vor die Facultät. Nach längerer Diskussion beschliesst die Facultät die Erklärung zu Protokoll zu geben: Sie missbillige es, wenn ein College eine bisher von einem andern Collegen vertretene Vorlesung ohne vorhergegangene Verständigung mit demselben in dem gleichen Semester ankündige. Herr Prof. Volkmar erklärt seinen Dispens zu Protokoll.[21]

1873 wurde Keim nach Giessen berufen. Nach seinem Tod (17. November 1878) verzichtete die Fakultät angesichts der damals geringen Anzahl von Studierenden auf einen förmlichen Nachfolger.

Ein Protokoll der Fakultätssitzung hielt fest, dass die Privatdozenten Emil Egli und Moritz Heidenheim in ihrer letzten Vorlesung je nur einen Hörer hatten.[22] So einigte man sich darauf, die neutestamentlichen Fächer auf Volkmar und Kesselring zu verteilen.[23] Heinrich Kesselring (geboren 1832 in Frauenfeld) war bereits seit

[20] Von Schulthess-Rechberg 1914, 113.
[21] Protokoll der Fakultätsversammlung vom 26. Juni 1869.
[22] Protokoll der Fakultätssitzung vom 13. Januar 1875.
[23] Protokoll der Fakultätssitzung vom 28. Oktober 1873.

1864 als Extraordinarius für Neues Testament und Praktische Theologie tätig,[24] unterrichtete daneben aber auch am Gymnasium. Er hatte in Zürich Theologie studiert (1850–1855) und begab sich zu weiteren Studien nach Tübingen, wo er bei Ferdinand Baur und Tobias Beck hörte. Danach reiste er nach Paris, wo er sich vorzügliche Französischkenntnisse erwarb, und nach Berlin. Er kam anschliessend als Pfarrer nach Horgen (1856–1857), wollte sich dann aber auf eine Dozentenlaufbahn vorbereiten und habilitierte sich in Zürich für Neues Testament und Dogmengeschichte (1858). Am 7. Februar 1874 wurde er zum ordentlichen Professor für neutestamentliche Fächer und praktische Theologie ernannt und konnte sich so ganz dem akademischen Lehramt widmen. Er amtierte viermal als Dekan und war auch Rektor der Universität (1892–1894). 1902 verlieh die Stadt Zürich dem Thurgauer das Ehrenbürgerrecht. Kesselring, der in der Kirche diakonisch tätig war, war einer der ersten Vertreter der Abstinenzbewegung in Zürich. Er zog sich 1904 wegen beständiger Schlaflosigkeit vom Lehrbetrieb zurück und verstarb 1920.[25]

In die siebziger Jahre des 19. Jahrhundert fällt das Projekt der Theologischen Fakultät, ein Theologisches Seminar einzurichten. Die Protokolle dreier Fakultätssitzungen[26] dokumentieren dieses Bestreben. Die Statuten des Seminars wurden am 25. November 1873 gebilligt.

[24] Nabholz 1933, 653. [25] Meyer 1919/1920.

[26] Vom 10. Juni, vom 10. Oktober und vom 28. Oktober 1873.

Der «älteste Privatdozent Europas»

Eine besondere Persönlichkeit, die im ausgehenden 19. Jahrhundert an der Theologischen Fakultät der Universität Zürich wirkte, war der Privatdozent Moritz Heidenheim. Er war 1824 als ältester Sohn des Kantors der jüdischen Gemeinde Worms geboren worden.[1] Nach dem Abitur widmete er sich einige Zeit ausschliesslich rabbinischen Studien, unter andern beim Wormser Rabbiner Jakob Koppel Bamberger. Von diesem autorisiert wirkte Heidenheim als Schächter und Lehrer, zeitweise auch als Prediger und Kantor in der Synagoge.[2] Da er Rabbiner werden wollte, besuchte er die Universität Giessen (1850–1851), wo er als Rabbinatskandidat bei der Immatrikulation die Bezeichnung «stud. theol. jud.» erhielt.[3] Altes Testament hörte er vor allem bei August Knobel. Er wurde nach nur einem Jahr in Philosophie promoviert; offenbar hatte er mehrere, allerdings wenig umfangreiche Dissertationen dazu eingereicht, wovon er eine später publizierte.[4]

Um diese Zeit trat Heidenheim zum Christentum über. Dazu schrieb er später: «nur in dem öffentlichen Bekenntnisse, dass Christus der Erlöser der Welt sei, fand ich Ruhe.»[5] Inwieweit dieses Zeugnis authentisch ist, lässt sich nicht eruieren, jedenfalls präsentierte sich Heidenheim damals so den Theologen. Nach seiner Konversion siedelte er nach England über (1852). Er setzte seine Studien am King's College in London fort (1856) und wurde nach drei Jahren

[1] Franz-Klauser 2008, 35–36. [2] A.a.O., 44–45. [3] A.a.O., 51.
[4] Heidenheim 1853, vgl. Franz-Klauser 2008, 52.
[5] Aus dem Lebenslauf, den er mit seinem Habilitationsgesuch an der Theologischen Fakultät der Universität Zürich einreichte; vgl. Franz-Klauser 2008, 54.

zum anglikanischen Priester ordiniert (1859).[6] Neben seiner Gemeindearbeit in London erforschte er hebräische und samaritanische Manuskripte in verschiedenen europäischen Bibliotheken. 1864 gelangte er als anglikanischer Kaplan nach Zürich, wo er 25 Jahre lang für die anglikanische Gemeinde arbeiten sollte. Seit Fernziel war jedoch eine Professur an einer deutschsprachigen Universität,[7] aber das erreichte er nie. Vielmehr starb er 1898 als «ältester Privatdozent Europas».[8]

1864 stellte Heidenheim dem Erziehungsrat des Kantons Zürich ein Habilitationsgesuch. Die Fakultät äusserte sich zunächst ablehnend in der Richtung, «dass für eine Vermehrung der Lehrkräfte in der theol. Fakultät bei der grossen Anzahl von theol. Docenten kein Bedürfnis vorhanden sei; dass indess die wissenschaftliche Betätigung des Petenten zur Habilitation als Privatdoc. D. Theol. nicht zu beanstanden sei.»[9] Der Erziehungsrat gab dem Gesuch gleichwohl statt. Heidenheim hielt seine Probevorlesung zum Thema «Die Aufgabe der alttestamentlichen Exegese in der Gegenwart»; sie galt als bestanden (eine schriftliche Fassung ist leider nicht mehr erhalten), und er erhielt die *venia legendi* (Dezember 1864). So las Heidenheim nun neben seiner Aufgabe bei der anglikanischen Gemeinde auch als Privatdozent für Altes Testament an der Universität Zürich. Sein Vorlesungsangebot umfasste neben christlicher Theologie rabbinische Literatur und verschiedene semitische Sprachen.[10] Heidenheim war es ein besonderes Anliegen, christliche Wissenschaftler vom Wert der rabbinischen Literatur für die Exegese zu überzeugen. Dabei fand er jedoch wenig Gehör.

1869 bewarb er sich auf die Nachfolge von Eberhard Schrader,[11] wurde aber nicht berücksichtigt. Das Protokoll der Fakultätssitzung hielt fest: «Von Dr. Heidenheim sei entschieden abzusehen, weil er bei aller Menge von rabbin. Kenntnissen von wissenschaftlicher Bil-

[6] Franz-Klauser 2008, 67, 72–81. [7] A.a.O., 87–110.
[8] NZZ vom 25. Oktober 1898 (Nr. 285), 1. Abendblatt, 2.
[9] Franz-Klauser 2008, 52. [10] A.a.O., 177. [11] A.a.O., 184.

dung zu weit entfernt sei».[12] Alois Biedermann führte dann im Fakultätsgutachten weiter aus:

> Herr Dr. M. Heidenheim, Privatdozent an der hiesigen theologischen Fakultät, hat durch eine Reihe von Abhandlungen in der von ihm redigierten Zeitschrift, unstreitig viele Kenntnisse im Hebräischen und in den verwandten Dialekten, namentlich im Semitischen u. Rabbinischen, beurkundet. Allein durchweg verräth er in der Unbehülflichkeit seiner, Rabbinisches u. Modernwissenschaftliches ineinandermischenden Darstellungsweise, einen Mangel an Klarheit und logischem Denken, das darlegt, dass seine ganze Geistesbildung in einem dem Geiste moderner Wissenschaft fremden und fremdartigen Boden wurzelt. Es ist ihm daher auch während seiner mehrjährigen Wirksamkeit als Privatdozent an hiesiger Facultät, unter nicht ungünstigen Umständen, nicht gelungen, sich irgend einen nennenswerthen Erfolg zu erwerben. Die Facultät kann daher, bei aller Erkennung seines Wissens und Strebens, über ihn nur das Urtheil aussprechen, dass er zur wissenschaftlichen Vertretung der A. T. lichen Fächer an unserer Hochschule sich nicht eignen würde.[13]

Ähnlich gab der Kirchenrat in seiner Stellungnahme die «eigenthümliche rabbinische Verfahrensweise»[14] Heidenheims als Problem zu bedenken, so dass man sich auf Heinrich Steiner als Nachfolger für Eberhard Schrader einigte.

Heidenheim gab jedoch nicht auf und stellte am 5. Januar 1871 beim Erziehungsdirektor aus eigener Initiative einen Antrag auf Ernennung zum Extraordinarius, wobei er vor allem auf die Verdienste verwies, die er sich für die Fakultät erworben hatte:

[12] Protokoll der Fakultätssitzung vom 14. Januar 1870.

[13] Franz-Klauser 2008, 184–185. [14] A.a.O., 186.

> Hochgeehrtester Herr Erziehungsdirektor! Seit dem Jahre 1864/65 wirkt Unterzeichnender als Docent an der hiesig. theol. Fakultät und da er bis jetzt nicht einmal zum ausserordentlichen Professor befördert wurde, so glaubt er sich dazu berechtigt die hohe Erziehungsbehörde anfragen zu dürfen, ihn zum ausserordentlichen Professor ernennen zu wollen. Fälle, dass Privatdocenten, denen es gelungen ist, sich einen Wirkungskreis zu verschaffen übergangen wurden, dürften wohl zu den seltesten gehören. Über die Bereitwilligkeit der jetzigen hohen Erziehungsbehörde Verdienste zu berücksichtigen, liegen sehr schlagende Beispiele vor, und der Unterzeichnende gibt sich darum der Hoffnung hin, dass die hohe Erziehungsbehörde ihm eine Anerkennung zu Theil lassen werde, welche er nach einem fast siebenjährigen Wirkungskreise verdient haben dürfte.[15]

Die Fakultät wurde um eine Stellungnahme gebeten. Sie berief sich auf ihre Auskunft aus dem Verfahren um die Besetzung der Nachfolge Schrader und empfahl der Erziehungsdirektion, dem Antrag nicht stattzugeben. Allerdings hatte die Hochschulkommission zwischenzeitlich erwogen, Heidenheim die erbetene Professur speziell für semitische Sprachen und rabbinische Exegese zu übertragen (1. März 1871). Man befragte dazu drei Studenten. Diese waren der Ansicht, «man müsse sich an den Vortrag gewöhnen», die Veranstaltungen seien «fasslich und lehrreich», aber Heidenheim sei kein Dozent, sondern ein «Stubengelehrter».[16] Daraufhin blieb es bei der von den Theologen empfohlenen Absage.

An der Gelehrsamkeit und auch Umtriebigkeit Heidenheims bestand indes kein Zweifel. Er gab nicht weniger als drei Periodica heraus: Die «Vierteljahresschrift für deutsch- und englisch-theologische Forschung» (1861–1873), die «Bibliotheca Samaritana» (1884–1896) und die «Anglican Church Leaves» (1887–1898). Die ersten beiden dienten vorwiegend der Publikation samaritanischer Texte,

[15] Franz-Klauser 2008, 187, vgl. Nabholz 1933, 656. [16] Franz-Klauser 2008, 179.

deren religionsgeschichtliche Tragweite Heidenheim als einer der ersten Bibelwissenschaftler seiner Zeit hervorhob. In seinem Landhaus in Zürich-Wollishofen mit Blick auf See und Alpen legte sich Heidenheim eine Privatbibliothek an, die Hebraica und Judaica in Form von rund 3000 Drucken und Handschriften umfasste. Nach seinem Tod im Jahr 1898 gelangten seine Bücher dank eines Spendenaufrufs der Israelitischen Cultusgemeinde Zürich an die damalige Stadtbibliothek.

Das ausgehende 19. Jahrhundert

Nachdem Schrader nach Giessen berufen worden war, wurde – eben nicht Moritz Heidenheim, sondern – Heinrich Steiner 1870 zum Professor für Altes Testament und semitische Sprachen gewählt. Geboren 1841 in Zürich, begann er sein Studium 1859 an der Theologischen Fakultät und hörte vor allem bei Hitzig, dem er 1861 nach Heidelberg folgte. Nach einem Aufenthalt in Leipzig bei Heinrich Fleischer, bei dem er seine Kenntnisse der orientalischen Sprachen vertiefte, kehrte er 1865 nach Heidelberg zurück und habilitierte sich an der philosophischen und danach auch an der theologischen Fakultät, wo er den Titel eines ausserordentlichen Professors der Theologie erhielt (1868). Die neue Sicht Wellhausens auf die Geschichte und Literatur des Alten Testaments lehnte er ab, genau wie sein Vorgänger Schrader, sein Fachkollege Konrad Furrer und sein Nachfolger Viktor Ryssel. So «ergab sich das Seltsame, dass die theologische Fakultät Zürich, die sonst für besonders kritisch und fortschrittlich gerichtet galt, in der alttestamentlichen Wissenschaft eine der konservativsten war».[1] 1876 erhielt Steiner den Titel eines Dr. theol. h.c. durch die Universität Bern.[2] Im Jahr des 50. Jubiläums der Zürcher Hochschule (1883) amtierte er als Rektor. Am 19. April 1889 verstarb er im Alter von nur 48 Jahren.

Ein Jahr zuvor, 1888, wurde als Nachfolger für den verstorbenen Alexander Schweizer der Bündner Paul Christ (geboren 1836) berufen. Er hatte ab 1855 in Tübingen, namentlich bei Ferdinand Christian Baur, studiert. 1856 wechselte er nach Basel, und 1858 wurde er, im Alter von knapp 22 Jahren, Pfarrer in seinem Heimatkanton, im

[1] Von Schulthess-Rechberg 1914, 125.

[2] Protokoll der Fakultätssitzung vom 7. Januar 1876.

bündnerischen Davos-Frauenkirch. Mit 53 Jahren übernahm er die Zürcher Professur. Er setzte sich zwar mit neueren Ansätzen in Theologie und Philosophie, so etwa von Albrecht Ritschl und Friedrich Nietzsche, auseinander, doch seine Welt war der Rationalismus des frühen 19. Jahrhunderts. Insofern blieb er in Forschung und Lehre der Vergangenheit verpflichtet. Christ starb am 14. Januar 1908. Sein Nachfolger wurde Leonhard Ragaz.

Nach Steiners frühem Tod wurde Viktor Ryssel auf den alttestamentlichen Lehrstuhl in Zürich berufen.[3] Geboren 1849 in Reinsberg (Sachsen), studierte er in Leipzig Theologie und Philosophie. Besonders Franz Delitzsch und Heinrich Fleischer führten ihn in das Alte Testament und die semitischen Sprachen ein, von Delitzsch her brachte er auch eine konservative Tendenz in der Text- und Literarkritik mit.[4] Ryssel war zunächst am Nikolaigymnasium in Leipzig tätig, habilitierte sich dann 1878 an der Universität Leipzig und bekleidete ab 1885 eine ausserordentliche Professur. Seine exegetischen Arbeiten zeichneten sich durch philologische Genauigkeit und Zurückhaltung im historischen Urteil aus, was mit einer gewissen Vorsicht gegenüber den neuen Überzeugungen der Wellhausen-Schule zusammenhängen dürfte. Ryssel machte sich zudem einen Namen im Bereich der syrisch-christlichen Literatur. Er verstarb am 1. März 1905, nachdem er, der zeitlebens ein passionierter Berggänger gewesen war, sich auf der Lenzerheide eine Rippenbauchfellentzündung zugezogen hatte. Sein Grab auf dem Friedhof Enzenbühl gehört bis heute zu den sogenannten «historischen Gräbern» Zürichs.

Beinahe gleichzeitig mit Ryssel wurde Konrad Furrer als Extraordinarius für Altes Testament an die Fakultät gewählt. Er war 1838 als Sohn eines Landwirts in Fluntern (heute ein Quartier der Stadt Zürich) geboren worden. Er studierte Theologie in Zürich und wurde 1862 ordiniert. 1863 unternahm er eine Palästinareise, die er auch in Buchform dokumentierte:[5] Von einem arabischen Diener begleitet, durchwanderte er das Heilige Land in sechs Wochen von Süden nach Norden.[6] Diese Reise hatte einen prägenden Einfluss auf sein

[3] Wesseling 1994. [4] Vgl. Wagner 1991. [5] Furrer 1865; [2]1891.
[6] Von Schulthess-Rechberg 1914, 134.

späteres Leben. Nach seiner Heimkehr, noch im Jahr 1863, wurde er Pfarrverweser in Baar und 1864 Pfarrer in Schlieren. Von hier aus habilitierte er sich 1869 für Palästinakunde an der Theologischen Fakultät. Die Fakultät nutzt allerdings diesen Vorgang, um im Protokoll ihrer Sitzung festzuhalten, «dass die Facultät im Allgemeinen die Vermehrung der ohnehin schon unverhältnismässig grossen Zahl theologischer Docenten nicht wünschenswerth finde.»[7] 1870 wurde er Pfarrer in Uster und 1876, als Nachfolger von Heinrich Lang, an der St. Peter-Kirche in Zürich. 1877 trat er vorübergehend von der Hochschule zurück, lehrte aber dann ab 1885 wieder, bevor er 1889 zum ausserordentlichen Professor für Altes Testament und Allgemeine Religionsgeschichte gewählt wurde. Im Jahr 1879 erhielt er von der Universität Bern die Würde eines Ehrendoktors der Theologie. Er war ein «Gefühlsmensch»,[8] der intensive persönliche Kontakte pflegte, auch in der jüdischen Gemeinde; Rabbiner Martin Littmann bezeichnete Furrer im Israelitischen Wochenblatt als «Ohew Israel».[9] Furrer starb am 14. April 1908, sein Nachfolger wurde Ludwig Köhler.

In das Ende des 19. Jahrhunderts fällt auch die Gründung des Zwinglivereins, die der Zürcher Zwingliforschung entscheidende Impulse und einen eigenen institutionellen Rahmen verlieh. Der Verein wurde durch eine Ausstellung von Exponaten über Zwingli und seine Reformation in Zürich im Jubiläumsjahr 1884 angeregt,[10] die zwar wieder aufgelöst werden musste. Gleichwohl weckte sie den Wunsch nach einer bleibenden Sammlung. Emil Egli, der diesen Wunsch in seiner Antrittsvorlesung als Ordinarius für Kirchengeschichte an der Universität Zürich 1893 deutlich artikulierte, wurde zur Zentralgestalt der Zwingliforschung in Zürich, nachdem sich schon Schulthess in den frühen Jahren der Universität darum bemüht hatte. Egli, geboren am 9. Januar 1848 in Flaach, studierte in Zürich Theologie, wo er besonders von Biedermann und Volkmar geprägt wurde. Der spekulativen Theologie konnte er allerdings

[7] Protokoll der Fakultätssitzung vom 21. Mai 1869.
[8] Von Schulthess-Rechberg 1914, 134. [9] Kaufmann 2006, 34–35.
[10] Schindler u.a. 1997, 9.

nichts abgewinnen. Vielmehr verschrieb er sich ganz der historischen Forschung, deren Handwerkszeug er bei Max Büdinger erlernt hatte. Egli war zunächst Pfarrer in Dinhard (1872–1876) und Aussersihl (1876–1885), dann in Mettmenstetten (ab 1885). Er habilitierte sich 1879 und wurde 1889 zum ausserordentlichen, 1893 zum ordentlichen Professor für Kirchengeschichte an der Universität Zürich ernannt (als Nachfolger Fritzsches). Er blieb unverheiratet und lebte beinahe ausschliesslich für «sein Forschungsziel ..., einer immer eingehenderen Kenntnis von Zwinglis Reformation».[11] Egli verstarb im Alter von 60 Jahren am 31. Dezember 1908. Sein Nachfolger wurde Walther Köhler.

Der Zwingliverein war bewusst nicht als Gesellschaft mit Zusammenkünften, sondern als Verein zur Herausgabe einer Publikation, die «Mitteilungen über allerlei Zwingli Betreffendes» enthalten sollte,[12] bestimmt. Erster Präsident war Diethelm Georg Finsler (1819–1899), der letzte Antistes von Zürich. Nach dessen Tod ging das Präsidium an Gerold Meyer von Knonau über. Die Mitgliederzahlen blieben recht konstant: 1898 umfasste der Verein bereits 405 Mitglieder, 1947 wurde ein Höchststand von 510 Personen erreicht, 1997 waren es 395 Personen.[13] Als bedeutendes Organ der Zwingliforschung etablierte sich die Zeitschrift «Zwingliana», die zunächst von Emil Egli betreut wurde. Nach dessen Tod 1909 wurde sie von Meyer von Knonau herausgegeben, ab 1918/1919 zusätzlich, ab 1923 gänzlich von Walther Köhler, dem Nachfolger auf Eglis Lehrstuhl. Nachdem Köhler 1929 nach Heidelberg berufen worden war, übernahm Leonhard von Muralt die Redaktion.[14] Ihm folgten Martin Haas, Ulrich Gäbler, Rudolf Dellsperger, Helmut Meyer, Alfred Schindler, Heinzpeter Stucki und Peter Opitz. Die Redaktion wurde 2010 aufgelöst, und die Zeitschrift erscheint seither unter der Herausgeberschaft von Christian Moser und Peter Opitz.

Ab 1932 wurde sowohl in den Vereinsstatuten des Zwinglivereins als auch im Untertitel der «Zwingliana» der «schweizerische Protes-

[11] Waldburger 1978, 596. [12] Schindler u.a. 1997, 9. [13] A.a.O., 10. [14] A.a.O., 11.

tantismus» ausdrücklich miteinbezogen,[15] nachdem als grosses Projekt schon im Jahr 1900 die kritische Zwingliausgabe erwähnt worden war, die dann ab 1905, unter der Herausgeberschaft von Emil Egli und Georg Finsler (1860–1920), zu erscheinen begann. Als weiteres Projekt galt die Ausgabe von Bullingers Korrespondenz.[16] Schon Emil Egli hatte mit der Erfassung und Transkription der über 12 000 Bullinger-Briefe begonnen. Ein erster Mitarbeiter, Traugott Schiess, konnte bis zu seinem Tod (1935) erhebliche Fortschritte erzielen.[17] Der arbeitslose Verleger Max Niehans erstellte Teilregister und Regesten für mehrere Tausend Briefe (1942–1947). Eine vom Schweizerischen Nationalfonds finanzierte Stelle konnte für Joachim Staedtke für die Erstellung einer Bullinger-Bibliographie und die Suche nach weiteren Bullinger-Briefen eingerichtet werden (1961).

Doch erst mit der Gründung des Instituts für Schweizerische Reformationsgeschichte (1964) kam das Projekt in Gang, das zunächst unter der Leitung von Fritz Blanke, später unter derjenigen von Fritz Büsser stand (ab 1967). Die Vorbereitungsarbeiten für die Briefwechseledition betreute Endre Zsindely, dessen Anstellung zunächst vom Schweizerischen Nationalfonds, später von der evangelisch-reformierten Landeskirche des Kantons Zürich finanziert wurde; die Erarbeitung des Editionskonzepts erfolgte durch ihn und Ulrich Gäbler, so dass 1973 der erste Band des Bullinger-Briefwechsels (den Zeitraum 1524–1531 abdeckend) erscheinen konnte.

Nach persönlichen Konflikten zwischen den Bearbeitern und Fritz Büsser wurde das Projekt 1979 dem Zwingliverein direkt unterstellt, und so blieb es, bis Mitte der neunziger Jahre, organisatorisch vom Institut für Schweizerische Reformationsgeschichte getrennt. Danach wurde das Projekt in editorischer Kooperation weitergeführt, ehe es wieder vollständig in das Institut integriert wurde. Die Mitarbeiter der Briefwechseledition – damals Kurt Jakob Rüetschi, Hans Ulrich Bächtold und Rainer Henrich – wurden 1994 mit dem Preis der Conrad-Ferdinand-Meyer-Stiftung ausgezeichnet. An der Edition beteiligt war auch Christian Moser, der eine umfangreiche

[15] Schindler u.a. 1997, 12. [16] Vgl. Kess 2007. [17] Schindler u.a. 1997, 14.

Dissertation zu Bullingers Geschichtsschreibung verfasste;[18] gegenwärtig wird sie von Reinhard Bodenmann, Alexandra Kess und Judith Steiniger erarbeitet.

2013 wurde mit der Publikation des letzten Bandes die gesamte Edition von Zwinglis Werken vervollständigt – 108 Jahre nachdem deren erster Band erschienen war (1905). Die Werke Zwinglis sind der dritte Teil eines noch viel grösseren Editionsprojektes, des *Corpus Reformatorum*, das 1834 begann und bis 1900, im ersten und zweiten Teil, die Werke der Reformatoren Melanchthon und Calvin bündelte.

1909 trat Walther Köhler (1870–1946) die Nachfolge von Emil Egli an. Er studierte in Halle an der Saale und in Heidelberg, wo er mit einer Dissertation über Luther zum Dr. phil., dann in Tübingen zum lic. theol. promoviert wurde. Er war geprägt durch Troeltsch und Harnack und verfolgte thematisch sehr weit gespannte Interessen. 1900 wurde er Privatdozent und 1904 ausserordentlicher Professor in Giessen. 1909 folgte er dem Ruf nach Zürich, wo er sich der Erforschung der Zürcher Reformationsgeschichte zuwandte und zu einem führenden Experten der Zwingliforschung wurde. 1919 war ein Zwingli-Jubiläumsjahr (1519 war Zwingli an das Grossmünster in Zürich gekommen). In der Gelehrten Gesellschaft zeichnete sich die Möglichkeit ab, ein Neujahrsblatt über die Bibliothek Huldrych Zwinglis herauszubringen. Der in Frage kommende Autor, Walther Köhler, war zwar ein respektierter Forscher und Ordinarius für Kirchengeschichte an der Universität Zürich, aber kein Zürcher Bürger. Man bestellte ihn einmütig zum Ehrenmitglied der Gelehrten Gesellschaft (obwohl die Statuten diese Möglichkeit gar nicht vorsehen), so dass das gewünschte Neujahrsblatt jubiläumsgerecht erscheinen konnte. Köhler arbeitete während insgesamt 35 Jahren an der kritischen Zwingliausgabe und redigierte die «Zwingliana» während 10 Jahren. 1929 wechselte er nach Heidelberg, wo er auch während des Krieges «hungernd und frierend» seinen Forschungen nachging,[19] bis er 1946 starb.

[18] Moser 2012. [19] Von Muralt 1946, 241.

Universität
Zürich[UZH]
Kirchgasse 9 (KIR)
Dekanat der Theologischen Fakultät
Theologisches Seminar
Institut für Hermeneutik und
Religionsphilosophie
Institut für Schweizerische
Reformationsgeschichte
Zentrum für Kirchenentwicklung
Zugang zur Kirche
Access to the Church

II. Massgebliche Entwicklungen im 20. Jahrhundert

Das neue Jahrhundert

Nach der kurzen Tätigkeit Theodor Härings in Zürich (1886–1890) wurde Gustav von Schulthess-Rechberg (1852–1916) dessen Nachfolger. Er war der Sohn des damals bekannten Bankiers Gustav Anton von Schulthess-Rechberg und gehörte, wie Häring, der positiven Richtung an, veröffentlichte aber sehr wenig.[1] Von Schulthess-Rechberg studierte Theologie in Basel, Leipzig, Tübingen und Zürich. 1878 übernahm er das Pfarramt in Witikon, 1885 wechselte er nach Küsnacht. Im selben Jahr habilitierte er sich an der Universität Zürich über die Religionsphilosophie Hermann Lotzes. Er amtierte als Dekan der Fakultät (1894–1896), zudem war er Kirchenrat (1899–1916) und Präsident des Freien Gymnasiums (1900–1912). 1900 verlieh ihm die Universität Zürich die Würde eines Ehrendoktors der Theologie. Einen an ihn aus Wien ergangenen Ruf lehnte er ab. Aus seiner Feder stammt die Geschichte der Theologischen Fakultät in literarischen Porträts ihrer Professoren im Zeitraum von 1833 bis 1914, die im Rahmen der Festschrift zum Bezug des neuen Universitätsgebäudes an der Rämistrasse publiziert wurde.[2]

Auf den 1893 verstorbenen Volkmar folgte Paul Schmiedel (1851–1935). Schmiedels Vater war ein Bergwerksdirektor in Zaukeroda bei Dresden, seine Mutter eine Pfarrerstochter. Auf ihren Einfluss geht zurück, dass alle drei Söhne Theologie studierten. Seine theologische Position wurde zunächst in Leipzig und dann in Jena bei den Liberalen Otto Pfleiderer und Richard Lipsius[3] geprägt. Gleichzeitig eignete er sich schon als Student weitgehende semitische Sprach-

[1] Gagliardi 1938, 828; Köhler 1916/1917.

[2] Von Schulthess-Rechberg 1914. [3] Vgl. Iff 2011.

kenntnisse an, darunter auch des Akkadischen – bei Eberhard Schrader, der seit 1873 in Jena wirkte. Zudem belegte er Vorlesungen in Mathematik. 1879 wurde er in Jena mit einer lateinischen Schrift zu den Unterschieden zwischen dem Hebräerbrief und den Paulusbriefen habilitiert. 1890 erfolgte die Ernennung zum Extraordinarius in Jena, wo auch Leonhard Ragaz bei ihm studierte, mit dem er zeitlebens freundschaftlich verbunden blieb. Drei Jahre später wurde er nach Zürich berufen – auf Empfehlung von Schweizer Studenten in Leipzig, die von seinem dortigen Lehrerfolg sehr beeindruckt waren.[4] Hier wirkte er bis zu seiner Emeritierung im Jahr 1923. Im Nekrolog zu Schmiedel schrieb Köhler, dass «ihm sofort die überragende Stellung an der Fakultät zu[kam]. Schmiedel und Biedermann sind auf viele Jahre die beiden Namen gewesen, die sich mit ihr, zumal im Ausland verbanden.»[5] Schmiedel engagierte sich vor allem in der universitären Lehre, arbeitete aber auch an einer Grammatik des neutestamentlichen Griechisch, die allerdings unvollendet blieb. Zudem arbeitete er an Erwin Nestles textkritischer Ausgabe des Novum Testamentum Graece (1927). Weiter engagierte er sich bei der Neuübersetzung der Zürcher Bibel, die 1931 erschien. Sein bedeutendster Schüler war der Alttestamentler Ludwig Köhler. 1892 erhielt Schmiedel von der Universität Strassburg die Würde eines Ehrendoktors der Theologie, 1921 von der Universität Zürich jene der Philosophie.

Nachdem sich Kesselring von seiner Lehrtätigkeit im Neuen Testament und der Praktischen Theologie zurückgezogen hatte, wurde Arnold Meyer 1904 sein Nachfolger.[6] Geboren 1861 im Rheinland als Sohn eines Gymnasialprofessors, studierte er Theologie in Erlangen und Marburg, wo er sich zum Liberalismus hinwandte. Er wurde Pfarrer in Oberkassel (1888) und Inspektor des evangelischen Stifts in Bonn (1889), bevor er sich für Neues Testament habilitierte, ebenfalls in Bonn (1892). Er forschte vornehmlich zum historischen Jesus sowie zur Apokalyptik. Von 1910–1912 bekleidete er das Rektorat der Universität Zürich. 1934 verstarb er.

[4] Gagliardi 1938, 829. [5] Köhler 1935/1936, 62. [6] Schrenk 1934/1935.

Eine besondere Gestalt der Zürcher Fakultätsgeschichte ist Jakob Hausheer, der als Professor für Altes Testament und orientalische Sprachen (1905–1935) sowie auch für Religionsgeschichte (ab 1908) an der Fakultät wirkte.[7] Nach seiner Dissertation publizierte er nichts mehr; seinen Nachlass liess er vernichten. Seine bedeutendste wissenschaftliche Leistung war die Neuübersetzung des Alten Testaments für die Zürcher Bibel, die er massgeblich von 1907 bis 1931 anfertigte und die bezüglich sprachlicher Klarheit und übersetzerischer Genauigkeit für viele Jahrzehnte nicht überholt wurde.

Hausheer, am 11. Oktober 1865 in Wollishofen als Sohn eines Landwirts geboren, erlernte schon im Gymnasium, bei Heinrich Steiner, Hebräisch. Er studierte in Zürich Theologie und orientalische Sprachen (1884–1888). Auf Anraten Steiners verbrachte er nach dem Abschluss seiner Studien ein Jahr in Halle und studierte dort bei Friedrich Baethgen, Emil Kautzsch sowie August Thorbecke, der ein Schüler Heinrich Fleischers war und bei dem Steiner selbst seine Ausbildung genossen hatte. Ab 1889 arbeitete er als Religions- und Hebräischlehrer an verschiedenen Zürcher Schulen. Den Religionsunterricht gab er mit seiner Berufung an die Universität im Jahr 1905 ab, den Hebräischunterricht führte er bis nach seiner Emeritierung fort und beendete ihn erst 1936.

Hausheer hatte 1889 in Halle eine arabistische Arbeit als Dissertation eingereicht, die allerdings zunächst nicht gedruckt wurde. Er stellte dann einen Antrag auf Habilitation, zog ihn allerdings 1890 wieder zurück, da man ihm offenbar nicht mitgeteilt hatte, dass die Dissertation nicht gleichzeitig als Habilitationsschrift eingereicht werden könne.[8] Bei der Besetzung der Nachfolge Steiner wurde Hausheer kurz diskutiert – neben Namen wie Wellhausen, Budde, Guthe, von Orelli, Marti und Arndt. Die Professur ging dann schliesslich an Viktor Ryssel. Nach dessen überraschendem und frühem Tod (1905) rückte Hausheer dann sehr bald als dessen Nachfolger in den Vordergrund. Die Fakultät gab ihm schliesslich mit 4 zu 2 Stimmen gegenüber dem Basler Alfred Bertholet den Vorzug. Allerdings musste Hausheer nun in aller Eile seine Dissertation dru-

[7] Schwagmeier 2011. [8] A.a.O., 67.

cken lassen – zunächst in einer Kurz- und dann in einer Langfassung –, da er ohne die Veröffentlichung den Doktortitel nicht führen durfte. Damit wurde nun auch erst seine Promotion aus dem Jahr 1889 rechtskräftig: seine Hallenser Promotionsurkunde datiert vom 20. September 1905. Hausheer, der sich in erster Linie als Lehrer verstand, galt zwar nicht als mitreissender Redner, wohl aber als in seinem Gebiet äusserst kompetent. Die Studenten nannten ihn *Choschech* (hebräisch für «Finsternis») – nicht wegen seiner Wesensart, sondern aufgrund seines Aussehens: Er trug einen langen dunklen Bart und hatte buschige Augenbrauen.[9]

1907 begann die Arbeit an der Zürcher Bibel. Hausheer hielt es zunächst für ein 3-jähriges Projekt, aber damit verschätzte er sich um ganze 21 Jahre.[10] Zunächst amtierte Konrad Furrer als Präsident der Plenarkommission der Bibelrevision, nach dessen Tod ging dieses Amt an Hausheer über (1908). Die Neuübersetzung der Bibel hatte mit vielen Widrigkeiten zu kämpfen; im Bereich des Alten Testaments stellte sich vor allem die Frage nach dem Wert der masoretischen Textgrundlage, die Jakob Hausheer differenziert ansah und entsprechend häufig auch nach der Septuaginta korrigierte.[11] 1927 verlieh ihm die Universität Basel die Ehrendoktorwürde.[12]

Nachdem die Zürcher Bibel 1931 erschienen war, zog sich Hausheer nach und nach von seinen Ämtern zurück. 1934 reichte er sein Rücktrittsgesuch als Professor ein, 1935 trat er in den Ruhestand. Im Blick auf seine Nachfolge hatte er sich für Walter Baumgartner ausgesprochen, doch die Fakultät gab dem viel jüngeren Walther Zimmerli den Vorzug. Hausheer starb am 7. Mai 1943 in Zürich.

Anfang des 20. Jahrhunderts gingen die Studierendenzahlen der Theologischen Fakultät stark zurück – an der Fakultät waren noch etwa zwanzig Studenten eingeschrieben. Dieser Umstand blieb dem Kantonsrat nicht verborgen und führte zu einigen Anfragen und Diskussionen, so etwa in der Sitzung vom 17. November 1902,

[9] Schwagmeier 2011, 123. [10] A.a.O., 96.
[11] Zur Übersetzungsarbeit vgl. a.a.O., 133–144. [12] A.a.O., 110.

von der das Protokoll zunächst festhielt: «Die Sitzung wird mit dem Gebet eröffnet».[13] Kantonsrat Hofstetter führte das Traktandum ein:

> Herr Hofstetter referirt. Er weist hin auf die mehr als bescheidene Frequenz der theologischen Fakultät der Hochschule, die allein für Besoldungen im Jahre 1901 den Betrag von 34,600 Fr. in Anspruch nehme … Im übrigen habe die Schweiz einen Überfluss an Universitäten.[14]

Die Antwort von Regierungsrat Locher darauf lautete wie folgt:

> Die bescheidene Frequenz der theologischen Fakultät der Hochschule während einiger Jahre erklärt Redner [sic] mit der vorausgegangenen Überproduktion von Kandidaten der Theologie, sodann auch mit der Hochflut des gewerblichen Aufschwunges, welche manchen jungen Mann einen lukrativeren Beruf als denjenigen eines Geistlichen ergreifen liess. Nachdem diese Hochflut sich verlaufen, werde die Fakultät wol wieder die Frequenz früherer Jahre erreichen, insbesondere auch deshalb, weil das Lehrpersonal ein vorzügliches sei.[15]

Auf die weitergehende Frage Hofstetters, wie es um das Schweizer Universitätssystem bestellt sei, führte Locher folgendes aus:

> Es sei vom Referenten auch die Frage einer Vereinfachung der schweizerischen Hochschulverhältnisse, beziehungsweise deren Zentralisation in bestimmten Richtungen kurz gestreift worden. Nun sei ja richtig, dass die Universität dem Kanton Grosse Opfer auferlege; aber es stehe zweifellos fest, dass das zürcherische Volk sie, als höchste Bildungsstätte, nicht missen wollte. Man solle sich freuen, dass die Hochschule im Ausland eines so guten Rufes bezüglich ihrer Lehrerschaft und ihrer ein-

[13] Schwagmeier 2011, 103. [14] A.a.O., 116–117. [15] A.a.O., 119.

> zelnen Anstalten geniesse, sodass die Frequenz, trotzdem die Aufnahmebedingungen ganz wesentlich erschwert worden seien, von Jahr zu Jahr zunehme.[16]

Damit war die Anfrage von Kantonsrat Hofstetter beantwortet, es gab weder einen Antrag auf einen Entschluss noch eine Entscheidung.

In einer weiteren Sitzung wurde die Frage noch einmal von der Hochschulkommission aufgeworfen:

> Die steigende Frequenz der Hochschule macht eine Ausnahme bei der theologischen Fakultät, wo 7 Professoren und 20 Zuhörer verzeichnet sind. Es ist dies ein Missverhältnis, das in der Kommission besprochen worden ist. Es dürfte die Frage aufgeworfen werden, ob man die Fakultät nicht eingehen lassen könnte, nachdem in der deutschen Schweiz noch zwei solche bestehen. Doch sprechen gewichtige Gründe dagegen, namentlich der, dass die Studierenden nicht nur den Geist der Kollegien, sondern auch den der Umgebung in sich aufnehmen und das Volk es nicht verstehen würde, wenn sie in Zürich ihre Studien nicht absolvieren könnten. Übrigens ist die Frequenz nur zeitweilig schlecht; das kann sich wieder ändern. Die Kommission stellt daher keinen Antrag.[17]

Damit war dieses Geschäft abgeschlossen. Um 1914 hatte Zürich die kleinere Theologische Fakultät als Basel,[18] was von Schulthess-Rechberg mit der dortigen konservativeren Ausrichtung, der grösseren Anzahl von Lehrstühlen und der Möglichkeit der Unterbringung von Studierenden im Konvikt erklärte – «das alles begründet einen Vorzug Basels vor Zürich, der in der Hauptsache als ein bleibender

[16] Schwagmeier 2011, 119.
[17] Kantonsratsprotokoll, 1374 (Sitzung vom 5. Dezember 1904).
[18] Von Schulthess-Rechberg 1914, 146.

zu betrachten sein wird.»[19] In der Folge erholten sich aber die Studierendenzahlen in Zürich und beliefen sich in den dreissiger Jahren sogar auf über 90 Personen.

Gleichwohl findet sich ein Protokolleintrag, der das Postulat von Jakob Fausch (1884–1982) auf Abschaffung der Fakultät enthält. Bei Fausch ging es allerdings nicht um das numerische Problem einer zu geringen Anzahl von Studierenden: vielmehr forderte er die radikale Trennung von Religion und Staat. Er war 1921 Gründungsmitglied der Kommunistischen Partei der Schweiz und von 1923 bis 1926 Zürcher Kantonsrat. 1930 verlor er seine Stelle an der Post; Anlass zur Kündigung war die Teilnahme an einer unbewilligten Demonstration. Vermutlich wollte der Staatsbetrieb den Kommunisten aber schon lange loswerden.[20] Das Kantonsratsprotokoll erläutert das Postulat wie folgt:

> Fausch-Zürich verlangt im Namen der Kommunisten völlige Befreiung der Volkschule von allem religiösen Einschlag. Deshalb weg mit dem biblischen Unterricht! […] Der Redner reicht ein Postulat ein, wodurch welches der Regierungsrat eingeladen wird, die Aufhebung der theologischen Fakultät zu prüfen.[21]

Das Postulat wurde allerdings im Rat nicht diskutiert. Vielmehr antwortete Regierungsrat Heinrich Mousson (1866–1944), der von 1914 bis 1929 als Direktor des Erziehungswesens amtierte, noch in derselben Sitzung lapidar auf das Postulat: «Der Redner ersucht den Rat um Ablehnung des Antrags Fausch auf Abschaffung der theologischen Fakultät.»[22] Der Kantonsrat entsprach dieser Aufforderung:

[19] Von Schulthess-Rechberg 1914, 146.

[20] Seine Tochter Elsa Rutgers-Fausch, die 1932 als überzeugte Kommunistin nach Moskau emigriert war, verbrachte als angebliche «Spionin» im Zuge der Stalinschen Säuberungskampagnen fünf Jahre (1942–1946) in sowjetischer Lagerhaft und erhielt erst 1957 die Rückreisegenehmigung in die Schweiz.

[21] Kantonsratsprotokoll (12. November 1923), 183. [22] A.a.O., 192.

«Der Rat lehnt das Postulat Fausch mit Mehrheit ab.»[23] Fausch trat 1947 aus der Kirche aus.

Einen sachlichen Vorläufer hatte das Postulat Fausch in einer Eingabe der Zürcher Handelskammer an die Hochschulkommission. Sie forderte infolge der Nachkriegsdepression eine radikale Sparlösung:

> In einer Krisenzeit, wie wir sie gegenwärtig durchmachen, muss man sich ernstlich fragen, ob die kleine Schweiz nicht einen ganz unerlaubten Luxus damit treibt, dass sie neben der Eidgenössischen Technischen Hochschule sieben kantonale Universitäten mit fünf bis sechs Fakultäten, eine kantonale Handelshochschule und einige kantonale Techniken unterhält.[24]

Gedacht war – bei jeweiliger Beibehaltung der Philosophischen Fakultäten – an eine Konzentration der Jurisprudenz in Bern, der Theologie in Basel, der Handelswissenschaften in St. Gallen und der Medizin in Zürich. Die Hochschulkommission verwies jedoch auf den Charakter Zürichs als «Zwinglistadt» sowie auf «den ethischen Wert», für den die Theologie stehe, und gab sich skeptisch, ob das Zürcher Volk einer Aufhebung die Zustimmung gäbe.

Die Weltwirtschaftskrise der frühen dreissiger Jahre forderte auch in Zürich ihren Tribut. Am 5. März 1934 wurde rückwirkend auf den 1. Januar 1934 eine Lohnreduktion von 5 Prozent wirksam, am 1. Januar 1935 wurde sie auf 10 Prozent erhöht. Die Regierung wünschte eine grundsätzliche Stellungnahme der Universität zur «Eventualität einer Verschmelzung der zürcherischen Theologischen Fakultät mit Basel und der Veterinärmedizinischen Fakultät mit Bern.»[25] Die Theologische Fakultät in Zürich wies diesen Vorschlag weit von sich, da das Zürcher Landeskirchengebiet viel grösser sei als dasjenige Basels und eine Ein- oder Unterordnung in Basel durch nichts zu

[23] Kantonsratsprotokoll (12. November 1923), 194.
[24] Eingabe vom 29. Mai 1923, siehe Stadler 1983, 33 Anm. 27.
[25] Universitätsarchiv Zürich, Z 70.680, vgl. Stadler 1983, 42.

rechtfertigen sei. Ein Brief des Rektors an die Dekane der Fakultäten zeigt, wie ernst die Situation aber damals war, nicht nur für die Theologische Fakultät: Im Zuge der finanziellen Engpässe müsse die Frage der Aufhebung einzelner Fakultäten diskutiert werden (6. November 1934). Der Senat sprach sich jedoch einstimmig gegen solche Bestrebungen aus.

Der religiöse Sozialismus an der Theologischen Fakultät

Die Bewegung des religiösen Sozialismus, inauguriert vor allem durch Christoph Blumhardt (1842–1919), wurde in der Schweiz hauptsächlich durch Hermann Kutter (1863–1931) verbreitet.[1] Kutter wirkte als Pfarrer am Zürcher Neumünster (seit 1898) und war oft in Bad Boll, wo er durch Blumhardt, der in Nachfolge seines Vaters die Leitung des Kurhauses übernommen hatte (1880), persönlich stark beeinflusst wurde. Kutter veröffentlichte 1904 eine Schrift mit dem Titel «Sie müssen!», der sich auf die Sozialdemokraten bezog, die nach seiner Ansicht gar nicht anders können, als sich für die Benachteiligten einzusetzen; Kutter sah in diesem Engagement Gottes Hand im Hintergrund wirken. Damit wurde das Programm des religiösen Sozialismus in der Schweiz schlagartig bekannt, und dies führte zur Gründung der religiös-sozialen Bewegung (1906). Dieser schloss sich alsbald auch Leonhard Ragaz an, mit dem sie einen dezidierten Vertreter unter den Professoren der Theologischen Fakultät der Universität Zürich hatte. Diese verlieh Kutter später die Ehrendoktorwürde (1923).

Leonhard Ragaz wurde am 28. Juli 1868 in Tamins in Graubünden geboren. Dort kam er durch die genossenschaftliche und direktdemokratische Prägung der Gemeinde früh in Kontakt mit der Politik.[2] Er studierte dann Theologie in Basel (1886–1888 und 1889–1990), Jena (1888–1889) und Berlin (1889) – weil dafür ein Stipendium erhältlich war – und war zunächst fest im religiösen und politischen

[1] Vgl. Aerne 2006, 56–74. [2] Ragaz 1952, 43–51.

Freisinn der damaligen Zeit verankert.[3] In seiner (postum redigierten) Autobiographie mit dem Titel «Mein Weg» berichtet er von Erlebnissen der Voraussicht in Träumen.[4] Er wirkte ab 1895 in Chur als Pfarrer, wo er sich der Armenfürsorge und dem Kampf gegen den Alkoholismus zuwandte, bevor er 1902 an das Basler Münster kam.

In der Basler Zeit las er die Schriften von Kutter, doch es waren auch eigene Erfahrungen, die ihn auf den Pfad des religiösen Sozialismus brachten. Eine Episode schien besonders prägend für ihn geworden zu sein: In einer Zugfahrt von Bern nach Basel hörte er, wie ein junger Kaufmann sich damit brüstete, in Zürich eine junge Bündnerin verführt zu haben.[5] Er schrieb im Nachhinein über dieses Erlebnis:

> [D]as einfache Volk [ist] so viel besser als diese schmutzige Bourgeoisie. Zu diesen Leuten gehe ich. Nun ist mir ein neues soziales Christentum aufgegangen. Ich datiere vom 2. Februar 1903 (morgens zwischen sieben und acht Uhr) eine neue Periode meines Lebens. Es ist unter viel Erfahrungen und Stimmungen des letzten Jahres eine Frucht reif geworden.[6]

In Basel fand am 5. Mai 1903 fand der Maurerstreik statt, den Ragaz sehr beschäftigte und den er in einer Predigt reflektierte. Ragaz gewann mehr und mehr das Vertrauen der Positiven,[7] was sich allerdings bei einem ersten Berufungsverfahren auf eine systematisch-theologische Professur in Basel, in das auch Rudolf Otto als Kandidat involviert war, bei der mehrheitlich liberal ausgerichteten Fakultät nachteilig für ihn auswirkte (1905).[8]

Bald engagierte er sich für den Religiösen Sozialismus. Ab 1906 publizierte er fast tausend Artikel in der Zeitschrift «Neue Wege»,

[3] Mattmüller 1957, 69; Iff 2011. [4] Ragaz 1952, 81–82.

[5] Mattmüller 1957, 82.

[6] Tagebuch IX, 2. Februar 1903, zitiert nach Mattmüller 1957, 82.

[7] Mattmüller 1957, 90–91. [8] A.a.O., 91–92.

dem publizistischen Organ der Religiösen Sozialisten.[9] 1908 wurde er Professor für Systematische und Praktische Theologie in Zürich, 1913 trat er, unter dem Eindruck des Zürcher Generalstreiks (12. Juli 1912),[10] der Sozialdemokratischen Partei bei. Über dreizehn Jahre hinweg wirkte er in Zürich, bevor er die Fakultät mit einem Paukenschlag verliess: 1921 reichte Ragaz von sich aus die Demission als Professor ein. Er sah in seinem Verzicht auf das akademische Lehramt die zwingende Konsequenz seines vorangehenden Lebenswegs und bezeichnete seinen Weggang von der Professur als «die reife Frucht meiner ganzen Entwicklung.»[11] Schon am 14. April 1918 hatte er seiner Frau geschrieben: «Wäre nicht die Rücksicht auf die Kinder gewesen, so hätte ich schon vor sechs Jahren die Professur aufgegeben und wäre Fabrikarbeiter geworden.»[12]

Leonhard Ragaz

Allerdings gab es auch andere, direktere Auslöser, die Ragaz zu diesem Schritt bewogen hatten: Im Sommersemester 1919 hielt Ragaz seine öffentliche Vorlesung über «Universitäts- und Studienprobleme», die 1920 unter dem Titel «Die Pädagogische Revolution» in Buchform erschien.[13] In ihr sprach er seine Frustration über die geistige Verfassung der Universität aus und griff die Universität scharf an: «Die Universitäten konnten keine geistige Führung geben, weil sie keinen Geist haben.»[14] Der Universität und den übergeordneten kantonalen Behörden blieben diese Ausfälle vonseiten Ragaz' nicht verborgen. Die Hochschulkommission hatte 1920 über eine

[9] Aerne 2006, 71–72.
[10] Mattmüller 1957, 184. [11] A.a.O., 245, vgl. auch Ragaz 1952, 93.
[12] Mattmüller 1968, 567. [13] Ragaz 1920. [14] A.a.O., 14.

weitere sechsjährige Amtsdauer für Ragaz zu befinden und erkannte zwar, dass «Professor Ragaz offen und ehrlich mit Mut und Hingabe für seine Überzeugung einsteht und daß er gewissermaßen als Brücke und als Bindeglied zwischen dem akademischen Lehrkörper und den radikalen Elementen der Studentenschaft eine selbstlose und aufopfernde Tätigkeit entfaltet».[15] Gleichzeitig wurde aber beanstandet, dass er die «Universität, an der er zu wirken berufen ist, in seiner ‹Revolution der Pädagogik› verlästert, ohne greifbare positive Vorschläge zur Behebung der gerügten Mißstände zu machen.»[16]

Nach gesundheitlichen Problemen, die im Herbst 1920 eine Beurlaubung nötig machten, begann er im Frühjahr 1921 noch mit den Lehrveranstaltungen des Semesters; mitten darin, am 24. Mai 1921, verfasste er dann aber sein Demissionsgesuch.[17] Als Grund gab Ragaz in diesem Schreiben weder religiöse Zweifel noch seine Kritik an der Universität an, sondern er «musste aus der Kirche heraus, musste Christus ‹in freier Luft› dienen, ohne Bindung an Staat, Kirche und Gesellschaft».[18] 1921 setzten sich die Studenten erfolglos bei Behörden und Dozenten dafür ein, dass Leonhard Ragaz der Fakultät weiterhin erhalten bleibe.[19] Der Rücktritt Ragaz' fand grosse Beachtung und wurde auch in der ausseruniversitären Öffentlichkeit breit diskutiert, so etwa in der «Neuen Zürcher Zeitung». Ludwig Köhler etwa sah sich zur Klarstellung genötigt:

> Ragaz ist weder auf äußern Druck hin, noch wegen der ungünstigen Urteile, die, sei es mit teilweisem Recht, sei es gänzlich zu Unrecht, über seine Lehrtätigkeit gefällt wurden, noch wegen der Unstimmigkeiten mit seinen Fakultätskollegen, wie sie ein deutsches Blatt vermutet, zurückgetreten, sondern lediglich aus Gewissensgründen,

[15] Mattmüller 1968, 572. [16] Ebd. [17] A.a.O., 574.

[18] So Ragaz in seiner undatierten, zwischen 1921 und 1930 entstandenen autobiographischen Skizze «Meine geistige Entwicklung» (Mattmüller 1957, 14; 240–247, hier 245).

[19] Erb 1937, 494.

> über die er sich in seinem Entlassungsgesuch, das wohl einmal veröffentlicht wird, ausführlich äußert.[20]

Ragaz zog vom Zürichberg nach Aussersihl, einem Arbeiterquartier, und gründete dort die Volksschule «Arbeit und Bildung», deren Erfolg jedoch bescheiden blieb. Bemerkenswert ist sein Eintreten für das Judentum in einem 1921 gehaltenen Vortrag «Judentum und Christentum. Ein Wort zur Verständigung», in dem er sich von der traditionellen christlichen Vorstellung der Judenmission verabschiedete und Judentum und Christentum als gleichwertig behandelte. Damit war er ein Vorreiter des jüdisch-christlichen Dialogs, wie nach ihm auch Arthur Rich.[21] Für sein schriftstellerisches Wirken wurde Ragaz mit dem Literaturpreis der Stadt Zürich geehrt. Am 6. Dezember 1945 starb er in Zürich.

[20] NZZ vom 17. Juli 1921 (Nr. 1046), 1; vgl. auch NZZ vom 23. August 1921, 2.
[21] Aerne 2006, 129–131.

Die Theologische Fakultät bis in die sechziger Jahre des 20. Jahrhunderts

Als Nachfolger von Gustav von Schulthess-Rechberg wurde Hans Konrad von Orelli (1882–1961) gewählt. Er war der Sohn von Conrad von Orelli, der in Zürich seine Ausbildung erhalten hatte, dann aber als Alttestamentler an der Universität Basel wirkte. Hans Konrad von Orelli studierte Theologie in Neuenburg, Basel und Halle. 1911 wurde er Pfarrer in Sissach, bevor ihn der Ruf nach Zürich ereilte, wo er ab 1917 als Professor für Systematische Theologie wirkte. Auch er zog sich, wie Ragaz, frühzeitig von der Fakultät zurück, allerdings sehr viel weniger öffentlichkeitswirksam: Von Orelli zog das Pfarramt der Universität vor und wirkte ab 1923 als Pfarrer am Neumünster, wo er bis zu seiner Pensionierung im Jahr 1949 blieb.

Nach dem Tod Konrad Furrers wurde Ludwig Köhler (1880–1956) zu dessen Nachfolger gewählt. Von ihm liegt eine Autobiographie vor, die er mit «Ein Schweizer wird Schweizer» übertitelte; sie nahm seine deutsche und schweizerische Herkunft und seinen Weg in die Schweiz zum Leitfaden.[1] Er hatte nach dem Abitur ein Jahr lang Militärdienst in Freiburg im Breisgau geleistet. Darauf übersiedelte er mit seiner Mutter nach Zürich, wo er 1903 das Bürgerrecht erwarb. Dort studierte er Theologie und orientalische Sprachen, bei Viktor Ryssel erlernte er Syrisch und Arabisch. Der Lehrer, der ihn am meisten prägte und mit dem er aufs engste verbunden blieb, war der Neutestamentler Paul Schmiedel; sein wissenschaftliches Interesse hatte zunächst in erster Linie dem Neuen Testament gegolten.

[1] Köhler 1946.

Seine Studien schloss er ab mit der bei Viktor Ryssel erarbeiteten und von Jakob Hausheer begutachteten Dissertation «Beobachtungen am hebräischen und griechischen Text von Jeremias 1–9».[2] 1904 trat er sein erstes Pfarramt in Aeugst am Albis an. 1910 wechselte er seinen Wohnsitz nach Langnau im Sihltal, das noch näher bei Zürich liegt, denn schon 1908 war er zum Extraordinarius für Altes Testament an die Universität Zürich berufen worden. Im Jahr 1923 wurde er zum Ordinarius ernannt, wobei er neben seiner alttestamentlichen Lehrtätigkeit auch Verpflichtungen für das Gebiet der Praktischen Theologie zu übernehmen hatte. Unter dem Pseudonym Hugo Ratmich publizierte er verschiedene Bücher zur Seelsorge. Von 1930 bis 1932 war er Rektor der Zürcher Universität.

Im Zusammenhang mit diesem Amt wurde er vom persönlichen zum vollen Ordinarius befördert. Das Protokoll des Regierungsrats hält fest, dass «das persönliche Ordinariat Prof. Köhler's durch Zuweisung der praktischen Theologie zum vollen Ordinariat» erweitert werden solle.[3]

Zum 100-Jahr-Jubiläum der Universität Zürich 1933 veröffentlichte die «Neue Zürcher Zeitung» eine Artikelserie zu den Fakultäten der Universität. «Die theologische Fakultät der Universität» wurde von Köhler wie folgt beschrieben:

> Eine eidgenössische Universität hätte der reformierten Schweiz eine theologische Fakultät mit dem sichern Bestand von gut hundert Studenten deutscher Zunge gebracht, die mit Büchern, Lehrkräften, Stipendien, Instituten und allem sonstigen Wünschenswerten immer leicht und wohlfeil zu versehen gewesen wäre. Statt dessen haben wir drei Fakultäten in Basel, Bern und Zürich, die durch kantonale Schutzbestimmungen (Bern), alte Tradition und den Geruch besonderer Frömmigkeit (Basel) oder freien, vorwärtsstrebenden Geist (Zürich) sich gegenseitig die Waage zu halten gesucht haben. Das

[2] Köhler 1908.

[3] Protokoll des Regierungsrats vom 3. März 1932.

macht auf jede Fakultät rund dreißig Studenten, und diesen Durchschnitt des Besuches hat Zürich ungefähr und nicht ohne größere Schwankungen nach unten und auch nach oben immer gehalten. Laien wundern sich gelegentlich, daß auch eine so innerliche Sache wie die Berufung zum Pfarramt von wirtschaftlichen Erwägungen abhängig sein soll und daß deshalb Anschwellen des Zustroms von Ermatten abgelöst werden kann. Aber es sind nicht immer die Studierenden selber, sondern vielfach deren Eltern, Erzieher und Vormünder, welche sich, und mit Recht, derartigen Erwägungen hingeben.

Zu den Schweizern kamen immer einige Ausländer. Basel hat alte, in seiner Geschichte begründete Beziehungen zum Ausland, die in Stipendien ihren Niederschlag fanden und den Namen Basel der Kirche Polens, der Tschechoslowakei und Ungarns lieb und wert gemacht haben. Zürich verlor eine Beziehung zu Ungarn, ehe die Universität entstand; zu Sachsen, Schottland und Deutschland hat es sie erst in neuester Zeit in glückhafter Weise knüpfen können. Hauptsächlich der Tatkraft Adolf Kellers verdankt es Beziehungen zu Nordamerika und zu den Balkangebieten, die eine Zeitlang einen ansehnlichen Stock von «Ostgoten», wie sie der Studentenwitz rasch benannte, zu uns führten. Deutsche sind vereinzelt immer nach Zürich gekommen. Erst die Überfülle von deutschen Akademikern überhaupt, an der seit Jahren der nördliche Nachbar krankt, hat ihre Zahl wesentlich gesteigert, und es ist kein Zweifel, daß, nachdem einmal Deutschland eine ganze Reihe von ehemaligen und meist tüchtigen «Zürchern» unter seinen jungen Theologen zählt, die Deutschen andauernd zu uns kommen werden.

Da Zürich eine ausgesprochen schweizerische Fakultät ist und sein soll, so freut uns die Feststellung, daß die Landeskinder immer die, manchmal fast unsichtbare, Mehrheit behauptet haben. Eine Fremdenfakultät zu werden, wäre nicht ohne Bedenken, besonders da die theologische Arbeit nicht ganz unabhängig von der Verbindung mit der lebendigen Heimatkirche geschehen kann. Aber wenn dem so ist, dann sind, wie man sieht, dem Wachstum und der Besuchszahl dauernd enge Grenzen gesteckt. Das ist an sich ohne Belang. Geist ist unabhängig von Zahl und Masse. Zu einigen Witzen Anlaß zu geben, ist eine Wohltat, die wir andern gern erweisen. An Schlagfertigkeit, ungebührlichem Spott zu begegnen, soll es uns nicht gebrechen. Nach einer Seite hin steckt in der kleinen Zahl der Studierenden ein Nachteil. Man findet unter hundert Studenten eher solche, die zum Nachwuchs als akademischer Lehrer berufen sind, als unter dreißig. Ist nur ein einziger da, der über gute Berufsbildung hinaus sich den wissenschaftlichen Fragen erschließt, so erlahmt sein Eifer leicht; sind es fünf oder sechs, so feuern sie sich gegenseitig an. Doch ist es bis jetzt durch hundert Jahre hindurch immer gelungen, alle theologischen Lehrstühle so zu besetzen, daß der Schweizer Anteil die gute Hälfte betrug. Es ging nicht immer ohne Schwierigkeiten. Der berechtigte Stolz der Schweizer, selber die Lehrer zu stellen, geriet mehr als einmal in Gegensatz zu dem eifrigen Bestreben der Nachbarn, keinen Lehrstuhl für die eigene Kulturpolitik einzubüßen. Hier wäre allerlei aus der Schule zu plaudern. Aber man kam immer durch die Gegensätze hindurch. Eigentliche Lager haben sich nicht gebildet. Die Glieder der Fakultät konnten stets den Frieden wahren, und es ist erstaunlich und schön, zu sehen, in welchem Maße gemeinsame Arbeit und ehrliche Verantwortung gegenüber der gemeinsamen Sache die Geister vereinen und verschmelzen. Daß auch in dieser Beziehung die Zeiten verschiedene waren, daß ein einziger starrer Charakter mehr gefährden kann, als viele gute Willen retten, ist bekannt. Und sind nicht Gelehrte Verkehrte? Ich will lieber fünfzig hartköpfige Bauern unter einem Hut halten als fünf eigenbrötlerische Gelehrte.

Nur hundert Jahre ist die theologische Fakultät Zürich alt. Aber welche Fülle von Köpfen: Hitzig, der geniale Textkritiker des Alten Testaments; Heidenheim, der erste Herausgeber samaritanischer Texte; Alexander Schweizer, gleich bedeutend als der kongenialste Schüler Schleiermachers und der größte Historiker des reformierten Dogmas; Biedermann, dessen Name neben dem des noch unter uns weilenden P. W. Schmiedel mir in England, Schottland und den Vereinigten Staaten, auch in Schweden und Dänemark als die Essenz der Zürcher Fakultät immer wieder entgegengetreten ist; Theodor Keim, der Schöpfer des bedeutendsten Lebens Jesu gelehrter Art; Volkmar, der Einfallsreiche und mehr mit künstlerischem Tasten als mit gelehrtem Nachweis sicher Greifende; Ryssel, der beste Kenner der syrischen Sprache und Kultur; Leonhard Ragaz, dessen geistige Bedeutung im Lärm des Tages noch nicht ganz deutlich wird; das sind nur die weithin aufleuchtenden Namen, neben denen noch O. F. Fritzsche, dessen Textausgaben jahrzehntelang größte Dienste geleistet, Erwähnung verdient. Strauß kann daneben kaum genannt werden. Für Zürichs Geschichte mag er Periode gemacht haben, für die Fakultät selber nicht einmal Episode. Dazu kommen die, die wir nicht nennen, und die doch ihre Sache recht gemacht haben. Im Grunde lebt keine Fakultät von ihren großen Namen, sondern von dem Zusammenarbeiten aller ihrer Glieder, die treu und tätig sind.

Eine eigentliche Zürcher Schule hat es nie gegeben. Das könnten wir auch kaum brauchen. Denn Schule bedeutet immer Größe in Einseitigkeit. Aber ein Kennzeichen der Zürcher Fakultät war immer ihre Entschlossenheit für das Fortschrittliche. Sie war allezeit ohne Furcht gegenüber der Überlieferung, voll Mutes, sich selber zu sein. Dabei ist sie in diesen hundert Jahren durch alle geistigen Wandlungen und Bewegungen, die in Betracht kamen, offen hindurchgegangen. Weil sie nicht Schule im

> strengen Sinne war, blieb sie vor allzu großem Anspruch, allein Recht zu haben, bewahrt. Sie konnte immer Tüchtiges lehren, weil sie immer bereit war, von anderen zu lernen. Daß gerade heute es zwei reformierte Schweizer Theologen sind, die den ganzen wissenschaftlichen Protestantismus und darüber hinaus weithin auch den Katholizismus hin und her bewegen, und daß der eine davon, Emil Brunner, der unsere war als Student und der unsere ist als Dozent, das freilich erfüllt uns gerade am Jubiläum der Universität mit Freude.[4]

Neben seiner wissenschaftlichen Arbeit entfaltete Köhler eine reiche Tätigkeit in der Öffentlichkeit: Er war ein glänzender Redner, predigte regelmässig, erteilte Religionsunterricht am Zürcher Lehrerseminar, wirkte an der Volkshochschule, hielt Kurse und Vorträge für gebildete Laien, war beliebter Feuilletonist in der «Neuen Zürcher Zeitung» und daneben ein vielgefragter Seelsorger.[5] Er kann als ein Urgestein liberaler Theologie gelten, ergriff häufig dazu das Wort und scheute auch vor Kontroversen mit Fakultätskollegen nicht zurück.[6] Als grundlegende Errungenschaften des theologischen Freisinns bezeichnete er die Aufgabe des Bekenntniszwangs, die Freigabe der Naturwissenschaft und die Entwicklung der Bibelkritik.[7]

Während rund vierzig Jahren arbeitete Ludwig Köhler an einem Wörterbuch zum biblischen Hebräisch. Die erste Lieferung des «Lexicon in veteris testamenti libros» erschien 1948, die vollständige Ausgabe – die Übersetzungen der hebräischen und aramäischen Begriffe jeweils auf Deutsch und Englisch – 1953;[8] Ludwig Köhler verantwortete den hebräischen Teil, Walter Baumgartner den aramäischen. Ursprünglich war das sogenannte Köhler-Baumgartner-Lexikon (KBL) von Köhler als Neubearbeitung des «Hebräischen und aramäischen Handwörterbuches über das Alte Testament» von Wilhelm Gesenius und Frants Buhl (17. Auflage 1915) gedacht, doch schon bald zeigte sich, dass Köhlers Werk in vielen Punkten vom

[4] NZZ vom 30. Juni 1930, Blatt 6. [5] Smend 1996. [6] Schmid 2008.
[7] Köhler 1942. [8] Köhler/Baumgartner 1953.

Gesenius-Buhl abweichen würde; also beschloss er, ein eigenes Lexikon zu schreiben. Walter Baumgartner vermerkte dazu:

> Er hat sein Wörterbuch deutlich als *seines* und von ihm geprägtes gesehen. Als ich ihn einmal darauf aufmerksam machte, dass er bei einem bestimmten Wort das arabische Aequivalent nicht notiert habe, in anderen Fällen aber doch, hat er mir geantwortet: «In diesem Fall schien es mir nicht relevant, in anderen Fällen aber doch. Ob ich etwas aufnehme oder nicht, entscheide ich allein. Es ist ja *mein* Wörterbuch.» Die Persönlichkeit Koehlers hat den hebräischen Teil des KBL eindeutig geprägt.[9]

Nach Köhlers Tod (1956) erschien die zweite Auflage (1958). Diese bot den unveränderten Text der ersten Auflage, ergänzt mit Berichtigungen und Ergänzungen sowie einem deutsch–hebräischen bzw. deutsch–aramäischen Glossar im Anhang.

Die dritte Auflage, deren Veröffentlichung sich über drei Jahrzehnte hinzog (1967–1995) und für die der gesamte Text neu bearbeitet wurde, besorgten Walter Baumgartner (1887–1970) und Johann Jakob Stamm (1910–1993), unter der Mitarbeit von Benedikt Hartmann (1922–2008), Zeʾev Ben-Ḥayyim (1907–2013), Eduard Yechezkel Kutscher (1909–1971) und Philippe Reymond (geb. 1918). Das Werk, jetzt genannt «Hebräisches und Aramäisches Lexikon zum Alten Testament» (HALAT),[10] erschien nur noch auf Deutsch; eine Übersetzung auf Englisch («The Hebrew and Aramaic Lexicon of the Old Testament», HALOT), angefertigt von Mervyn Richardson (Leiden NL), wurde in den Jahren 1993–2001 herausgegeben und ist heute eines der weltweit meistgenutzten Wörterbücher zum biblischen Hebräisch und Aramäisch.[11]

Wie sein Lehrer und Freund Schmiedel mischte sich auch Köhler in seine eigene Nachfolge ein. Ein Brief der Theologischen Fakultät

[9] Köhler/Baumgartner 1967–1995 (vii-viii). [10] Köhler/Baumgartner 1967–1995.
[11] Ich verdanke diesen Abschnitt Samuel Arnet, der gemeinsam mit Walter Dietrich eine gekürzte Neuausgabe des HALAT besorgt hat, vgl. Dietrich/Arnet 2013.

an die Erziehungsdirektion hielt fest, dass Altes Testament und Praktische Theologie nunmehr getrennt sein sollen (19. Mai 1947). Die Fakultät und Köhler waren sich einig, dass für den alttestamentlichen Lehrstuhl Walter Baumgartner aus Basel der Wunschkandidat sei. Für den Fall, dass Baumgartner absagen sollte, empfahl Köhler Victor Maag. Die Fakultät aber wollte sich nur auf Baumgartner festlegen, damit man sich in der Besetzung des Alten Testaments mit Basel messen könne. Für die Praktische Theologie wurde ein Extraordinariat für den Pfarrer und späteren Kirchenratspräsidenten Ernst Frick (1894–1963) geschaffen, die Nachfolge des Alttestamentlers Köhler trat dann in der Tat Victor Maag an. Nach dem Tod Köhlers[12] kaufte die Fakultät aus seiner Bibliothek 2400 Bände zum Preis von 7500 Franken an. Finanziert wurde dies – nach einem Beschluss des Erziehungsrats – aus dem Hochschulfonds.

Einen grossen Einschnitt bedeutete die Emeritierung des Neutestamentlers Paul Schmiedel auf Ende des Wintersemesters 1922/1923.[13] Er selbst setzte sich (nach heutigem Verständnis: über Gebühr) für eine Nachfolge in seinem Sinn – dezidiert historisch-kritisch ausgerichtet – ein, doch die positiven Pfarrer im Kanton sammelten Unterschriften für einen «gläubigen» Professor im Gebiet des Neuen Testaments. Sie beklagten, dass die Zürcher Fakultät mehrheitlich freisinnig besetzt sei, und forderten für die Nachfolge Schmiedels und von Orellis zwei positive Personen.

Auf die Nachfolge von Paul Schmiedel wurde dann 1923 Gottlob Schrenk (geboren 1879), der Sohn des bekannten Erweckungspredigers Elias Schrenk, berufen, obwohl sich die Fakultät explizit gegen Besetzungen von Professuren aufgrund von theologischen Richtungsüberlegungen ausgesprochen hatte.[14] Diskutiert wurde auch der wesentlich renommiertere Julius Schniewind, aber er wurde wegen zu viel «Spitzfindigkeit» nicht weiter in Betracht gezogen.[15] Schrenk hatte zunächst als Missionsinspektor und Dozent in den Bodelschwinghschen Anstalten in Bethel bei Bielefeld und der dortigen Theologischen Schule (später Kirchliche Hochschule Bethel)

[12] Vgl. NZZ vom 29. November 1956, 6. [13] Jehle 2006, 181–182.
[14] Schwagmeier 2011, 109–110. [15] Jehle 2006, 182.

gewirkt und war dann Pfarrer in verschiedenen Gefangenenlagern in Deutschland, Skandinavien und in der Schweiz, bevor er nach Zürich kam, wo er bis 1949 wirkte. Seine Publikationen dokumentieren deutlich seine positive Ausrichtung, doch verfasste er auch zahlreiche Artikel für das «Theologische Wörterbuch zum Neuen Testament». In seinen letzten Lebensjahren erblindete er beinahe vollständig. Er starb 1965 in Arosa, wo er ein Häuschen besass.[16]

Die Systematische Theologie ist zwischen den zwanziger und den fünfziger Jahren namentlich durch Walter Gut und Emil Brunner geprägt gewesen, die beide noch sowohl Dogmatik als auch Ethik gelesen haben. Walter Gut, geboren 1885, studierte ab 1904 gleichzeitig Theologie und Medizin und erlangte 1909 sein theologisches und 1915 sein medizinisches Schlussexamen, verfügte also über eine volle medizinische Ausbildung.[17] Er benennt Schmiedel und Ragaz als seine wichtigsten theologischen Lehrer, erwähnt aber auch Hausheer.[18] Er wurde zunächst Assistenzarzt in Frankfurt am Main und wechselte 1918 als Sekundärarzt an das Sanatorium Hohenegg. 1923 dann wurde er als Nachfolger von Ragaz auf den Lehrstuhl für Dogmengeschichte, Dogmatik, Ethik und Symbolik berufen. Er versah während seiner Lehrtätigkeit auch einen zusätzlichen Lehrauftrag für Religionspsychologie – eine Disziplin, der sich nach ihm in Zürich vor allem Walter Bernet und Susanne Heine zuwandten. 1933 verlieh ihm die Universität Marburg den Titel eines Dr. h.c. Während der Jahre seines Rektorats war er zudem als Psychiater tätig (1952–1954). In seiner Rektoratsrede zum Thema «Wissenschaft als Theologie, Theologie als Wissenschaft» (1954) vertrat er die Auffassung, Wissenschaft dürfe nicht zu Theologie werden und die Theologie habe sich auf Bibel und Religion zu beziehen. Gut unterrichtete zudem Religionsgeschichte am Lehrerseminar in Küsnacht, was ihm an sein Lehrdeputat angerechnet wurde. Besonders engagierte sich Gut im Rahmen der Konkordatsprüfungsbehörde, der er ab 1933 angehörte und die er von 1943 bis 1959 präsidierte. 1961 verstarb Gut.

[16] Schweizer 1965/1966. [17] Maag 1961/1962. [18] A.a.O., 91.

Nachdem von Orelli in den Pfarrdienst am Neumünster gewechselt hatte, blieb seine Nachfolge zunächst offen. Die Pfarrer Hermann Grossmann (Goldach) und Karl Baumann (Zürich-Wiedikon) waren zwar im Gespräch, doch verfügten sie über keinen hinreichenden wissenschaftlichen Leitungsausweis. Die Fakultät sprach sich in der Folge für die Berufung von Theophil August Steinmann aus, Dozent für Philosophie und Systematische Theologie am Seminar der Brüdergemeine in Herrnhut. Doch war Steinmann im Jahr 1923 bereits 64-jährig, zudem hielt ihn die Erziehungsdirektion des Kantons Zürich für zu wenig mit den lokalen Verhältnissen vertraut. Die Fakultät hielt dennoch an Steinmann fest, so dass das Verfahren ins Stocken geriet. Der Kirchenrat brachte Bewegung in die Situation, indem er Emil Brunner (1899–1966), Pfarrer in Obstalden und seit Wintersemester 1921/1922 Privatdozent in Zürich, als Nachfolger von Orellis vorschlug. Brunner konnte jedenfalls aufgrund des Umstandes, dass seine Habilitation erst im zweiten Anlauf erfolgreich war, nicht als unbestrittener Wunschkandidat der Fakultät gelten. Die Umstände des ersten Habilitationsversuchs (1915) lassen sich nicht mehr ganz aufhellen; offenbar gewann die Fakultät den Eindruck, seine Habilitation komme zu früh (so Ragaz brieflich an Brunner).[19] Die erste Habilitationsschrift ist in Manuskriptform erhalten geblieben, sie trug den Titel: «Die Bedeutung H. Bergsons für die Religionsphilosophie».[20] Der zweite Versuch (1921) war zwar schliesslich erfolgreich, doch hart umstritten. Paul Schmiedel und Walther Köhler stellten in einem Minoritätsgutachten einen «völlige[n] Mangel an wissenschaftlichem Sinn» und eine «völlige Verkennung des Wesens der modernen Geschichtsforschung» fest[21] und reagierten damit auf Brunners Positionsbezug in der Dialektischen Theologie. Brunner

> kann den Anspruch auf die Wahrheit gerade *seiner* Glaubensüberzeugungen gar nicht aufrecht halten. Es scheint, dass er entweder gar keine Empfindung für die Notwen-

[19] Vgl. Jehle 2006, 63. [20] Jehle 2006, 64.
[21] Staatsarchiv Zürich, U 104; Jehle 2006, 171.

> digkeit hat, auf so schwerwiegende Einwände zu achten, oder dass er sich über sie erhaben fühlt, weil er seine Ueberzeugungen ja doch direkt von Gott zu haben – glaubt.[22]

Die Mehrheit der Fakultät jedoch, unter Führung von Dekan Arnold Meyer sowie Leonhard Ragaz und Hans Konrad von Orelli, empfahl der Erziehungsdirektion eindringlich, das Habilitationsgesuch Brunners anzunehmen:

> Trotz dieser nicht zu verkennenden Mängel der vorliegenden Studie scheint uns die Art, wie Brunner arbeitet und wie er seine Gedankengänge darstellt, dafür zu sprechen, dass er als Dozent Wertvolles zu bieten vermag; sein reiches Talent wird durch eine solche Tätigkeit angeregt werden und sich in fruchtbarer Weise weiterentwickeln können.[23]

In der Folge wurde das Habilitationsgesuch Brunners positiv beschieden. Er wurde am 17. Dezember 1923 zu einem Referat vor der Fakultät eingeladen, in dem er seine theologische Position vorstellen konnte.[24] Nach einer ersten Abstimmung gelangte die Fakultät zum Beschluss, sowohl Steinmann wie auch Brunner vorzuschlagen; in einer zweiten Abstimmung entschloss sie sich dann aber – offenbar aus hochschulpolitischen Erwägungen im Sinne eines Einlenkens gegenüber der Erziehungsdirektion – zum Antrag, Brunner allein als Professor für Systematische und Praktische Theologie zur Berufung vorzuschlagen. Der Regierungsrat folgte am 7. Februar 1924 diesem Antrag, und Brunner trat sein Amt zum 16. April 1924 an.

Seit seiner Habilitationsschrift «Erlebnis, Erkenntnis und Glaube»[25] konnte Brunner als Mitbegründer der Bewegung der Dialektischen Theologie gelten, auch wenn er zunächst von Hermann Kutter und dem religiösen Sozialismus geprägt worden war. Pointierte

[22] Staatsarchiv Zürich, U 104. [23] Ebd. [24] Jehle 2006, 184.
[25] 1923, die Druckfassung erlebte bis 1933 fünf Auflagen.

Positionen bezog er etwa in «Wahrheit als Begegnung»[26] oder «Das Missverständnis der Kirche».[27] Er hatte bei Schmiedel, Hausheer und Walther Köhler das historische Handwerk gelernt, blieb aber von deren Zugang zur Bibel und Kirchengeschichte unbefriedigt,[28] wie umgekehrt besonders Schmiedel und Köhler von Brunners Aversion gegen die historisch ausgerichtete Theologie enttäuscht waren. Seit 1923 publizierte er auch regelmässig in «Zwischen den Zeiten», dem wichtigsten Organ der Dialektischen Theologie. War Brunner zunächst noch ein Weggefährte Karl Barths, so kam es doch bald zu grossen Differenzen, namentlich im Blick auf das Problem der natürlichen Theologie. Diese kulminierten in der Publikation von Emil Brunners «Natur und Gnade» und von Karl Barths «Nein! Antwort an Emil Brunner» (beide Schriften 1934), die einen dauerhaften Keil zwischen die beiden trieb. Der Briefwechsel zwischen Brunner und Barth zeigt, dass es Dezennien benötigte, bis sich die beiden zumindest persönlich wieder annähern konnten.[29]

Noch 1934 wollte die Theologische Fakultät allerdings den in Bonn abgesetzten, aber noch nicht nach Basel berufenen Karl Barth als Stellvertreter Emil Brunners – auf dessen eigene Kosten – nach Zürich holen. Die Hochschulkommission sprach sich, offenbar in allgemeiner Ablehnung gegen aus dem Ausland kommende Dozenten, dagegen aus.[30] Analog wurden Anfragen jüdischer Dozenten aller Fachrichtungen aus Deutschland 1933 vom Rektorat ebenfalls «der Konsequenzen wegen» abschlägig beschieden.[31]

Brunner entwickelte sich zu einem der bedeutendsten theologischen Lehrer der Fakultät, der eine Ausstrahlung weit über seinen eigenen akademischen Wirkungsort erzielte. Da er bereits in jungen Jahren als Sprachlehrer in Grossbritannien (Great Yarmouth und Leeds) gearbeitet und auch am Union Theological Seminary in New York studiert hatte (1919/1920), war er mit der englischen Sprache sehr gut vertraut und hatte keine Schwierigkeiten, sich auf internationalem Parkett zu bewegen. Den Ruf auf eine Professur für Systematische Theologie am Princeton Theological Seminary (New Jer-

[26] Brunner 1938. [27] Brunner 1951. [28] Rich 1966/1967, 93.
[29] Barth 2000, 103–478. [30] Stadler 1983, 53. [31] A.a.O., 53.

Emil Brunner und Karl Barth

sey), der ihn am 21. Dezember 1937 erreichte, lehnte er nach reiflicher Überlegung vor allem aus privaten Gründen ab. Er bekam jedoch von der Universität Zürich einen zweisemestrigen Urlaub zugesprochen, so dass er während des akademischen Jahres 1938/1939 in Princeton lehren konnte.

Brunners reichhaltige literarische Schaffen ist in über zwanzig Sprachen übersetzt worden.[32] Obwohl sich Barth dem theologiegeschichtlichen Gedächtnis stärker eingeschrieben hat und er auch zu Lebzeiten im deutschsprachigen Bereich wohl als wirkungsmächtiger als Brunner zu gelten hat, so war Brunner, international gesehen, damals bekannter und sichtbarer.

Während des Zweiten Weltkriegs bekleidete Brunner das Amt des Rektors der Universität Zürich (1942/1943). Die Zeitschrift «Zürcher Student» begrüsste Brunner mit folgenden Worten:

> Während andere Staaten die Theologie als Lehrfach aus dem Stundenplan ihrer Universitäten streichen, bemäch-

[32] Rich 1966/1967, 93.

> tigt sie sich an der Universität Zürich gleich des Rektoratsstuhles. Sollen wir wohl mit Furcht und Zittern dieser gestrengen Herrschaft entgegensehen oder sollen wir dankbar sein dafür, dass wir uns in diesen stürmischen Zeiten in den Schutz der Kirche begeben können?[33]

In der Tat scheint das Rektorat Brunner in der Kriegszeit eine Atmosphäre «positiver Christlichkeit»[34] geschaffen zu haben, die nicht nur aus der Not geboren war, sondern auch auf sie zu reagieren schien. Seine erste Rektoratsrede «Die Menschenrechte nach reformierter Lehre» (1942) war ein Plädoyer gegen den Totalitarismus,[35] seine zweite Rede «Glaube und Forschung» (1943) wurde aus Platzmangel in der St. Peter-Kirche gehalten. Der enorme Zustrom war den zeitgeschichtlichen Umständen geschuldet.[36]

Nach dem Krieg lehrte Brunner an der International Christian University in Tokyo (1953–1955). Mehrere Universitäten verliehen ihm die Ehrendoktorwürde, so Münster, Edinburgh, Princeton, das Union Theological Seminary in New York und die International Christian University in Tokyo.

Schmiedels Nachfolger wurde Werner Georg Kümmel (1905–1995).[37] Kümmel stammte aus einer weitverzweigten Gelehrtenfamilie. Er studierte Theologie in Heidelberg, Berlin und Marburg (1923–1928) und wurde bei Martin Dibelius in Heidelberg promoviert (1928). Von seiner Assistenz in Marburg bei Hans von Soden wurde er nach Zürich berufen (1932). Hier stellte die Fakultät den Antrag an die Erziehungsdirektion, sein Lehrgebiet um «Wissenschaft vom Judentum und Hebräischen Elementarunterricht» zu erweitern (13. März 1943). Der Erziehungsdirektor lehnte dies ab, «weil Hebräischunterricht nicht als Universitätsfach» angesprochen werden könne und die «Wissenschaft vom Judentum» «je nach Zugehörigkeit zum Alten und Neuen Testament von den Dozenten, denen diese Gebiete zugewiesen sind, zu behandeln sei» (30. August 1943).

[33] «Zürcher Student», April 1942.

[34] Stadler 1983, 75. [35] A.a.O., 74. [36] A.a.O., 75.

[37] Vgl. Böcher 1995.

Kümmel wechselte nach siebzehn Jahren von einem persönlichen Ordinariat auf den ordentlichen Lehrstuhl für neutestamentliche Wissenschaft (30. Juni 1949). Von Zürich aus gelangte er nach Mainz (1951–1952) und schliesslich, als Nachfolger von Rudolf Bultmann, nach Marburg (1952–1973), wo er vor allem durch die Neubearbeitung der «Einleitung in das Neue Testament» (1965) von Paul Feine und Johannes Behm bekannt wurde; die erste Auflage dieser Neubearbeitung zählt als 14. Auflage des Werks (seit seinem Ersterscheinen), das bis 1983 ganze 21 Auflagen erlebte.

Eine prägende Gestalt für die Theologische Fakultät im 20. Jahrhundert war Fritz Blanke.[38] Geboren am 22. April 1900 in Kreuzlingen, wuchs er in gutbetuchten Verhältnissen auf. Sein Vater, ein Verleger, hatte die «Evangelische Buchhandlung Emmishofen» und den «Evangelischen Verlag Blanke und Hirsch, Emmishofen und Konstanz» gegründet; das Sortiment war breit, es umfasste auch Kurzfassungen von Romanen religiösen Inhalts, wie «Ben Hur» oder «Onkel Toms Hütte», und dazu gehörten neben Büchern auch Bilder. Fritz Blanke besuchte das Gymnasium in Konstanz und wurde in dieser Zeit Zeuge des Ersten Weltkriegs. Sein ältester Bruder Johannes wurde 1918 noch eingezogen und starb wenige Wochen später durch eine Granate. Drei Jahre später verlor Blanke seinen Vater.[39] Seine kirchliche Heimat war die «Unabhängige Evangelische Kirchgemeinde Emmishofen», hier wurde sein Interesse an Freikirchen und Täufern mitgeprägt. Von 1920 an studierte er Theologie in Tübingen, Heidelberg und Berlin. Zu Karl Holl und Adolf von Harnack, denen er in Berlin begegnete, hatte er eine besondere Nähe. Durch die Fürsprache von Holl übernahm er den «Luther»-Artikel in der 2. Auflage der «Religion in Geschichte und Gegenwart». 1926 wurde er Privatdozent an der Universität Königsberg, wo er neben Luther auch Hamann als Forschungsgebiet entdeckte.

Nach dem Weggang von Walther Köhler schlug die Theologische Fakultät der Universität Zürich als dessen Nachfolger überraschend Fritz Blanke vor. Im Gespräch war zwar auch Oskar Farner, doch hielt man ihn für zu sehr auf die Schweizer Kirchengeschichte kon-

[38] Büsser 1966/1967; Möhl 2011. [39] A.a.O., 18.

Fritz Blanke

zentriert.[40] Blanke überzeugte durch seinen wissenschaftlichen Leistungsausweis und seine Breite; den Kirchenrat – der eigentlich Farner favorisierte – beeindruckte die «ihm eigene[] lebendige[] Religiosität». 1929 wurde er als Professor für Kirchen- und Dogmengeschichte an die Fakultät berufen und zog alsbald mit seiner Familie nach Zürich um. Die Königsberger Fakultät verlieh ihm 1930 zum Abschied die Ehrendoktorwürde.[41] In Zürich war er im kirchlichen und sozialen Bereich aktiv und wurde, nachdem er das Schweizer Bürgerrecht erworben hatte (1939), Zürcher EVP-Kantonsrat. Seine lebendigen Vorlesungen an der Fakultät – oft mit Diagrammen an der Wandtafel ergänzt – stiessen auf guten Zuspruch bei den Studierenden. Er wandte sich mehr und mehr der Zwingliforschung zu. Gemäss Blanke fühlte sich Zwingli

> als den radikaleren Protestanten, während Luther, nach Zwinglis Meinung, nicht auf dem halben, aber dem Dreiviertelswege stehen geblieben ist. Luther ist für ihn zwar stürmischer, aber im Grunde jedoch konservativer, während er, Zwingli, zwar bedächtig, aber damit doch durchgreifender ist. […] Es war seine Überzeugung, dass der Wittenberger noch katholische Eierschalen mit sich her-

[40] Möhl 2011, 55. [41] A.a.O., 57.

> umtrage und das Aussprechen dieser Überzeugung konnte ihm nichts und niemand verbieten.[42]

Blankes ältester Sohn wurde 1931 geboren (400 Jahre nach dem Tod Zwinglis in Kappel) und bekam den Namen Huldrych.[43]

Bei Fritz Blanke promovierte Gerhard Ebeling mit der auch heute noch beachteten Arbeit «Evangelische Evangelienauslegung» (1942), die Luthers Interpretation der Evangelien untersuchte. Im Zweiten Weltkrieg verlor er einen zweiten Bruder, Wilhelm, der für die französische Résistance gearbeitet hatte und 1944 als «Landesverräter» hingerichtet wurde. 1964 gründete Blanke das Institut für Schweizerische Reformationsgeschichte. Blankes Forschungsschwerpunkte bildeten zunächst Martin Luther und Johann Georg Hamann, dann Zwinglis Reformation, die Täuferbewegung (als «erste protestantische Freikirche») und die Sekten.

Während seiner Tätigkeit an der Zürcher Fakultät entfaltete er eine reiche wissenschaftliche Publikationstätigkeit. Blanke gehört zu den einflussreichsten Vertretern seines Fachs auch wegen der Vielzahl von Schülern, deren Dissertationen er betreut hatte (1929–1967), unter ihnen Hanns Lilje, Rudolf Pfister, Martin Schmidt, Gerhard Ebeling, Gottfried Locher, Gerhard Goeters, Fritz Büsser, Joachim Staedtke, Walter Hollenweger, Endre Zsindely und Christoph Gestrich. Viele von ihnen hatten später akademische Lehrämter inne.[44]

Fritz Blanke hielt nicht viel auf Äusserlichkeiten. So schenkte er der Zentralbibliothek eine ihm handschriftlich gewidmete «Dogmatik» von Emil Brunner, die unglücklicherweise dem Autor wieder zu Gesichte kam, als dieser in der Bibliothek etwas in seinem eigenen Werk nachschauen wollte. Das «Verhältnis zu seinem kirchenhistorischen Fakultätskollegen blieb längere Zeit getrübt».[45] Am 4. März 1967 verstarb Blanke in Zürich.

[42] Der Kirchenfreund, Jg. 65, Heft 21 vom 8. Oktober 1931, 306, zitiert bei Möhl 2011, 85.

[43] Möhl 2011, 100. [44] Gäbler 2000, 7. [45] A.a.O., 12.

Walther Zimmerli, der nicht habilitierte Pfarrer von Aarburg, wurde 1935 als Nachfolger Hausheers berufen.[46] Er war 1907 in Schiers als achtes von elf Kindern geboren worden; sein Vater war Direktor der dortigen Evangelischen Lehranstalt. Nach dem Studium der Theologie in Zürich, Berlin und Göttingen arbeitete er als Assistent an der Göttinger Theologischen Fakultät. Nach der Machtübernahme durch die Nationalsozialisten kehrte er in die Schweiz zurück. 1951 folgte er einem Ruf als Ordinarius für Altes Testament an die Universität Göttingen, wo er bis zu seiner Emeritierung blieb. Zimmerli verstarb 1983 in Oberdiessbach (Kanton Bern).

Zimmerlis beiden Hauptwerke, die in Göttingen entstanden und mehrfach aufgelegt wurden, waren sein Ezechielkommentar,[47] der in exemplarischer Weise das Phänomen der Fortschreibung in alttestamentlichen Schriften beschrieb und analysierte, sowie sein Lehrbuch «Grundriß der alttestamentlichen Theologie».[48] Anerkennung fanden seine wissenschaftlichen Leistungen durch Ehrenpromotionen der Universitäten Strassburg und Edinburgh und 1972 durch die Verleihung der Burkitt Medal vonseiten der British Academy.[49] Zimmerli amtierte als Rektor der Universität Göttingen (1964–1966) und als Präsident der Göttinger Akademie der Wissenschaften (1970–1978).

1947 wurde Victor Maag als Nachfolger Ludwig Köhlers auf dessen Lehrstuhl berufen.[50] Er war 1910 in ein positiv-christliches Haus geboren worden, besuchte in Birmensdorf die Schulen und absolvierte an der «Minerva» die Matur. 1929 immatrikulierte er sich an der Medizinischen Fakultät, doch bald faszinierte ihn die Theologie; also bereitete er sich auf die Ergänzungsprüfungen in Griechisch und Hebräisch vor und begann 1930 mit dem Theologiestudium. Prägend wurden für ihn vor allem Jakob Hausheer und Ludwig Köhler wie auch der Arabist Johann Jakob Hess (1866–1949), der an der Universität Zürich als Extraordinarius für «lebende orientalische Sprachen und islamitische Kulturen» wirkte (1918–1936). Nach dem Studium war Maag zunächst Pfarrer in Mellingen sowie an der Pre-

[46] Smend 1989. [47] Zimmerli 1969. [48] Zimmerli 1972.
[49] Smend 1989, 294. [50] Schmid 2002.

digerkirche in Zürich. Während seiner pfarramtlichen Tätigkeit in Zürich unterrichtete er auch Hebräisch an der Kantonsschule und an der Theologischen Fakultät, was ihn weiter in die Wissenschaft hineinzog. Nach der Promotion (1945) und der Habilitation (1947) wurde er auf den liberalen Lehrstuhl für Altes Testament, Religionsgeschichte und Orientalia berufen (1947). Über die Jahrzehnte seiner Forschungs- und Lehrtätigkeit hinweg verstand es Maag auf einzigartige Weise, biblische und religionsgeschichtliche Fragestellungen miteinander zu verbinden.[51] Maags Arbeitsweise war besonders bemerkenswert angesichts der damaligen Dominanz der Dialektischen Theologie, die Religion und Religionsgeschichte als für den christlichen Glauben irrelevant ansah. Emil Brunner in Zürich dachte in dieser Beziehung allerdings differenzierter als Karl Barth in Basel. 1978 wurde Maag emeritiert, 2002 verstarb er in hohem Alter.

Maags Fachkollege mit nahezu deckungsgleicher Wirkungszeit an der Fakultät war Hans Wildberger (1910–1986). Bereits 1950 hatte sich abgezeichnet, dass der Alttestamentler Walther Zimmerli, seit 1935 als Nachfolger auf dem Lehrstuhl Hausheers, einem Ruf nach Göttingen folgen würde. Für die Nachfolge empfahl sich, nicht zuletzt wegen seines positiven Profils, Hans Wildberger. Im selben Jahr wie Maag geboren, hatte er in Basel das humanistische Gymnasium durchlaufen und in Zürich, Marburg und Bonn Theologie studiert. 1941 war er mit einer Arbeit zu «Jahwewort und prophetische Rede bei Jeremia» promoviert worden (sie erschien 1942),[52] ausserdem hatte er für die Zürcher Reihe «Prophezei» einen Jeremiakommentar verfasst (dieser blieb allerdings wegen Schwierigkeiten des Verlags ungedruckt).[53] Sein Lebenswerk war der Grosse Jesajakommentar in der Reihe «Biblischer Kommentar», der von 1965 bis 1982 in Teillieferungen erschien[54] und auch ins Englische übersetzt wurde.[55] Über zwei Jahrzehnte hinweg amtierte Wildberger als Präsident der Konkordatsprüfungsbehörde. Er war auch von den nichtchristlichen Religionen fasziniert und begleitete mehrere Studienreisen in den Nahen und Mittleren Osten. Kurz vor seiner Emeritierung veröf-

[51] Vgl. Maag 1980. [52] Wildberger 1942. [53] Jehle 2015, 77.79.
[54] Wildberger 1972–1982. [55] Wildberger 1991–2002.

fentlichte er in der «Neuen Zürcher Zeitung»[56] eine Besprechung eines Buches von Hans Heinrich Schmid,[57] die grundsätzliche Differenzen zwischen beiden in der Einschätzung der altisraelitischen Religionsgeschichte markierte.

Unter den Privatdozenten der Universität Zürich gehört Walter Nigg (1903–1988) zu den bekanntesten und produktivsten. Geboren in Luzern als jüngster Sohn (und erstes reformiert getauftes Kind) eines katholischen Vaters und einer reformierten Mutter, setzte er sich zeitlebens für die Ökumene in Kirche und Theologie ein; sein hagiographischer Schwerpunkt – bekannt wurde er vor allem durch seine zahlreichen Publikationen zu Heiligengestalten der Kirchengeschichte – passt sich in diese Prägung ein. Nach dem Studium der Theologie und Philosophie in Göttingen, Leipzig und Zürich, wo ihn besonders Jakob Hausheer beeindruckte, wurde er 1929 zunächst Pfarrer in Stein (Kanton Aargau), von 1939 bis 1970 wirkte er dann in Dällikon. Nach der Habilitation 1931 ernannte ihn die Universität Zürich im Jahr 1940 zum Titularprofessor für Kirchengeschichte. 1949 erhielt er, auf Initiative von Ernst Benz, die Ehrendoktorwürde der Universität Marburg.[58]

Sein vorzeitiger Rücktritt als Titularprofessor an der Universität Zürich im Jahr 1955 (im Alter von 52 Jahren) hing mit einem drei Jahre zuvor ausgebrochenen Streit zwischen Nigg und der Theologischen Fakultät zusammen: Nigg wollte im Wintersemester 1952/53 eine Vorlesung über die Religionsstifter Mose, Mohammed, Buddha und Laotse anbieten, also aus dem Gebiet der Religionsgeschichte, die aber nach der damaligen Aufgabenteilung zum Aufgabengebiet des Alttestamentlers gehörte, damals dasjenige von Victor Maag, der zugleich auch Dekan war. Maag beschied Nigg, dass dieses Thema ausserhalb dessen *venia legendi* läge und er eine Vorlesung aus dem Gebiet der Kirchengeschichte ankündigen möge. In seinem Brief an Dekan Maag (13. Mai 1952) berief sich Nigg auf ein früheres Gespräch mit Dekan Zimmerli:

[56] NZZ vom 3./4. Mai 1975, 62. [57] Schmid 1974.
[58] Wolff 2009, 313–317.

> Auf Ihren Brief möchte ich Ihnen mitteilen, dass ich vor einigen Jahren den damaligen Dekan (Prof. Zimmerli) gefragt habe, ob ich über dieses Thema eine Vorlesung ausarbeiten könne und er hat es mir ohne weiteres gestattet ohne eine Konkurrenzierung seiner Tätigkeit zu fürchten. Ich habe denn auch diese Vorlesung im Sommer 1947 gehalten und die Fakultät hat damals keinerlei Einspruch erhoben. Ich nahm daher an, dass, was damals ging, auch heute noch recht sei. Da ich von der Niederschrift eines Buches dermassen in Anspruch genommen bin, ist es mir unmöglich, eine neue Vorlesung für das Wintersemester auszuarbeiten und es bleibt mir in diesem Fall nichts anderes übrig, als mich für dasselbe beurlauben zu lassen.[59]

Maag schrieb daraufhin an die Direktion des Erziehungswesens des Kantons Zürich (17. Mai):

> Dass aber Herr Nigg, der weder religionshistorisch, noch alttestamentlich-wissenschaftlich, noch arabistisch oder islam-wissenschaftlich, noch indologisch ausgewiesen ist, eine Vorlesung wie die in Aussicht gestellte halten würde, müsste m. E. als Verstoss gegen die Würde einer Disziplin verstanden werden, für deren wissenschaftliche Vertretung unsere Fakultät verantwortlich ist.[60]

So wurde Nigg beurlaubt, doch zog er sich infolge dieser Auseinandersetzung von seiner Vorlesungstätigkeit an der Universität Zürich zurück. Er erklärte dem Nachfolger Maags als Dekan, Eduard Schweizer, seinen Rücktritt (14. Juli 1955). Die Fakultät bat ihn, diesen Entschluss fallenzulassen, doch auch ein persönliches Gespräch mit Schweizer vermochte Nigg nicht mehr umzustimmen (22. August 1955). Offiziell gab Nigg als Grund «Arbeitsüberlastung» an; wie sehr ihn jedoch das Verlassen der Universität schmerzte, liess seine

[59] Wolff 2009, 407–408. [60] A.a.O., 408.

fortwährende Polemik gegen den Intellektualismus in der Theologie vermuten.[61] Seinen Professorentitel durfte Nigg allerdings behalten.

Die neutestamentliche Wissenschaft an der Theologischen Fakultät wurde in der Mitte des 20. Jahrhunderts stark durch Eduard Schweizer geprägt. Er wurde 1913 in Basel geboren. In den dreissiger Jahren studierte er in Marburg bei Rudolf Bultmann, in Zürich bei Emil Brunner und in Basel bei Karl Barth. Schweizer promovierte 1938 in Basel und arbeitete dann acht Jahre als Pfarrer in Nesslau im Toggenburg. Von dort aus habilitierte er sich 1941 für neutestamentliche Wissenschaft. 1946 wurde er an die Universität Mainz berufen, 1949 nach Bonn, von wo aus er noch im selben Jahr nach Zürich wechselte.

Schweizers Berufung war von einigen Wirren geprägt, hatte sich doch eine Minderheit der Fakultät für die Berufung des anderen Zürcher Privatdozenten für neutestamentliche Wissenschaft, Christian Maurer, ausgesprochen;[62] Maurer wurde dann an die Kirchliche Hochschule Bethel bei Bielefeld berufen, später nach Bern. Schweizer entfaltete eine international beachtete Wirksamkeit: er lehrte, jeweils semesterweise, 1959/1960 in Rochester (New York), 1964/1967 in San Francisco, 1966/1968/1971 in Kyoto und Tokio, 1975 in Melbourne sowie 1980/1982 in Louisville (Kentucky). Von 1964 bis 1966 bekleidete er das Amt des Rektors der Universität, das turnusgemäss der Theologischen Fakultät zustand; diskutiert wurden damals auch Fritz Blanke[63] und Arthur Rich,[64] die jedoch beide des Ansinnen ablehnten. Ehrendoktorate erhielt Schweizer von Mainz (1950), von St Andrews (1963), von Wien (1972) und von Melbourne (1975).

Zusammen mit Rudolf Schnackenburg begründete Schweizer die ökumenische Kommentarreihe «Evangelisch-Katholischer Kommentar zum Neuen Testament» (1969). Er wirkte als Mitherausgeber der Zeitschrift «Evangelische Theologie» (1952–1985). Schweizer verfasste Kommentare zum Matthäus-, Markus- und Lukasevangelium sowie zum Kolosser- und ersten Petrusbrief. Neben vielen weiteren Studien, die er verfasste, beteiligte sich Schweizer

[61] Wolff 2009, 409. [62] Schweizer 1983, 249.
[63] Möhl 2011, 213. [64] Wolf 2009, 59–60.

Eduard Schweizer

am zehnbändigen Standardwerk «Theologisches Wörterbuch zum Neuen Testament». Schweizers Gabe bestand darin, exegetische und historische Präzision mit hermeneutischen Perspektiven zu verbinden. Die Bedeutung der biblischen Botschaft für die gegenwärtige menschliche Lebenswelt war ihm ein zentrales Anliegen, das er auch in einer regen und erfolgreichen Predigttätigkeit vertrat. In seinen Vorlesungen stieg er jeweils wiederholt vom Katheder hinunter und trat ans Fenster des Hörsaals, als ob er sich den Menschen auf der Strasse statt den Studierenden zuwenden würde. 1979 wurde er emeritiert, er verstarb 2006.[65]

Nach dem Weggang Kümmels wurde 1954 Hans Conzelmann (1915–1989) zum ausserordentlichen Professor für Neues Testament gewählt, 1956 wurde er zum Ordinarius befördert.[66] Conzelmann, in Tailfingen in Württemberg geboren, studierte von 1934 bis 1938 in Tübingen und Marburg Theologie. Als Kriegsverletzter kehrte er 1944 nach Tübingen zurück und legte 1946 das Zweite Theologische Examen ab. 1951 wurde er in Heidelberg promoviert, 1952 habilitierte er sich daselbst mit einer einflussreichen Arbeit über die Theologie des Lukasevangeliums.[67] Nach seiner Zeit in Zürich wirkte er von 1960 bis zu seiner Emeritierung 1978 in Göttingen.[68] Gemeinsam mit Andreas Lindemann verfasste er das weitverbreitete «Arbeitsbuch zum Neuen Testament».[69]

[65] Vollenweider 2006. [66] Schweizer 1983, 250.
[67] Conzelmann ^{7}1993. [68] Lindemann 2004.
[69] Conzelmann/Lindemann ^{14}2004.

Die lange Vorgeschichte von Conzelmanns Wahl – man hatte ursprünglich einen liberalen Schweizer Kandidaten im Auge, der aber seine Dissertation nicht rechtzeitig beenden konnte – hatte den positiven Nebeneffekt, dass der in Marburg bereits emeritierte Rudolf Bultmann im Jahr 1953 für ein Semester in Zürich las. Die Wirren um die Wahl Conzelmanns zogen sogar eine öffentliche «Erklärung der Theologischen Fakultät» in der «Neuen Zürcher Zeitung» nach sich:

> Die Theologische Fakultät der Universität Zürich ersucht uns und einige andere Zeitungen und Zeitschriften um die Publikation der nachstehenden Erklärung. Wir kommen diesem Wunsche nach, sehen uns aber genötigt, der Aeußerung der Fakultät einige *erläuternde Bemerkungen* vorauszuschicken, weil sie für sich allein einem großen Teil der Leser unverständlich sein müßte.
>
> An der Theologischen Fakultät ist vor geraumer Zeit durch den Wegzug von Prof. W. G. Kümmel eine *Vakanz im neutestamentlichen Fach* entstanden. Die theologischen Hauptgebiete (Altes Testament, Neues Testament und Dogmatik) sind an unserer Universität durch je zwei Dozenturen betreut, in der Meinung, daß die beiden Hauptrichtungen, die «Positiven» und die «Freigesinnten» (oder «Liberalen»)[,] gleichmäßig berücksichtigt werden sollen und gelegentlich auch – wie es durch die Wahl von Prof. A. Rich als Nachfolger Prof. Brunners jüngst geschah – auch die religiös-soziale Richtung zum Zuge komme. Prof. Kümmel war ein Vertreter der *freigesinnten Richtung*. Die Meinung, daß wieder ein Mann aus den gleichen Reihen berufen werden soll, war innerhalb der Fakultät und bei den Erziehungsbehörden unbestritten. Die Besetzung bereitete aber aus personellen Gründen *Schwierigkeiten*. Nachdem ein erster, in Amerika domizilierter Gelehrter deutscher Herkunft (Prof. Dinkler) die Wahl ausgeschlagen hatte, nannte die Fakultät einen Schweizer, der aber nach der Auffassung der Erziehungs-

behörden trotz seiner unzweifelhaften Begabung nicht über alle notwendigen Voraussetzungen zur Bekleidung eines akademischen Lehramtes verfügte. Die Fakultät griff darauf von ihr schon früher erwogene Nominationen von Deutschen auf. Der Regierungsrat wählte als Nachfolger von Prof. Kümmel *PD Dr. Conzelmann*, einen befähigten Wissenschafter.

Die Angelegenheit drang, nicht zuletzt wegen der langwierigen Vorgeschichte, in die Oeffentlichkeit. In der «NZZ» spielte sich eine mehr das Grundsätzliche als das Persönliche berührende Diskussion zwischen Pfr. Zimmermann und Dr. A. Frey über die Frage der kirchlichen Richtungen ab, nachdem Dr. Frey im Kantonsrat als eine Art Lehre aus den unerquicklichen Vorgängen die unpräzise Alternative «Richtungen oder Qualifikation» aufgestellt hatte. Der *Chefredaktor des «Volksrechts»*, der zugleich Mitglied des Erziehungsrates und mit dem Referat über die Theologische Fakultät betraut ist, fühlte sich durch diese und andere Pressestimmen herausgefordert und orientierte in zwei Artikeln im «Volksrecht» eingehend und detailliert über die Vorgeschichte der Wahl des neuen Neutestamentlers an der Fakultät. Seine Darstellung besitzt einwandfreien dokumentarischen Wert und hat zweifellos zur Klärung der ganzen Angelegenheit beigetragen; man könnte lediglich die Frage aufwerfen, ob das individuelle Heraustreten aus dem Verhandlungszimmer einer Behörde der geeignete Weg zur Rechtfertigung der Haltung der Erziehungsbehörden war.

Durch die Artikel von Herrn Schmid-Ammann glaubte nun die Fakultät in ein ungünstiges Licht gerückt worden zu sein und vor allem die endlich erreichte interne Einigung wieder zu verlieren, was im Hinblick auf den bevorstehenden Eintritt eines neuen Kollegen doppelt unangenehm wäre. Sie hat sich deshalb entschlossen, eine eigene Erklärung zur Sache zu verfassen. Wir hoffen, daß damit eine nicht in allen Teilen erfreuliche Diskussion *zum Abschluß kommt* und auch die Befürchtungen jener zerstreut werden, die die gerechte Vertretung der kirchlichen Richtungen bedroht sahen. Es gehört zum Wesen der evangelischen Volkskirche, daß sie nicht einförmig einer bestimmten theologischen Schule verpflichtet ist; eines der Mittel, um eine gefährliche Uniformität zu verhindern, ist die überzeugende wissenschaftliche Qualität ihrer Vertreter an der Hochschule, auf die ihr Hauptaugenmerk zu richten das Recht und die Pflicht der Erziehungsbehörden war.

Die Theologische Fakultät der Universität Zürich teilt mit:

Zu der in verschiedenen Zeitungen geführten Diskussion über die Wiederbesetzung der Lehrstühle an der Theologischen Fakultät wollte diese keine Stellung nehmen, bevor die Wahl durch den Regierungsrat erfolgt war. Die Fakultät weiß sich darin völlig einig, daß mit Herrn Dr. Hans Conzelmann ein *sehr tüchtiger Neutestamentler* für unsere Universität gewonnen worden ist.

Zur Vorgeschichte hält sie folgendes fest: In einer Körperschaft, in der jeder seine Meinung frei vertreten kann, ist es fast selbstverständlich, daß die Urteile nicht immer übereinstimmen. Es ist aber festzustellen, daß sich die Fakultät immer wieder zu *einstimmigen Gutachten* gefunden hat.

Auf der einen Seite haben einige Glieder der Fakultät zwar von Anfang an erklärt, daß es ihnen – schon im Blick auf andere gut ausgewiesene junge Neutestamentler, die den normalen Weg über Promotion und Habilitation gegangen sind – unmöglich sei, der Wahl eines Kandidaten zuzustimmen, von dem keine umfangreichere Publikation vorliege. Sie haben aber die wissenschaftliche Qualifikation des vorgeschlagenen Pfarrers und Kantonsschullehrers im übrigen durchaus anerkannt, indem sie keinen Gegenvorschlag machten, sondern nur im Gutachten ihre Stimmenthaltung anmerkten. Die Tendenz zur Unterdrückung einer theologischen Richtung war in der Fakultät nie vorhanden.

Auf der andern Seite haben sich auch diejenigen Glieder der Fakultät, die hinter diesem Vorschlag standen, für andere Möglichkeiten offen gezeigt. So hat die Fakultät zunächst in voller Einheit Herrn Professor Dr. Dinkler vorgeschlagen. Leider hat dieser die zunächst erfolgte Annahme der Wahl nachträglich wieder zurückgezogen. Er hat dies sowohl offiziell als auch privat allen Mitgliedern der Fakultät gegenüber einzig mit der ihm erneut dringlich gewordenen Aufgabe in Amerika und mit einer Krankheit, die damals sehr gefährlich zu werden schien, begründet.

Erst nach dieser Absage hat die Fakultät (unter Stimmenthaltung zweier Mitglieder) den genannten Pfarrer vorgeschlagen. Sie hat sich dabei gestützt auf seine Tätigkeit als Religionslehrer an der Kantonsschule und als bewährtes Mitglied der Konkordatsprüfungsbehörde sowie auf das Urteil der Herren Professoren Baumgartner, Bultmann und Köhler. Im gleichen Sinne hat sich Herr Professor Rich auf Anfrage der Erziehungsbehörde geäußert. Dieses Urteil bestätigte sich in einer sehr guten und von allen anerkannten Durchführung einer Vorlesung und eines Seminars auf einem zentralen Gebiet der neutestamentlichen Wissenschaft. Wenn vier von ihr genannte Ausländer zunächst nicht vorgeschlagen wurden, dann deswegen, weil man einen Dozenten zu gewinnen hoffte, der mit unserer Volkskirche schweizerischer Prägung verbunden ist und sich ihr verpflichtet weiß. Als dieser Vorschlag *von den Behörden zurückgewiesen* wurde, hat die Fakultät erklärt, ihre Stellung zu dem zuerst vorgeschlagenen Kandidaten nicht ändern zu können, hat aber einstimmig gemäß § 37 der Universitätsordnung noch *zwei weitere Nominationen* aufgestellt. Auf Grund dieses Vorschlages wurde Herr Dr. Conzelmann gewählt.

> Die Fakultät stellt fest, daß es sich bei allen Beratungen *weder um Richtungskämpfe noch um politische Machinationen* gehandelt hat. Der zuerst vorgeschlagene ostschweizerische Pfarrer ist nicht Mitglied einer kirchlichen Richtungsorganisation. Daß diese Dinge in der Oeffentlichkeit diskutiert worden sind, bevor die Wahl vollzogen war, *bedauern* alle Glieder der Fakultät. Denn wenn der Gang der Verhandlungen in Fakultät und Erziehungsbehörden, insbesondere auch Nominationen, in die Oeffentlichkeit getragen werden, ist eine freie Meinungsbildung unmöglich. Vertrauliche Gutachten sind dann nicht mehr erhältlich, und es besteht die Gefahr, daß sich Kandidaten nicht mehr zur Verfügung stellen. Die ganze Fakultät, nicht nur ihre einzelnen Gruppen, hat alles Interesse daran, für die Besetzung der Lehrstühle *ausgezeichnete Kräfte* zu gewinnen. Die Theologische Fakultät hat sich bisher in diesem Sinne bemüht und wird es künftig auch nicht anders halten.[70]

Am 6. Juli 1955 wurde der Theologischen Fakultät auf Antrag des damaligen Dekans Eduard Schweizer ein Assistent gewährt, der zwei Aufgaben übertragen bekam: Er war für die Seminarbibliothek und Anfängerübungen im Theologiestudium zuständig. Die Stelle wurde mit Hanns Walter Huppenbauer besetzt, der aber schon nach eineinhalb Jahren aus finanziellen Gründen ins Pfarramt nach Klosters wechselte, seine Dissertation aber fertigstellte;[71] von der Basler Mission beauftragt, wirkte er dann als Dozent am Trinity College der Ghana Presbyterian Church (1964–1970) und wurde später Zentralsekretär der Kooperation Evangelischer Kirchen und Missionen (KEM). Auf ihn folgte als Assistent Wolf Hönig, ein Doktorand bei Victor Maag, bis er 1960 die Fakultät verliess und verschiedene Aufgaben in Wirtschaftsunternehmen übernahm. Sein Nachfolger wurde Hannes Meier, der bei Rich eine Dissertation über Hermann

[70] NZZ vom 15. September 1954 (Nr. 2244), Blatt 2.
[71] Huppenbauer 1959.

Kutter begann, aber nie abschloss; er wirkte dann als Pfarrer in Niederlenz und an der Pauluskirche in Zürich. Auf ihn folgte Christof Werner, der sich in der Praktischen Theologie über Kirchenbauten habilitierte.

In den nachfolgenden Jahren kamen einige weitere Stellen hinzu. Zunächst sprach der Regierungsrat der Theologischen Fakultät zwei weitere Assistentenstellen zu,[72] eine für Gerhard Ebeling und eine für Eduard Schweizer: erstere wurde mit Thomas Bonhoeffer besetzt, letztere mit Werner Kramer. Thomas Bonhoeffer wurde 1961 mit einer systematisch-theologischen Arbeit promoviert, habilitierte sich dann aber 1966 in Praktischer Theologie. Von 1973 bis 1996 hatte er eine Professur für Pastoralpsychologie an der Evangelisch-theologischen Fakultät der Ruhr-Universität Bochum inne. Später wurde in einer Fakultätssitzung der Antrag für noch einmal zwei zusätzliche Assistenten neben den vorhandenen drei beschlossen:

> Einer betreut das theologische Seminar, einer ist Prof. Ebeling […] bei seiner Berufung in Zürich bewilligt worden und einer steht ausschliesslich Professor Schweizer zur Verfügung (anlässlich seiner Ablehnung eines Rufes in die USA). Die Theologische Fakultät ersucht um Bewilligung von zwei weitern Assistentenstellen für die übrigen Dozenten, nämlich einen Assistenten für die Professoren Maag und Wildberger (Altes Testament und Religionsgeschichte) und einen Assistenten für die Professoren Rich (Dogmatik, Ethik, Praktische Theologie) und Blanke (Kirchengeschichte und Dogmengeschichte). Diese vier Dozenten haben jeder ein sehr umfangreiches Lehr- und Forschungsgebiet zu bewältigen, sodass es gerechtfertigt ist, sie durch die Bereitstellung von Assistenten zu entlasten. Die Assistentenstellen dienen zugleich der Förderung des dringend benötigten akademischen Nachwuchses.[73]

[72] Beschlüsse vom 25. Juni 1959 und 25. Februar 1960.

[73] Protokoll der Fakultätssitzung vom 21. Juli 1961.

Diese Stellen wurden bewilligt, und damit wurden die Assistentenstellen in allen Disziplinen zur Regel. Die erste Doppelassistenz für Maag und Wildberger hatte Hans Heinrich Schmid inne, nach ihm bekam jede Professur einen eigenen Assistenten, Hans Heinrich Müri und Felix Mathys bei Wildberger, Fritz Stolz bei Maag. Der erste Assistent für Rich und Blanke war Walter J. Hollenweger (geboren 1927), der 1966 bei Blanke promovierte und von 1965 bis 1971 als Exekutivsekretär beim Ökumenischen Rat der Kirchen in Genf wirkte. Von 1971 bis 1989 lehrte Hollenweger als Professor für Interkulturelle Theologie und Missionswissenschaft in Birmingham und erzielte eine weltweite Ausstrahlung. Ab 1962 hatten Blanke und Rich je einen eigenen Assistenten, bei Rich arbeitete Hansjörg Jäger.[74]

Mit Robert Barth hatte die Fakultät von 1978 bis 1984 einen eigenen Assistenten bzw. später Oberassistenten für die Verwaltung des Seminars. Barth war dann ab 1987 Leiter der Hauptbibliothek Zürich-Irchel und ab 1988 Direktor der Stadt- und Universitätsbibliothek Bern, bevor er 2005 zum Professor für Bibliothekswissenschaft an der Hochschule für Technik und Wirtschaft in Chur berufen wurde. 2012 wurde er emeritiert. Nach seinem Weggang von der Fakultät (1984) folgte ihm in dieser Funktion Peter Schulthess nach, der 1995 Professor für Theoretische Philosophie an der Universität Zürich wurde. Er war Wissenschaftlicher Abteilungsleiter, aber auch für die Lehre in der Philosophie zuständig. Auf ihn folgte Alois Rust, ebenfalls Philosoph, der dieses Amt seit 1995 innehat.

In das Jahr 1962 fiel die universitätsweite Reduktion der Lehrverpflichtung der Professoren (von 8–12 auf 6–10 Vorlesungsstunden),[75] die auch heute noch gilt. 1964 wurden die innerfakultären Sprachprüfungen für Latein, Griechisch und Hebräisch bei den Theologen eingeführt.[76]

Nachdem Conzelmann 1960 nach Göttingen gewechselt hatte, wurde 1961 Siegfried Schulz (1927–2000) als Extraordinarius auf dessen Lehrstuhl berufen. Er hatte in Wuppertal, Tübingen und Kiel

[74] Für diese Auskünfte danke ich Prof. Dr. Werner Kramer.

[75] Stadler 1983, 105. [76] Peyer 1983, 121.

Theologie studiert und war 1953 mit einer Arbeit über die Menschensohn-Christologie des Johannesevangeliums promoviert worden. 1957 habilitierte er sich in Erlangen mit einer Untersuchung über die Komposition und Herkunft der johanneischen Reden. Aufgrund eines Rufes nach Deutschland wurde er 1964 zum Ordinarius befördert. Er wirkte an der Universität Zürich bis zu seiner vorzeitigen Emeritierung im Jahr 1987.[77] Er verfolgte eine streng sachkritische Auslegung der neutestamentlichen Schriften und unterschied theologisch prägnant – und gleichzeitig historisch anachronistisch – zwischen frühprotestantischen und frühkatholischen Positionen im Neuen Testament.

Eine Hochblüte erlebte die Theologische Fakultät als Folge der Berufung Gerhard Ebelings nach Zürich (November 1955).[78] Eduard Woldemar Gerhard Ebeling, genannt Gerhard Ebeling – Eduard und Woldemar waren die Vornamen der beiden Grossväter –, wurde am 6. Juli 1912 in Berlin-Steglitz geboren.[79] Er war stark von seinem Vater Martin Adolf Ebeling beeinflusst, der als Lehrer für Deutsch und Evangelische Religionslehre an der Mittelschule in Steglitz wirkte und sich zeitlebens auf den Gebieten von Theologie und Literatur fortbildete.[80] Nach dem Gymnasium in Steglitz begann Gerhard Ebeling 1930 das Theologiestudium in Marburg. Dort prägten ihn Rudolf Bultmann und der Privatdozent Wilhelm Maurer, der ihn an Luthers Denken heranführte. 1932 studierte Ebeling für ein Semester in Berlin und wechselte im Herbst desselben Jahres nach Zürich, wo er Veranstaltungen vor allem bei Ludwig Köhler belegte,[81] aber auch bei Emil Brunner, wo er wöchentlich zum Mittagessen war,[82] und bei Fritz Blanke.[83] Walter Guts systematisch-theologisches Seminar empfand er dagegen als «sehr dünn».[84] Zürich hinterliess einen tiefen Eindruck bei ihm, nicht zuletzt aufgrund neuer oder intensivierter Freundschaften, die er über Pfingsten 1933 auf einer Fahrradtour über die Alpenpässe an den Comer- und Luganer-

77 Vollenweider 2000. 78 Beutel 2012, 208. 79 A.a.O., 2–3.
80 Ebeling 2006, 6. 81 Beutel 2012, 20. 82 Ebeling 2006, 10.
83 Beutel 2012, 21. 84 A.a.O., 23.

see und wieder zurück pflegte.[85] Ebeling verliess Zürich, nachdem er sich heimlich mit seiner späteren Frau Kometa Richner, einer Violinistin, verlobt hatte.[86] Im Wintersemester 1933/1934 studierte er wieder in Berlin, wo er als Mitglied der Bekennenden Kirche von der Gestapo einmal verhört wurde.[87] Im Mai 1935 trat er sein Vikariat in Crossen an der Oder an und wurde im Oktober als Vikar nach Fehrbellin überstellt. Von 1936 bis 1937 besuchte er das Predigerseminar in Finkenwalde, wo er Dietrich Bonhoeffer begegnete.

Bonhoeffer unterstützte Ebeling in seinen Plänen, eine akademische Laufbahn einzuschlagen. Es gelang ihm, Ebeling für ein Jahr wissenschaftliche Tätigkeit in Zürich freizustellen. Bonhoeffer schrieb dazu an den zuständigen Pfarrer Heinrich Albertz, nicht zuletzt im Blick auf die damaligen unterschiedlichen theologischen Prägungen Basels (Karl Barth) und Zürichs: «Übrigens: Die Befürchtung eines zu starken Einflusses Brunners ist bei der Selbständigkeit Ebelings nicht nötig».[88] Von 1937 bis 1938 entstand dann in Zürich Ebelings Dissertation zu Luthers Evangelienauslegung, mit Fritz Blanke als Erstgutachter und Emil Brunner als Zweitgutachter. Das Werk konnte aufgrund der Kriegsumstände erst 1942 publiziert werden, erlebte dann aber mehrere Neuauflagen (1962, 1966, 1969, 1991). Die Beschäftigung mit Luther, mit seiner Theologie und Hermeneutik, zog sich wie ein roter Faden durch das akademische Wirken Ebelings.[89] Er sagte einmal in einem Interview, dass eigentlich nur ein theologischer Lehrer ihn entscheidend geprägt habe: Luther.[90]

Von 1939 bis 1945 wirkte Ebeling als Pfarrer der Bekennenden Kirche in Berlin. Am 23. Mai 1939 hatte er Kometa Richner in Zürich geheiratet; der am 3. Mai 1940 frühgeborene Sohn Martin verstarb am 29. Mai 1940. Obwohl Ebeling als Geistlicher zunächst von der Militärpflicht befreit war, hatte er ab 1941 als Sanitäter Dienst zu leisten. Während seiner Abwesenheiten in der Gemeinde sprang oft

[85] Ebeling 2006, 10. [86] Beutel 2012, 2 Anm. 123.
[87] Ebeling 2006, 15. [88] A.a.O., 23.
[89] Bühler 2001. [90] Beutel 2012, 11.

sein Vater für ihn ein, der sich zu diesem Zweck eigens hatte ordinieren lassen.[91]

Gerhard Ebeling

Nach dem Krieg trat Ebeling auf Vermittlung Helmut Thielickes in Tübingen eine Assistentenstelle bei dem dortigen Kirchenhistoriker Hanns Rückert an. Nach seiner Habilitation (1946) mit dem Titel «Die reformatorische Bewegung am Ort der Reichsregierung in den Jahren 1522 bis 1524»[92] erreichten ihn zwei Rufe nach Mainz und Bonn; Ebeling entschied sich jedoch für den Verbleib in Tübingen, wo er als Extraordinarius für Kirchengeschichte für 10 Jahre lehrte und forschte und sich vom «jüngsten zum bedeutungs- und einflußreichsten Mitglied der Fakultät» entwickelte.[93] Anfragen und Rufe aus Jena, Berlin und Göttingen (1954 und 1955) lehnte Ebeling ebenfalls ab. Eine informelle Kontaktaufnahme aus Zürich schien es schon 1953 gegeben zu haben, und zwar bezüglich der Nachfolge Emil Brunners;[94] diese wurde dann aber – da auch die Praktische Theologie mitzuvertreten war – mit einem Schweizer, nämlich Arthur Rich, besetzt. Die Berufung nach Zürich, die sich offenbar vor allem dem Wunsch einer räumlichen Trennung von Hanns Rückert verdankte,[95] gelang dann 1955. Mit dem Wechsel nach Zürich, wo Ebeling zum Nachfolger von Walter Gut bestimmt wurde, fand auch der 1954 eingeleitete Disziplinenwechsel in die Systematische Theologie seinen Abschluss.[96]

Ebeling trat seine Professur in Zürich zum Sommersemester 1956 an. In den sechziger Jahren stiegen die Studierendenzahlen der Zürcher Fakultät deutlich an, was der damalige Dekan Fritz Blanke als

[91] Beutel 2012, 67. [92] A.a.O., 109–112. [93] A.a.O., 129, 154.
[94] A.a.O., 207 Anm. 545. [95] A.a.O., 210. [96] A.a.O., 271.

Folge der Berufung Ebelings interpretierte.[97] Im Sommer 1960 erhielt Ebeling einen Ruf aus Mainz, 1961 einen aus Marburg,[98] die er zugunsten des Verbleibs in Zürich ausschlug; gleichzeitig ermöglichten sie (im Zuge der Bleibeverhandlungen) die Gründung des «Instituts für Hermeneutik». 1964 erreichte Ebeling ein Ruf aus Tübingen, den er zunächst ablehnte – offenbar aus einer gewissen Müdigkeit aufgrund der Entscheidungsfindung bezüglich Mainz und Marburg in den voraufgehenden drei Jahren[99] –, in einem zweiten Anlauf dann aber annahm.

Ab 1966 – nachdem Ebeling dem Ruf aus Tübingen gefolgt war – wirkte Eberhard Jüngel, geboren 1934, als Ordinarius für Systematische Theologie an der Theologischen Fakultät. Er hatte in Naumburg und Berlin Theologie studiert; in Berlin wurde Ernst Fuchs (1903–1983) sein prägender Lehrer. 1957 hielt er sich (aus Sicht der DDR: illegal) für ein Semester in Zürich und Basel auf, wo er Gerhard Ebeling und Karl Barth begegnete. Jüngel wurde 1961 mit einer Arbeit zu «Paulus und Jesus», die in mehreren Auflagen publiziert wurde, zum Dr. theol. promoviert und lehrte von 1962 bis 1966 als Dozent am Sprachenkonvikt in Berlin. 1969 wurde er von Zürich nach Tübingen berufen, wo er bis zu seiner Emeritierung 2003 forschte und lehrte.

Jüngel kann als einer der profiliertesten Sachwalter von Karl Barths theologischem Erbe gelten. Er war ein leidenschaftlicher Lehrer, der seinen Studierenden auch viel abverlangte. Das Protokoll einer Fakultätssitzung etwa hält fest: «Prof. Jüngel gibt bekannt, dass seine Sozietät regelmässig vier Stunden dauert und nur auf Wunsch der Kanzlei zweistündig angekündigt wird.»[100]

In Zürich setzten sich indes die Praktologen Walter Bernet und Robert Leuenberger für die Rückkehr Ebelings ein, indem sie die Schaffung eines Spezialllehrstuhls für «Fundamentaltheologie und Hermeneutik» in die Wege leiteten.[101] In Tübingen schien Ebeling

[97] Beutel 2012, 221. [98] A.a.O., 291.

[99] Ebeling 2006, 63–64.

[100] Protokoll der Fakultätssitzung vom 4. Mai 1968, 360.

[101] Ebeling 2006, 64–65; Beutel 2012, 341.

die 68er Bewegung zugesetzt zu haben;[102] innerhalb von nur sechs Wochen entschied er sich für die Annahme des Zürcher Angebots, und so trat er seine letzte akademische Wirkungsstätte an. Offenbar strebte er Mitte der siebziger Jahre den Erwerb der Schweizer Staatsbürgerschaft an, da diese ausser ihm alle in seiner Familie besassen, doch liess er diese Initiative dann wieder ruhen.[103] In den siebziger Jahren arbeitete Ebeling an seiner grossen, dreibändigen «Dogmatik des christlichen Glaubens», die im Jahr seiner Emeritierung, 1979, erschien.[104] Auch danach widmete sich Ebeling ganz der Theologie, bis ein Unfall 1999 eine Heimeinweisung nötig machte. 2001 verstarb er.

[102] Beutel 2012, 343. [103] A.a.O., 348. [104] Ebeling 1979.

Die Einrichtung einer eigenständigen Praktischen Theologie an der Theologischen Fakultät

Das Fachgebiet der Praktischen Theologie war an der Theologischen Fakultät seit ihrer Gründung 1833 präsent. Da sich die Gründer der Universität in geistiger Hinsicht an der Berliner Universität orientierten, die ein knappes Vierteljahrhundert zuvor gegründet worden war, sollte das Fach der Praktischen Theologie auch an der Theologischen Fakultät in Zürich seinen Ort haben, ganz im Sinne Friedrich Schleiermachers, der als Begründer dieses Faches gilt. Es wurde vertreten durch Salomon Hess, Alexander Schweizer, Paul Christ, Arnold Meyer, Leonhard Ragaz, Ludwig Köhler, Emil Brunner und Arthur Rich, doch hatten die Dozierenden neben der Praktischen Theologie jeweils noch ein anderes Fachgebiet zu vertreten, das in der Regel auch ihre Hauptdisziplin war. 1950 entschloss sich die Fakultät, Ernst Frick (1894–1963), den späteren Kirchenratspräsidenten, als nebenamtlichen Extraordinarius mit beschränkter Lehrverpflichtung für Praktische Theologie zu berufen. Er versah dieses Amt bis 1956. Nach seinem Rücktritt und den Emeritierungen von Köhler und Brunner war nur noch Arthur Rich für die Praktische Theologie zuständig; es wurde deutlich, dass das Fach einer eigenständigen Vertretung bedurfte. Das Protokoll des Regierungsrats hielt fest:

> Mit Regierungsratbeschluss Nr. 815 von 25. Februar 1960 wurde an der Theologischen Fakultät ein Extraordinariat für Praktische Theologie geschaffen. Die Theologische

> Fakultät führt in ihrem Gutachten über die Besetzung des Lehrstuhls aus, dass es im Wesen der spezifischen Aufgaben dieses Lehrstuhles liege, dass der Inhaber über eine besondere Vertrautheit mit dem Leben der schweizerischen Landeskirchen verfügen müsse. Es kommen deshalb ernstlich nur Schweizer als Anwärter in Frage.[1]

Im Zuge des Besetzungsverfahrens kristallisierte sich eine Dreierliste heraus, die die Namen Walter Bernet, Rudolf Bohren und Lukas Vischer umfasste. Die Fakultät entschied sich für den Volketswiler Pfarrer Walter Bernet, dies aufgrund der «Weite der Interessen» und seines Schwerpunkts in der «Religionspsychologie», die seit Walter Gut nicht mehr vertreten war.

Bernet (1925–2000) wuchs in Thalwil auf, als Sohn des Chefs der Spedition in der Seidenweberei Heer & Cie. Nach der Matur entschloss er sich zum Theologiestudium, angeregt vor allem durch seinen Gemeindepfarrer und Konfirmator. In Zürich studierte er hauptsächlich bei Walter Gut, was sein lebenslanges Interesse an der Verbindung von Theologie, Psychologie und Medizin weckte. Seine Dissertation aus dem Jahr 1953 behandelte, in Auseinandersetzung mit C.G. Jung, das Problem der religiösen Erfahrung.[2] Von 1953 bis 1961 wirkte er als Pfarrer in Volketswil (Kanton Zürich); einer seiner Vikare war der nachmalige Alttestamentler Hans Heinrich Schmid. Walter Bernet übte verschiedene Ämter an der Fakultät aus: er war Dekan, von 1965 bis 1979 einer der Leiter des Instituts für Hermeneutik und amtierte 12 Jahre lang als Vorsteher des Theologischen Seminars.[3] Er war ein ausserordentlich kritischer Denker und gehörte zu den wenigen Theologen, die die Religionskritik Sigmund Freuds aktiv und positiv rezipierten: Die Theologie muss den Vorwurf an die Religion, eine Illusion zu sein, über weite Strecken hin akzeptieren und ihm kritisch entgegenwirken. Wann immer infantile Wünsche oder Behaglichkeiten ihren Weg in die Religion und Theologie finden, sind sie zu identifizieren und zu verabschieden.

[1] Protokoll des Regierungsrats vom 8. Juni 1961.
[2] Bernet 1955. [3] Kramer 2000.

Robert Leuenberger

Einen guten Einblick in Bernets Denken bietet das kleine Büchlein «Das Gebet»,[4] das das traditionelle christliche Gebet als kritisches Nachdenken über die eigene Endlichkeit und Begrenztheit reinterpretiert. Walter Bernet wurde 1990 emeritiert.

Robert Leuenberger (1916–2004) wuchs in einem Dorf im Kanton Bern fernab eines Gymnasiums auf. In der Sekundarschulzeit wurde er vom Dorfpfarrer zusätzlich in Latein und Griechisch unterrichtet. Er studierte von 1937 bis 1945 Germanistik und Geschichte in Bern und Zürich und promovierte 1948 zum Dr. phil., allerdings zu einem theologienahen Thema: «Die Bibel in der deutschen Predigt des Mittelalters». Von 1946 bis 1957 wirkte er als Gymnasiallehrer in Biel; gleichzeitig studierte er Theologie in Basel und Zürich. 1964 erfolgte die Promotion zum Dr. theol. sowie die Habilitation. Im Rückblick interpretierte Leuenberger die Doppelqualifikation als Dr. phil. und Dr. theol. als «bilinguisme» besonderer Art.[5] Er wirkte als Studentenseelsorger und war der Leiter der Kirchlich-theologischen Schule (KTS), die jungen Erwachsenen ohne Maturität – wie das bei ihm selbst der Fall gewesen war – den Weg zum Theologiestudium öffnen sollte. 1965 wurde er zum ordentlichen Professor für Praktische Theologie an der Universität Zürich berufen, wo seine Schwerpunkte in der Religionspädagogik und der Pastoraltheologie lagen. Von 1974 bis 1976 amtierte er als Rektor, 1983 wurde er emeritiert. Er erhielt von der Universität Genf die Würde

[4] Bernet 1970.
[5] Kramer 2004, 25.

eines Ehrendoktors der Theologie.[6] Einer seiner Söhne ist der ehemalige Bundesrat Moritz Leuenberger.

Robert Leuenbergers Nachfolger wurde Werner Kramer (geb. 1930). Nachdem er am Evangelischen Lehrerseminar in Zürich-Unterstrass das Primarlehrerpatent erworben hatte (1951), arbeitete er zunächst als Primarlehrer in Wila (bis 1954) und nahm dann das Theologiestudium in Zürich auf. Nach Abschluss des Studiums (1959) und dem Vikariat in Bassersdorf (1960) war er Assistent bei Eduard Schweizer (1960–1962) und promovierte mit einer neutestamentlichen Arbeit über die Anfänge der Christologie.[7] Er amtierte als Direktor des Seminars Unterstrass (1962–1984), war Mitglied des Gemeinderats der Stadt Zürich (1970–1972) und amtierte als Kirchenrat mit dem Ressort Unterricht und Jugendfragen (1972–1983). 1984 wurde er auf eine Professur für Praktische Theologie berufen. Zunächst hatte er das ganze Gebiet der Disziplin zu vertreten, ab 1990 (bis zu seiner Emeritierung 1997) die Schwerpunkte Homiletik, Liturgik und Pastoraltheologie. 1995 erhielt er von der Theologischen Fakultät Cluj/Klausenburg die Ehrendoktorwürde. Von 1986 bis 2000 war er Mitglied der Konkordatsprüfungsbehörde, ab 1995 amtierte er als deren Präsident. Von 1989 an engagierte er sich als Präsident bei der Gesellschaft Minderheiten in der Schweiz, deren Ehrenpräsident er 2008 wurde.

Als Nachfolgerin Bernets wurde 1990 Susanne Heine gewählt. 1942 in Prag geboren, studierte sie Evangelische Theologie und Philosophie in Wien und Bonn. Nach dem Abschluss ihres Studiums in Wien (1966) und des Vikariats (1968) wurde sie ordiniert. Von 1968 bis 1979 arbeitete sie als Assistentin am Institut für Neutestamentliche Wissenschaft in Wien. 1973 wurde sie mit einer neutestamentlichen Arbeit promoviert, 1978 erfolgte die Habilitation für Religionspädagogik. Von 1978 bis 1982 war sie Dozentin am Institut für Praktische Theologie, 1982 wurde sie zur Extraordinaria und zum Institutsvorstand am damals neu gegründeten Institut für Religionspädagogik der Evangelisch-theologischen Fakultät der Universität Wien befördert. 1990 erreichte sie der Ruf nach Zürich, wo sie sich

[6] Kramer 2004. [7] Kramer 1963.

besonders auch dem Forschungsgebiet ihres Vorgängers, der Religionspsychologie, zuwandte.[8] Im Jahr 1996 bekam sie einen Ruf an ihre Heimatuniversität in Wien, den sie annahm. Sie wurde 2007 emeritiert und erhielt im selben Jahr den Wilhelm Hartel-Preis der philosophisch-historischen Klasse der Österreichischen Akademie der Wissenschaften.

[8] Heine 2005.

III. Gegenwärtige Strukturen und Aktivitäten

Das Institut für Hermeneutik

Im Gefolge seiner Rufe nach Mainz und Marburg hatte sich Ebeling ein eigenes Institut in Zürich ausbedungen, das Institut für Hermeneutik, das am 12. April 1962 in den Räumlichkeiten an der Plattenstrasse 26 seinen Betrieb aufnahm, bevor es über die Rämistrasse 64 an seinen jetzigen Sitz an der Kirchgasse 9 kam.[1] Dieses Institut sollte laut Antrag Ebelings an den Regierungsrat «der Sammlung, Förderung und Auswertung aller Forschung dienen, die die Lehre von Verstehen und Auslegen betrifft, soweit sie direkt oder indirekt die Theologie angeht.» Die erwarteten Leistungen des Instituts sind laut Regierungsratsbeschluss:

- Sammlung und Bereitstellung der wichtigsten hermeneutischen Literatur
- Erarbeitung einer möglichst umfassenden hermeneutischen Bibliographie
- regelmässige Durchführung hermeneutischer Übungen oder Seminare, unter Beteiligung verschiedener Disziplinen
- Veranstaltung von Kolloquien mit Dozierenden anderer Fakultäten sowie von Gastvorlesungen
- gelegentliche Organisation von Ferienseminaren

Die Leitung soll nicht mit einem bestimmten Lehrstuhl der Theologischen Fakultät verknüpft sein, sondern je nach Zusammensetzung des Lehrkörpers dem daran am stärksten interessierten Mitglied übertragen werden. Zwar stammten die meisten Mitglieder der Lei-

[1] Stadler 1983, 242.

tung aus der Systematischen Theologie (Gerhard Ebeling, Eberhard Jüngel, Hans Friedrich Geisser, Walter Mostert, Pierre Bühler, Ingolf Dalferth und Christiane Tietz), doch auch Vertreter der Praktischen Theologie (Walter Bernet) und der Neutestamentlichen Wissenschaft (Hans Weder und Jean Zumstein) waren in die Leitung eingebunden. Seit 1998 wurde das Aufgabengebiet des Instituts – entsprechend eines Arbeitsschwerpunkts von Ingolf Dalferth – um die Religionsphilosophie erweitert und heisst seither «Institut für Hermeneutik und Religionsphilosophie». Das Institut verfügt über eine Oberassistenz, die zunächst von Hans Jürgen Luibl, dann von Philipp Stoellger (2001–2007, danach Professor in Rostock und in Heidelberg) und Andreas Hunziker (2007–2015) wahrgenommen wurde; gegenwärtig wird sie durch Andreas Mauz versehen. Mit der Bologna-Reform führte die Theologische Fakultät im Jahr 2010 ausserdem die Nebenfächer «Hermeneutik» und «Religionsphilosophie» ein. Besonders die Angebote in Hermeneutik stossen auf regen Zuspruch von Studierenden auch aus der Philosophischen Fakultät.

Nachdem sich Ebeling aus dem akademischen Lehramt zurückgezogen hatte, wurde sein langjähriger Assistent und Mitarbeiter Walter Mostert sein Nachfolger. Mostert, geboren am 10. Juni 1936 als Sohn eines Textilingenieurs in Wuppertal, besuchte ab 1947 das altsprachliche Wilhelm-Dörpfeld-Gymnasium und legte 1956 sein Abitur ab. Er studierte Theologie in Bonn, Göttingen und Zürich (1956–1962). In Gerhard Ebeling, dessen Zusammenspiel von historischem und systematischem Arbeiten ihn faszinierte, fand er seinen theologischen Lehrer, bei dem er promovieren wollte. Als dessen Assistent folgte ihm Mostert an die Theologische Fakultät nach Tübingen (1966) und kehrte mit ihm wieder an die Universität Zürich zurück (1969). Hier schloss er 1974 seine Dissertation ab und wurde 1976 mit einer historischen und dogmatischen Untersuchung über das Motiv der Inkarnation des Gottessohnes bei Thomas von Aquin habilitiert.[2] 1980 wurde Mostert, zunächst als Extraordinarius, Ebelings Nachfolger auf dem Lehrstuhl für Systematische Theologie mit besonderer Berücksichtigung der Fundamentaltheologie und Her-

[2] Mostert 1978.

meneutik. 1986 wurde er zum ordentlichen Professor und gleichzeitig zum Leiter des Instituts für Hermeneutik ernannt. Von 1988 bis 1990 war er Dekan der Theologischen Fakultät. 1994 erkrankte Mostert an Leukämie; er starb am 4. März 1995 im Alter von nur 58 Jahren.

Sein Nachfolger wurde Pierre Bühler, geboren 1950 in Tramelan. Er studierte Evangelische Theologie und Philosophie in Lausanne und Zürich. 1974 wurde er ordiniert. Im gleichen Jahr trat er eine Assistenzstelle an der Theologischen Fakultät der Universität Zürich bei Gerhard Ebeling an; er promovierte bei ihm 1979 mit einer Dissertation zum Thema «Kreuz und Eschatologie»,[3] wofür er 1981 den Preis der Scheuchzer-Stiftung erhielt. 1982 wurde er Ordinarius für Systematische Theologie an der Universität Neuenburg, wo er das Institut de recherches herméneutiques et systématiques (später Institut romand d'herméneutique et de systématique) leitete. Er war Dekan der Theologischen Fakultät (1987–1989 und 1993–1995) und erhielt die Ehrendoktorwürde der Faculté libre de théologie protestante von Montpellier (1996). Von 1997 bis zu seiner Emeritierung 2015 wirkte Bühler als Ordinarius für Systematische Theologie, insbesondere Fundamentaltheologie und Hermeneutik, an der Universität Zürich und als Ko-Leiter des Instituts für Hermeneutik und Religionsphilosophie. Von 2002 bis 2004 stand er der Theologischen Fakultät als Dekan vor, von 2006 bis 2009 präsidierte er die Schweizerische Theologische Gesellschaft.

Nachfolger von Jüngel, der nach Tübingen gewechselt hatte, wurde Hans Friedrich Geisser. Er war 1928 als ältester Sohn einer Pfarrersfamilie im deutschen Münsingen (Baden-Württemberg, Landkreis Reutlingen) geboren worden. Nach dem Gymnasium in Bad Urach studierte er Evangelische Theologie in Tübingen, wo er Stiftler war, und in Göttingen. 1962 wurde er in Tübingen mit einer theologiegeschichtlichen Arbeit zur Trinitätslehre im 19. und 20. Jahrhundert promoviert. In seiner Habilitation (1967) wandte er sich dem römisch-katholischen Theologen Johann Adam Möhler (1796–1838) zu; sie markierte für Geisser den Beginn eines lebens-

[3] Bühler 1981.

langen ökumenischen Interesses.[4] Nach der Habilitation wirkte Geisser in Bonn. 1970 wurde er an die Universität Zürich berufen, wo er den Lehrstuhl für Systematische Theologie, Dogmengeschichte und Symbolik innehatte. Er verstarb 2014, nachdem er einige Jahre zuvor von einer Strassenbahn angefahren worden war und sich seine Gesundheit zunehmend verschlechtert hatte. Einen guten Überblick über sein theologisches Denken gibt eine Aufsatzsammlung, die zu seiner Emeritierung 1993 erschien und den charakteristischen Titel «Annahme der Endlichkeit» trägt.[5]

Geissers Nachfolge trat 1995 Ingolf Dalferth an. Geboren im Jahr 1948, studierte er von 1968 bis 1977 Theologie und Philosophie in Tübingen, Edinburgh, Wien und Cambridge. Nachdem er 1977 in Tübingen promoviert wurde, wirkte er dort von 1979 bis 1986 als Assistent. 1982 habilitierte er sich mit einer Arbeit über die «Existenz Gottes».[6] Von 1986 bis 1987 hatte er eine Professur in Tübingen inne, von 1987 bis 1989 war er Hulsean Lecturer an der Universität Cambridge. Im Jahr 1990 wurde er an die Universität in Frankfurt am Main berufen. 1995 wechselte er auf die Professur für Systematische Theologie, Symbolik und Religionsphilosophie an der Universität Zürich, die er bis zu seiner Emeritierung 2013 innehatte. Entsprechend seinen Arbeits- und Interessenschwerpunkten wurde das Institut für Hermeneutik am 9. November 1998 in «Institut für Hermeneutik und Religionsphilosophie» umbenannt. Dalferth stand ihm als Direktor von 1998 bis 2012 vor. Zudem war Dalferth Fellow am Collegium Helveticum in Zürich (2004–2009), Fellow am Wissenschaftskolleg zu Berlin (2005–2006) und Bapsybanoo Marchioness of Winchester Lecturer an der University of Oxford (2008). Er war Präsident der Europäischen Gesellschaft für Religionsphilosophie (1986–1988, 1996–1998, 2004–2006) und Gründungspräsident der Deutschen Gesellschaft für Religionsphilosophie (1999–2008). Zudem amtierte er als Präsident der Society for the Philosophy of Religion in den USA (2015–2016). Er erhielt die Ehrendoktorwürde der Universitäten Uppsala und Kopenhagen (2005 und 2006). Dal-

[4] Geisser 1971.

[5] Geisser 1993; zu Geisser vgl. Bühler 2014.

[6] Dalferth 1984.

ferth folgte 2007 dem Ruf der Claremont Graduate University in Kalifornien und ist seither auch Danforth Professor of Philosophy of Religion; zuerst nahm er die Professur im Halbamt wahr, seit seiner Emeritierung vom Zürcher Lehrstuhl 2013 kann er sich ihr vollumfänglich widmen.

Als Nachfolgerin von Ingolf Dalferth wurde 2013 Christiane Tietz gewählt. Geboren 1967, studierte sie Mathematik und Theologie in Frankfurt am Main und in Tübingen (1986–1992). Sie war Promotionsstipendiatin zuerst der Graduiertenförderung des Landes Baden-Württemberg, dann der Studienstiftung des deutschen Volkes (1994–1997). Während ihrer Zeit als Assistentin am Institut für Hermeneutik der Universität Tübingen (1997–2006) wurde sie promoviert (1999), später habilitierte sie sich dort (2004). Sie war von 2006 bis 2008 Heisenberg-Stipendiatin der Deutschen Forschungsgemeinschaft (DFG), bevor sie 2008 als Professorin für Systematische Theologie und Sozialethik an die Evangelisch-Theologische Fakultät der Universität Mainz berufen wurde. Tietz war von 2010 bis 2013 Mitglied im Rat der Evangelischen Kirche Deutschlands (EKD), aus dem sie infolge ihrer Berufung in die Schweiz ausschied. Einer ihrer Schwerpunkte ist die Bonhoeffer-Forschung.[7]

[7] Tietz 2013.

DENKEN
NUR VERBLENDUNG,
GOETTLICHES LENKEN
ZUR VOLLENDUNG.

Das Institut für Sozialethik

Die Gründung des Instituts für Sozialethik, das zunächst an der Zürichbergstrasse domiziliert war (1964) und dann mit der Theologischen Fakultät in das Grossmünstergebäude an der Kirchgasse 9 umzog (1973), ist eng mit dem Namen Arthur Rich verbunden. Rich wurde 1910 in Neuhausen am Rheinfall geboren. Nach einer Lehre als Mechaniker setzte er sich mit dem Verhältnis von Christentum und Sozialismus auseinander. Die Begegnung mit Leonhard Ragaz gab den Ausschlag für das Theologiestudium:[1] Rich holte die Matur auf dem zweiten Bildungsweg nach und studierte von 1932 bis 1937 Theologie in Zürich und Paris, 1938 wurde er ordiniert. Der religiöse Sozialismus prägte ihn mehr als die damals im Aufstieg begriffene dialektische Theologie,[2] doch muss er als letztlich unabhängiger Theologe gelten, der sich keiner Richtung zuweisen lässt. Von 1938 bis 1947 wirkte er als Pfarrer in der Kirchgemeinde Hemmental (Kanton Schaffhausen). Die Zeit war von Auseinandersetzungen im Dorf geprägt und für den jungen Arthur Rich nicht einfach zu bewältigen.[3] Ab 1941 wirkte er am Schaffhauser Gymnasium als Religionslehrer. Seine ersten theologischen Arbeiten, noch während des Krieges, beschäftigten sich mit der Abkehr vom christlichen Antijudaismus.[4] 1947 wurde er in Zürich mit einer Arbeit über «Die Anfänge der Theologie Huldrych Zwinglis» promoviert, die Gutachten kamen von Blanke und Gut.[5]

Von 1948 bis 1954 stand er dem Lehrerseminar Schaffhausen als Direktor vor.[6] In diese Zeit fällt die intensive Auseinandersetzung mit dem Sowjetkommunismus, dessen Wurzeln und Intentionen

[1] Wolf 2009, 18. [2] A.a.O., 22.53. [3] A.a.O., 25–27. [4] A.a.O., 29–32.
[5] A.a.O., 33–36. [6] A.a.O., 27–28.

Rich anerkannte, aber in seinen Ausprägungen kritisierte. Der Antagonismus zwischen Ost und West – einige Male bereiste er auch die DDR – sowie der Kalte Krieg beeinflussten Richs Denken zeitlebens. 1952 habilitierte er sich mit einer Arbeit über Blaise Pascal und wurde 1954 – als Nachfolger Emil Brunners – zum ordentlichen Professor für Systematische und Praktische Theologie berufen.[7]

1962 erreichte Rich ein Ruf auf den neu errichteten Lehrstuhl für Evangelische Sozialethik an der Universität Bonn. Nach reiflicher Überlegung entschloss sich Rich für den Verbleib in Zürich, doch gelang es ihm, den Ruf für die Einrichtung eines eigenen Instituts für Sozialethik an der Universität Zürich zu nutzen, die die Theologische Fakultät schon 1961 beantragt hatte.[8] 1964 nahm das Institut für Sozialethik seine Arbeit auf, und Rich stand ihm bis 1977 als Direktor vor. Gemeinsam mit Franz Furger aus Luzern richtete er ab 1970 sogenannte Industrieseminare ein, in denen die angehenden Pfarrerinnen und Pfarrer sich mit der Arbeitswelt in Grossbetrieben und in der Maschinenindustrie vertraut machen konnten. 1971 entstand zudem auf Anregung Richs und unter Federführung seines späteren Nachfolgers auf dem Lehrstuhl, Hans Ruh, das Institut für Sozialethik des Schweizerischen Evangelischen Kirchenbundes (SEK) mit Sitz in Bern und Lausanne, das bis 2004 bestand und dann in das Institut für Theologie und Ethik des SEK umgewandelt wurde.[9] Fragen der Wirtschaftsethik und der politischen Ethik beschäftigten ihn in seiner Tätigkeit auf seinem Lehrstuhl bis zu seiner Emeritierung 1976; sein zweibändiges Hauptwerk zur Wirtschaftsethik, das die grundlegende Unterscheidung von «Sachgemässem» und «Menschengerechtem» einführte, erschien erst 1984 und 1990.[10] 1985 verlieh ihm die Hochschule St. Gallen (heute Universität St. Gallen) die Ehrendoktorwürde. 1992 verstarb er in Zürich.

Richs Nachfolger wurde Theodor Strohm (geb. 1933). Er hatte Evangelische Theologie in Erlangen und Göttingen studiert (1952–1956) sowie Soziologie, Nationalökonomie und Geschichte in Frankfurt am Main und Berlin (1955–1960). Nach der Promotion in So-

[7] Wolf 2009, 47–50. [8] A.a.O., 60–61. [9] A.a.O., 62–63.
[10] Rich 1984/1990.

ziologie zum Dr. phil. in Berlin (1961) wirkte er als Studienleiter im Evangelischen Studienwerk Villigst (1961–1963), danach war er Wissenschaftlicher Assistent am Institut für Christliche Gesellschaftswissenschaften der Universität Münster (1963–1969). Er wurde 1968 zum Dr. theol. promoviert und habilitierte sich im folgenden Jahr für Systematische Theologie / Christliche Gesellschaftswissenschaften. Er arbeitete als Wissenschaftlicher Rat an der Universität Heidelberg (1969–1970), wo ihn ein Ruf auf eine Professur für Systematische Theologie und Sozialethik an der Kirchlichen Hochschule Berlin erreichte, wo er dann auch als Direktor des Religionssoziologischen Instituts wirkte. 1977 wurde er zum Ordinarius für Systematische Theologie mit Schwerpunkt Sozialethik an die Theologische Fakultät der Universität Zürich berufen. In diese Zeit fällt die Schenkung der Bibliothek Emil Brunners an das Institut für Sozialethik im Wert von «rund Fr. 50 000».[11] Bereits 1982 verliess Strohm Zürich wieder und folgte einem Ruf an die Universität Heidelberg, wo er bis 1985 Professor für Praktische Theologie, Gemeindeaufbau und Diakonik sowie Leiter des Diakoniewissenschaftlichen Instituts war.

Auf Strohm folgte der gleichaltrige Hans Ruh (geb. 1933), der der letzte Doktorand bei Karl Barth gewesen und in Basel mit einer Arbeit über Zinzendorf promoviert worden war (1963). Er wirkte als Mitarbeiter der Gossner Mission in Ost-Berlin (1963–1965) und war Leiter des neugegründeten Instituts für Sozialethik des Schweizerischen Evangelischen Kirchenbundes (1971–1983). Nach seiner Habilitation an der Universität Bern (1970) war er dort ausserordentlicher Professor (1971–1983). 1983 erfolgte die Berufung zum ordentlichen Professor an der Universität Zürich und zum Direktor des Instituts für Sozialethik in Zürich, wo er bis zu seiner Emeritierung 1998 forschte und lehrte. Ruh widmete sich Themen vor allem der Wirtschaftsethik und der Umweltethik; mit seinen innovativen Ideen erreichte er ein breites Publikum.[12]

In Ruhs Amtszeit fällt die Gründung des Ethik-Zentrums der Universität Zürich (EZEN), das die Ethiklehrstühle der Theologi-

[11] Protokoll des Regierungsrats vom 17. September 1980.

[12] Ruh 1993, 1995, 2004.

schen, Philosophischen und Medizinischen Fakultät zu einer gemeinsamen organisatorischen Einheit zusammenschliesst: des Instituts für Sozialethik (Theologische Fakultät), der Abteilung Arbeits- und Forschungsstelle für Ethik des Philosophischen Seminars (Philosophische Fakultät) und des Instituts für Biomedizinische Ethik und Medizingeschichte (Medizinische Fakultät). Das Ethik-Zentrum hat seit dem Frühjahr 1995 seinen Sitz in der vom Kanton Zürich renovierten Villa Abegg (Zollikerstrasse 117), einem Gebäude nahe am Botanischen Garten, das um die Jahrhundertwende von dem Architekten Conrad von Muralt im Neorenaissance-Stil erbaut und 1962 von Carl J. Abegg dem Kanton mit der Auflage vermacht wurde, es ausschliesslich für wissenschaftliche Studien und Forschungen an der Universität zu verwenden.

Ruhs langjähriger (1971–2001) Mitarbeiter Alberto Bondolfi (geb. 1946), der sich besonders mit bio- und medizinethischen Themen beschäftigte, wurde 2001 Professor für Ethik an der Universität Lausanne. Auf ihn folgte als Oberassistent Stefan Grotefeld (geb. 1965), der 2006/2007 eine Lehrstuhlvertretung in Göttingen wahrnahm, sowie ab 2008 Christoph Ammann, der 2007 mit einer Arbeit über die Bedeutung von Emotionen für die moralische Orientierung promoviert worden war.

Ruhs Nachfolger wurde 1998 Johannes Fischer. Geboren 1947 in Altötting, studierte er Theologie und Soziologie in Marburg und Tübingen sowie Mathematik und Physik in Erlangen und Frankfurt am Main. Er war Assistent bei Eberhard Jüngel in Tübingen (1979–1984) und wurde er mit einer Arbeit über Handlungstheorie und theologische Ethik promoviert (1982). Während seiner Zeit als Pfarrer in Albstadt-Tailfingen (1984–1990) erfolgte die Habilitation in Tübingen in Systematischer Theologie mit einer Studie über den Erkenntnischarakter des christlichen Glaubens (1988). Danach war Fischer zunächst Studentenpfarrer in Stuttgart (1990–1993), bevor er 1993 auf den Lehrstuhl für Systematische Theologie an der Theologischen Fakultät der Universität Basel berufen wurde, der ab 1995 den Schwerpunkt Ethik trug. 1998 wurde er nach Zürich berufen und wirkte hier bis zu seiner Emeritierung im Jahr 2012. Er war verantwortlicher Leiter des universitären Forschungsschwerpunktes Ethik der Universität Zürich (2005–2011).

Als Geschäftsführer des universitären Forschungsschwerpunktes Ethik wirkt Markus Huppenbauer (geboren 1958 in Klosters). Er studierte Philosophie und Theologie in Zürich und wurde mit einer Arbeit zum Thema «Mythos und Subjektivität» promoviert (1990). Er leitete die Evangelische Studiengemeinschaft in Zürich (1992–1996) und war danach Mitarbeiter für Hochschulfragen der Abteilung Bildung und Gesellschaft der Evangelisch-reformierten Landeskirche des Kantons Zürich (1996–2000). Seit 1999/2000 ist er Privatdozent für Ethik an der Theologischen Fakultät in Zürich, 2006 wurde er zum Titularprofessor ernannt. Von 2000 bis 2005 wirkte er als erster Geschäftsleiter der neugegründeten Schweizerischen Studienstiftung, die derzeit von einem weiteren Privatdozenten der Theologischen Fakultät, Cla Reto Famos, geführt wird.

Als Nachfolger Fischers wurde im Jahr 2012 Richard Amesbury aus Claremont, Kalifornien, gewählt. Seine Arbeitsschwerpunkte liegen vor allem in der politischen Ethik. Er studierte an der Harvard University in Cambridge (USA) und erlangte dort 1994 den «BA in Government». An der Oxford University in Oxford (UK) erhielt er 1997 das «Diploma in Theology with a Distinction in Philosophy of Religion», 2003 wurde er an der Claremont Graduate University in Claremont (USA) promoviert. In der Folge war er als Assistant Professor an der Valdosta State University in Valdosta (USA) tätig. Von 2007 bis 2012 wirkte Amesbury als Associate Professor of Ethics an der Claremont School of Theology. 2009 absolvierte er Forschungsaufenthalte am Princeton Theological Seminary sowie an der Universität Zürich, an die er dann drei Jahre später berufen wurde.

Das Institut für Schweizerische Reformationsgeschichte

Das Institut für Schweizerische Reformationsgeschichte entstand auf Anregung von Fritz Blanke im Jahr 1964. Der Bewilligungsentscheid des Regierungsrats ist in dessen Protokoll festgehalten: «Die reformationsgeschichtliche Forschung hat in Zürich einen geschichtlich bedingten Mittelpunkt.»[1] Die Aufgaben des Instituts wurden wie folgt bestimmt: «Das Institut widmet sich der Erforschung von Humanismus, Reformation und katholischer Reform, im besonderen auf schweizerischem Gebiet». Die anfängliche Beschreibung der Schwerpunkte war noch etwas enger und nannte «Zwingliforschung, Täuferforschung und Bullingerforschung». Dabei sollten die Dimensionen gewahrt bleiben: «Es besteht nicht die Absicht, ein grosses Institut mit einem zahlreichen Mitarbeiterstab zu schaffen».

Fritz Blanke wurde zum ersten Leiter bestellt. Sein Mitarbeiter Joachim Staedtke sollte auf eine Assistenzprofessur befördert werden.[2] Er hatte 1958 in Zürich über Bullinger promoviert und bis 1963 an der Herausgabe des Bullinger-Briefwechsels mitgearbeitet; im selben Jahr wurde er Oberassistent am Theologischen Seminar. Der Antrag wurde jedoch nicht eingereicht, da Staedtke einen Ruf auf eine Professur in Erlangen bekam[3] und annahm, obwohl die Zürcher Fakultät ihn dazu bewegen wollte, sich auf den Antrag eines Extraordinariats in Zürich einzulassen.

[1] Protokoll des Regierungsrats vom 17. September 1964.

[2] Gemäss Antrag vom 13. Juni 1964.

[3] Am 17. September 1964.

Nach Blankes Emeritierung folgte ihm in seiner Funktion als Institutsleiter Fritz Büsser nach.[4] Er war 1923 geboren worden und verbrachte die ersten Schuljahre in Glarus. Er studierte in Zürich zunächst Musik und Geschichte und wurde 1947 mit einer Arbeit über «Calvins Urteil über sich selbst» promoviert. In den folgenden vier Jahren arbeitete er als Assistent am Historischen Seminar und studierte gleichzeitig Theologie. 1955 wurde er als Pfarrer nach Bülach gewählt.[5] 1965 habilitierte er sich über «Das katholische Zwingli-Bild von der Reformation bis zur Gegenwart». 1966 erfolgte seine Berufung zum Extraordinarius für Kirchen- und Dogmengeschichte, 1968 wurde er zum ordentlichen Professor befördert und übernahm von Fritz Blanke die Leitung des Instituts. Büsser machte sich um die grossen Zwingli- und Bullingereditionen verdient. In der Lehre behandelte er immer wieder katholische Themenstellungen. 1989 wurde er emeritiert. Eine zweibändige Bullingerbiographie aus seiner Hand erschien 2004.[6] Büsser verstarb 2012.

Langjähriger Mitarbeiter im Institut unter Blanke und Büsser war Ulrich Gäbler (geb. 1941). Er arbeitete als Assistent für Kirchengeschichte (ab 1966) und als Oberassistent am Institut für Schweizerische Reformationsgeschichte (1970–1979) mit dem Hauptauftrag, die Herausgabe des Bullinger-Briefwechsels vorzubereiten und die ersten beiden Bände (umfassend die Jahre 1524–1532) zusammen mit Endre Zsindely, Kurt Maeder und Matthias Senn herauszugeben. Im Jahr 1970 wurde er mit der Dissertation «Die Kinderwallfahrten aus Deutschland und der Schweiz zum Mont-Saint-Michel 1456–1459» promoviert. 1973 habilitierte er sich über die Zwingliforschung im 20. Jahrhundert an der Zürcher Universität für das Fach Allgemeine Kirchen- und Dogmengeschichte. 1979 wurde er nach Amsterdam berufen, 1989 nach Basel, wo er von 1998 bis 2006 als Rektor amtete. Nach Gäblers Fortgang aus Zürich wirkten als Oberassistenten am Institut Peter Stotz (1980–1983, später Professor für Mittellatein, Universität Zürich), Heinzpeter Stucki (1984–1998, danach Universitätsarchivar), Peter Opitz (1998–2008, danach Professor für Kirchengeschichte, Universität Zürich) und Christian Moser (seit 2008).

[4] Büsser 1983, 255. [5] Campi 2012. [6] Büsser 2004.

1990 wurde Alfred Schindler (1934–2012) zum Nachfolger von Fritz Büsser als Professor für Kirchen- und Dogmengeschichte nach Zürich berufen. Sein Vater war der Rechtsprofessor Dietrich Schindler (1890–1948), der auch Mitglied des Internationalen Komitees vom Roten Kreuz und Präsident des Verwaltungsrats der «Neuen Zürcher Zeitung» war. Alfred Schindler besuchte das Freie Gymnasium in Zürich und kam über den dortigen Bibelkreis zur Theologie. Er studierte in Zürich, Basel, Heidelberg und Rom und absolvierte das Vikariat in Meilen. Im Jahr 1959 vermählte er sich mit Regine Schindler (1935–2013), die 1985 für ihre schriftstellerische und religionspädagogische Arbeit mit dem Ehrendoktor der Theologischen Fakultät der Universität Zürich ausgezeichnet wurde. Schindlers Promotion erfolgte 1963 mit einer Dissertation zu Augustins Trinitätslehre,[7] seine Habilitation erfolgte 1965 mit der ungedruckt gebliebenen Schrift «Die Begründung der Trinitätslehre in der eunomianischen Kontroverse».[8] Bereits 1966 wurde er zum Extraordinarius in Zürich ernannt. Von 1970 bis 1979 wirkte er in Heidelberg und gehörte dort auch zum Kuratorium der Forschungsstätte der Evangelischen Studiengemeinschaft (FEST). In die Heidelberger Zeit fallen auch die Vorbereitungen für das Augustinus-Lexikon, zu dessen Herausgebergremium er gehörte und das von 1979 an zu erscheinen begann. 1979 wurde er an die Universität Bern berufen, 1990 an die Universität in seiner Geburtsstadt Zürich. Im Jahr 2000 wurde er emeritiert. Bald danach stellten sich gesundheitliche Probleme ein, 2012 verstarb Schindler.[9]

Nach der Emeritierung des Patristikers Hans-Dietrich Altendorf wurde Emidio Campi (geb. 1943) zum Professor für Kirchengeschichte berufen. Er studierte an der Waldenserfakultät in Rom sowie in Tübingen (1968/1969). Nach Abschluss seines Studiums folgten weitere Studienaufenthalte in Tübingen und in Prag (1971–1973). In Prag wurde er promoviert (1976). Campi wirkte als Europasekretär des Christlichen Studenten-Weltbundes (1974–1976) und war dessen Generalsekretär (1977–1983). Von 1984 bis 1988 hatte er ein Pfarramt in Florenz inne und war gleichzeitig Lehrbeauftragter

[7] Schindler 1965. [8] Schindler 1964. [9] Schindler 2012.

in Ferrara und Florenz. Er habilitierte sich 1989 an der Universität Zürich und wurde 1996 zum Professor für Kirchengeschichte ernannt. Nach Schindlers Emeritierung wurde Campi Leiter des Instituts für Schweizerische Reformationsgeschichte. Ihm wurde 2009 die Ehrendoktorwürde der McGill University in Montreal verliehen, im selben Jahr wurde er emeritiert.

Sein Nachfolger wurde Peter Opitz (geb. 1957), der von 1979 bis 1986 in Bern, Zürich und Tübingen Theologie studierte und anschliessend in Bern ein Philosophiestudium absolvierte. Er arbeitete ab 1994 als Pfarrer in Oberdiessbach im Kanton Bern. Opitz ist seit 1998 am Institut für Schweizerische Reformationsgeschichte an der Theologischen Fakultät der Universität Zürich tätig. Im Wintersemester 2003/04 erfolgte seine Habilitation über Bullinger,[10] 2006 war er zudem «Visiting scholar» am Princeton Theological Seminary in Princeton (USA). Opitz wurde 2010 zum ausserordentlichen Professor für Kirchengeschichte von der Reformationszeit bis zur Gegenwart ernannt.

[10] Opitz 2004.

Der Umzug an die Kirchgasse 9

Seit der Einweihung des Kollegiengebäudes der Universität Zürich an der Rämistrasse 71 (1914) belegte die Administration der Theologischen Fakultät dort ein (bis 1955) bzw. drei Zimmer (ab 1955).[1] Die Institute für Hermeneutik, für Schweizerische Reformationsgeschichte und für Sozialethik waren an der Plattenstrasse 26 lokalisiert (seit 1962 bzw. 1964). Bevor die Fakultät an die Rämistrasse 64 umzog (1965/1966), war sie gebäudetechnisch kaum als eigene Grösse sichtbar.

Seit dem Ende der sechziger Jahre konkretisierten sich die Pläne, die Theologische Fakultät an der Kirchgasse 9, also im Gebäude des Grossmünsters, unterzubringen. Ein Regierungsratsprotokoll hält hierzu fest:

> Das Grossmünstergebäude eignet sich vorzüglich für die Unterbringung der Theologischen Fakultät der Universität Zürich. Es können dadurch alle Institute zentralisiert und damit der Betrieb in organisatorischer und finanzieller Hinsicht rationalisiert werden.[2]

In einer Volksabstimmung des Kantons Zürich wurden 2 460 000 Franken für den Umbau der Liegenschaft Kirchgasse 9 bewilligt (30. Juni 1968); zu einem jährlichen Mietzins von 280 000 Franken sollte diese dann der Universität zur Beherbergung der Theologischen Fakultät dienen. Nachdem der Umbau erfolgt und die Fakultät im Oktober 1973 umgezogen war, konnte das Seminar-

[1] Stadler 1983, 242. [2] Protokoll des Regierungsrats vom 14. September 1967, siehe Rektoratsarchiv 80.623.

gebäude am 29. November 1973 in Gegenwart von Regierungsrat Alfred Gilgen feierlich in Betrieb genommen werden. Nun war die gesamte Fakultät mit ihren drei Instituten unter einem Dach vereint. Das Dekanat blieb allerdings vorerst im Kollegiengebäude an der Rämistrasse 71.[3]

Mit dem Bezug der Lokalitäten im Grossmünster kehrte die Theologische Fakultät an den Ort ihrer institutionellen Ursprünge zurück: Das geschichtsträchtige Gebäude an der Kirchgasse 9 hatte bereits in vorreformatorischer Zeit eine Lateinschule beherbergt und war dann ab 1525 der Sitz der Prophezei und nachfolgend des Carolinum gewesen. Das Gebäude war allerdings nicht mehr dasselbe wie zur Reformationszeit. Dieses war 1850 abgetragen und mit ähnlichem Grundriss wieder aufgebaut worden, und zwar von Gustav Adolf Wegmann, dem Architekten u.a. des Zürcher Hauptbahnhofs. Im Kreuzgang waren auch mittelalterliche Bauelemente (vor allem Kapitelle), die bis ins 13. Jahrhundert zurückreichen, wieder verbaut worden. Die Theologische Fakultät löste im Grossmünstergebäude die Höhere Töchterschule der Stadt Zürich ab, das Mädchengymnasium, das seit 1875 an der Kirchgasse 9 domiziliert war.

Der Umbau der Liegenschaft an der Kirchgasse 9 fällt in die Zeit der Renovation der St. Peter-Kirche, gegen die die Theologiestudierenden 1970 öffentlich protestierten: Die Altstadtkirchen seien ungenügend ausgelastet, und bevor man sie renoviere, müsse man über die Verwendung der Kirchen als solche diskutieren.[4]

[3] Stadler 1983, 242.

[4] Tagblatt der Stadt Zürich vom 17. Januar 1970; NZZ vom 19. Januar 1970.

Bibelwissenschaften und Ältere Kirchengeschichte seit den siebziger Jahren

Die gleichaltrigen Alttestamentler Wildberger und Maag schieden innerhalb kurzer Zeit, 1975 bzw. 1978, aus dem akademischen Lehramt aus. Bei der Besetzung der Lehrstühle kehrte sich die traditionelle kirchenpolitische Orientierung zunächst um: Hans Heinrich Schmid folgte auf Wildbergers positivem, Odil Hannes Steck auf Maags liberalem Lehrstuhl.

Hans Heinrich Schmid wurde 1937 in einen Pfarrerhaushalt geboren. Sein Vater Gotthard Schmid (1909–1968) war damals Pfarrer in Oberwinterthur, er wechselte später nach Zürich-Oerlikon und dann an die St. Peter-Kirche in Zürich; er wirkte auch als Kirchenrat und war für die Revision der Zürcher Kirchengesetzgebung in den Jahren 1943–1967 verantwortlich.[1] Hans Heinrich Schmid studierte in Zürich und Göttingen Theologie. 1965 wurde er mit einer Arbeit über «Wesen und Geschichte der Weisheit» promoviert, 1967 habilitierte er sich zum Thema «Gerechtigkeit als Weltordnung» und wurde in Zürich als Assistenzprofessor angestellt. 1969 folgte er dem Ruf auf eine Professur an der Kirchlichen Hochschule in Bethel bei Bielefeld. Im Jahr 1976 kehrte er nach Zürich zurück und trat die Nachfolge Hans Wildbergers an. Er amtierte als Rektor der Universität Zürich (1988–2000); in dieser Funktion erwirkte er die öffentlich-rechtliche Selbständigkeit der Universität, die im neuen Universitätsgesetz von 1998 Ausdruck fand. Nach seinem Rücktritt wurde er in den Zürcher Verfassungsrat gewählt und arbeitete an der Neu-

[1] Schmid 1988.

übersetzung der Zürcher Bibel mit, die 2007 erschien. 2014 verstarb er nach längerer Krankheit.[2]

Von 1989 bis 1991 bekleidete Hermann Spieckermann (geb. 1950) den Lehrstuhl für alttestamentliche Wissenschaft und altorientalische Religionsgeschichte, bevor er als Nachfolger von Rudolf Smend nach Göttingen berufen wurde, wo er seither lehrt.

Auf Spieckermann folgte 1992 Thomas Krüger (geb. 1959), der in München Theologie studierte und mit einer Arbeit über das Ezechielbuch promoviert wurde (1988). Er habilitierte sich über das Koheletbuch (1991); die Habilitation erschien in umgearbeiteter Form als Kommentar sowohl auf Deutsch (2000) als auch auf Englisch (2004). Krügers Arbeitsschwerpunkte liegen in der Weisheitsliteratur, der Hebraistik und der Altorientalistik.

Der Nachfolger Maags, Odil Hannes Steck, war 1935 in München geboren worden. Nach dem Theologiestudium in Neuendettelsau, Wuppertal und Heidelberg wurde er 1965 bei Günter Bornkamm und Gerhard von Rad promoviert. In seiner Dissertation fragte er nach der jahrhundertelang – seit der Zeit des Alten Testaments bis in die Zeit des Urchristentums – erfolgten Überlieferung des deuteronomistischen Geschichtsbildes; schon darin zeichnete sich sein grundlegendes Interesse an Traditionsprozessen und den dabei beobachtbaren geistigen Wandlungen ab. 1967 erfolgte die Habilitation über die Elia- und Elisaerzählungen, ebenfalls in Heidelberg. 1968 erlangte er eine erste Professur in Hamburg, 1976 wechselte er nach Mainz und 1978 nach Zürich, wo er 2001 im Amt verstarb.[3] Massgeblichen Einfluss auf die Forschung hatten seine Arbeiten zur Redaktionsgeschichte der Prophetenbücher, die Steck als innerbiblische Rezeptionsgeschichte und auch als Modell für heutige theologische Denkbemühungen verstand.[4] In der Jesaja-Exegese ist er mit der redaktionellen Deutung von Tritojesaja und von Jesaja 35 als Brückentext zwischen Erstem und Zweitem Jesaja hervorgetreten.[5] Seine Sicht der Methoden alttestamentlicher Exegese hat er in dem

[2] Vgl. Weder 2014.

[3] Ausführlich zu seiner Biographie Kratz 2004; Schmid 2004a, 2004b. Vgl. auch das Selbstzeugnis Steck 2001b.

[4] Steck 1996, 2001a.

[5] Steck 1985.

Eine Fakultätssitzung im Jahr 1980. Von links nach rechts: Siegfried Schulz, Hans Heinrich Schmid, Hans Friedrich Geisser, Robert Leuenberger, Walter Mostert, Theodor Strohm, Hans-Dietrich Altendorf, Odil Hannes Steck, Hans Weder, Fritz Stolz, Walter Bernet.

oft verwendeten Lehrbuch «Exegese des Alten Testaments»[6] dargestellt.

Als Nachfolger Stecks wurde Konrad Schmid (geb. 1965) gewählt. Nach seinem Theologiestudium in Zürich, Greifswald und München hatte er ab 1999 eine Professur für Alttestamentliche Theologie an der Universität Heidelberg inne, bevor er 2002 nach Zürich kam. Seine Forschungsschwerpunkte liegen im Bereich der Literaturgeschichte des Alten Testaments.[7]

Auf Eduard Schweizers Lehrstuhl für neutestamentliche Wissenschaft wurde Hans Weder (geb. 1946) gewählt. Nach dem Theologiestudium an der Universität Zürich und dem Vikariat (1966–1972) wurde er ordiniert. Das akademische Jahr 1972/73 verbrachte er in St Andrews, wo er einen Bachelor of Philosophy erwarb. 1977 wurde er in Zürich promoviert, 1979 habilitierte er sich. Von 1980 bis 2000 war er Professor für neutestamentliche Wissenschaft an der Universität Zürich. In dieser Zeit entstand seine «Neutestamentliche Her-

[6] Steck [14]1999. [7] Schmid [2]2014b.

meneutik»,[8] einem breiteren Publikum wurde er auch durch seine Auslegung der Bergpredigt bekannt.[9] Er stand, wie schon vor ihm Hans Heinrich Schmid, der Universität als Rektor vor (2000–2008). Im November 2011 übernahm er den Vorsitz des Hochschulrats der Ludwig-Maximilians-Universität München. 2012 verlieh ihm die Universität Jena die Ehrendoktorwürde.[10]

Nachfolger von Siegfried Schulz wurde Jean Zumstein (geb. 1944). Nach dem Gymnasium in Biel/Bienne (1960–1963) studierte er Theologie an den Universitäten Lausanne (1963–1965 und 1966–1967), Strassburg (1965–1966) und Göttingen (1967–1968), das Lizentiat in Theologie erwarb er in Lausanne (1968). Danach wirkte er als Assistent am «Institut des sciences bibliques» von Lausanne (1968–1970) und absolvierte ein Forschungsjahr in Heidelberg (1970–1971). 1973 erwarb er ein Diplôme de spécialisation. Nach dem Vikariat in Porrentruy (1970–1971) und der Ordination (1972) bekam er ein Nachwuchsstipendium des Nationalfonds (1972–1975) und erlangte 1974 in Lausanne das Doctorat d'État mit *venia legendi*. Schon 1975 wurde er zum Professor für neutestamentliche Wissenschaft an der Universität Neuenburg gewählt, wo er bis 1990 forschte und lehrte; von 1981 bis 1985 stand er der Fakultät als Dekan vor. Ab 1990 war er Professor für neutestamentliche Wissenschaft an der Universität Zürich. Er amtierte als Dekan der Theologischen Fakultät (1994–1996) und war Mitglied in der Leitung des Instituts für Hermeneutik und Religionsphilosophie (1997–2010). Im Jahr 2010 verlieh ihm die Faculté libre de théologie protestante de Paris die Ehrendoktorwürde. Sein Hauptwerk ist ein zweibändiger Johanneskommentar.[11]

Im Frühjahr 2010 trat Jörg Frey (geb. 1962) die Nachfolge Zumsteins an. Er studierte Theologie an den Universitäten Tübingen und Erlangen sowie in Jerusalem. Danach war er als Assistent von Martin Hengel und Hermann Lichtenberger am Institut für antikes Judentum und hellenistische Religionsgeschichte der Universität Tübingen tätig. 1992/1993 absolvierte er das Vikariat in der Evangelischen Landeskirche in Württemberg. Er wurde in Tübingen zum

[8] Weder 1986. [9] Weder 1985. [10] Weder 2013. [11] Zumstein 2007, 2014.

Dr. theol. promoviert (1996) und habilitierte sich dort für das Fach Neues Testament (1998). Seine Qualifikationsschriften behandeln in umfassender Weise die Eschatologie des Johannesevangeliums.[12] Ab 1998 war er Professor für Neues Testament an der Theologischen Fakultät der Friedrich-Schiller-Universität Jena und ab 1999 Ordinarius für Neues Testament mit Schwerpunkt Antikes Judentum an der Evangelisch-theologischen Fakultät der Ludwig-Maximilians-Universität München, bevor er 2010 nach Zürich wechselte. Frey ist zugleich Research Associate der University of Pretoria (Südafrika). Seine Forschung konzentriert sich auf die johanneische Literatur, das antike Judentum (Qumran, Apokalyptik), das Judenchristentum und die apokryphe Literatur sowie die Methodenlehre der Exegese und Theologie des Neuen Testaments.

In der Kirchengeschichte wurde mit Hans-Dietrich Altendorf (geb. 1930 in Marburg) erstmals ein Forscher berufen, der die vorreformatorische Geschichte des Christentums zu seinem Schwerpunkt in Forschung und Lehre gemacht hatte. Nachdem er 1968 Privatdozent in Tübingen geworden war, wurde er in Zürich 1971 zum ausserordentlichen, 1974 zum ordentlichen Professor für Dogmengeschichte (besonders Patristik) ernannt. 1995 wurde er emeritiert.

Als Schindlers Nachfolgerin wurde Silke-Petra Bergjan gewählt. Sie studierte Theologie in Bethel bei Bielefeld, Zürich, Jerusalem und München und wurde 1992 mit einer Arbeit über «Theodoret von Cyrus und der Neunizänismus» promoviert. Von 1991 bis 1993 war sie Stabsmitglied der Kommission für Glaube und Kirchenverfassung des Ökumenischen Rats der Kirchen in Genf. Von 1993 bis 1999 war sie Assistentin in Berlin und habilitierte sich mit der Arbeit «Der fürsorgliche Gott. Der Begriff der Pronoia Gottes in der griechischen apologetischen Literatur der Alten Kirche». 1999/2000 verbrachte sie ein Jahr in Cambridge. In Zürich war sie von 2000 bis 2003 Assistenzprofessorin, und seit 2003 ist sie ausserordentliche Professorin für Kirchen- und Theologiegeschichte von der Alten Kirche bis zur Reformation.

[12] Frey 1997, 1998, 2000.

Sprachlehrerinnen und -lehrer

Gleichzeitig mit der Universität wurde die Kantonsschule gegründet, deren humanistischer Zweig das eigentliche «Gymnasium» bildete; daneben gab es die sogenannte Industrieschule. 1947 wurde das Gymnasium aufgespalten in ein Literargymnasium, das zur altsprachlichen Maturität mit Griechisch führte (Typus A), und ein Realgymnasium, welches den Abschluss in Englisch oder Italienisch anbot (Typus B). Die Nachfrage der Schüler nach Griechisch sank allerdings, so dass ab 1960 auch das Literargymnasium den Typus B mitanbot. 1979 wurde der neusprachliche Zweig eingeführt mit drei modernen, aber ohne alte Sprachen (Typus D). Aus der Industrieschule gingen das Mathematisch-Naturwissenschaftliche Gymnasium (Typus C) und das Wirtschaftsgymnasium (Typus E) hervor. Im Jahr 1976 wurde die Höhere Töchterschule der Stadt Zürich, die 1875 gegründet worden war, kantonalisiert, was die Koedukation der Geschlechter in allen Kantonsschulen in Zürich mit sich brachte. Seit 2002 – mit dem Übergang zum neuen Maturitätsanerkennungsreglement (MAR) – lernen alle Maturandinnen und Maturanden obligatorisch drei Fremdsprachen: neben Deutsch und Französisch haben sie die Wahl zwischen Englisch, Latein, Italienisch, Spanisch und Altgriechisch.

Die Kenntnis der alten Sprachen Griechisch und Latein, die bis in die Mitte des 20. Jahrhunderts zum Pflichtprogramm des Gymnasiums gehörten, wurde für das Theologiestudium seit der Gründung der Universität (1833) vorausgesetzt. Dasselbe galt für Hebräisch: Wer die Maturitätsprüfung in Hebräisch nicht schon an der Kantonsschule abgelegt hatte, musste sie in den ersten zwei Semestern des Theologiestudiums nachholen. Die Dozenten für Altes Testament boten regelmässig die Lektüre hebräischer Texte und Übungen zur Syntax an; die Lehrangebote für Griechisch und Latein fanden an der Philosophischen Fakultät statt.

Mit dem Schwinden der altsprachlichen Kenntnisse der Studienanfängerinnen und -anfänger wurde es nötig, eigene Sprachkurse anzubieten.[1] Hebräisch wurde durch Jacob Fatzer, der Pfarrer im Thurgau und eine Zeitlang Leiter der Privatschule Mammern am Untersee war, abgehalten. Nachdem einem Antrag der Fakultät auf Schaffung der Stelle eines ständigen wissenschaftlichen Abteilungsleiters für Alte Sprachen[2] stattgegeben worden war, wurde die Stelle mit Bernhard Bonsack besetzt, der von der Kirchlich-Theologischen Schule in Basel kam und den Sprachunterricht – zunächst alle drei alten Sprachen – über Jahrzehnte hinweg erteilte. Das Hebräische wurde in den achtziger Jahren von Gabrielle Oberhänsli-Widmer übernommen, das Lateinische und Griechische nach Bonsacks Pensionierung (1991) von Jörg Büchli und Konrad Haldimann. Seit Oberhänsli-Widmer auf eine Professur für Judaistik nach Freiburg i. Br. berufen worden ist, wirkt Peter Schwagmeier als Dozent für Hebräisch und Aramäisch. Er unterrichtet auch an der Theologischen Fakultät der Universität Bern, nachdem er als Hebräischlektor in Göttingen tätig gewesen war. Konrad Haldimann ist für Griechisch und Latein zuständig. Sowohl Konrad Haldimann wie auch Peter Schwagmeier sind seit Jahren massgeblich an der Neuübersetzung der Zürcher Bibel beteiligt, die 2007 erschien; die Übersetzung der deuterokanonischen Bücher des Alten Testaments ist noch in Arbeit.

[1] Vgl. Schwagmeier 2011, 87–93.

[2] 1. Juni 1971; Rektoratsarchiv 45.502.

Religionswissenschaft an der Theologischen Fakultät

Die Religionswissenschaft ist – verglichen mit der Theologie – ein junges Fach, ja, sie hat sich als wissenschaftliche Disziplin aus der Theologie heraus entwickelt.[1] Ihre Geschichte in der Schweiz reicht bis in die Anfänge der Disziplin zurück: Im Jahr 1873 wurde an der Universität Genf der weltweit erste Lehrstuhl für Religionswissenschaft eingerichtet.[2] An den anderen Universitäten mangelte das Interesse nicht, aber man ging davon aus, dass die Klassischen Philologen oder an Orientalistik interessierten Theologen diese Aufgabe übernehmen können. In Zürich oblag die Vertretung religionsgeschichtlicher Themen – natürlicherweise besonders im Bereich der im 19. Jahrhundert erwachten Altorientalistik – auch den Alttestamentlern, aber nicht nur.

Religionsgeschichtliche Lehrveranstaltungen gab es an der Universität Zürich seit ihrer Gründung: So etwa hielt Johannes Schulthess eine Vorlesung über die Geschichte der Religionen (Wintersemester 1833/1834), der Privatdozent August Koch bot eine «Volks- und Religionsgeschichte der heidnischen Völker des Orients» an (Wintersemester 1847/1848), Alois Emanuel Biedermann las «Geschichte der Naturreligionen» (Wintersemester 1853/1854) und «Allgemeine Religionsgeschichte» (Wintersemester 1878/1879, 1882/1883 und 1884/1885), ebenso – unter demselben Titel – Gustav Volkmar (Wintersemester 1879/1880).[3] Eine Vorstellung von Biedermanns Zugang kann man sich über dessen Schrift «Jenseits der

[1] Stolz 2004, 287. [2] Uehlinger 2010, 6.
[3] Stolz 2004, 287–288.

Naturvölker»[4] verschaffen: Die Naturreligionen zeigten die noch unerfüllte Suche des Menschen nach einem Jenseits, die aber defizitär bleibe, bis sie durch die «Offenbarung im Geist» überwunden werde. Zu nennen ist für die Zeit von 1862 bis 1870 auch die Lehrtätigkeit Eberhard Schraders, der sich der keilschriftlichen Überlieferung des Alten Orients zuwandte.

Nach Biedermanns Tod (1885) vertrat Konrad Furrer die Religionsgeschichte. Die Umschreibung seines Lehrgebiets als «Religionsgeschichte und Biblische Geographie» löste ausserhalb von Zürich Verwirrung aus: «En 1889 à Zurich, la faculté de théologie fut dotée d'une chaire, assez bizarrement dénommée: ‹Histoire des religions et géographie biblique›».[5] Furrer ging – mit Biedermann und seinen Zeitgenossen – davon aus, dass das Christentum die vollendete Religion sei,[6] wie es dann Adolf von Harnack prägnant in seiner Berliner Rektoratsrede festhielt: «Wer diese Religion nicht kennt, kennt keine, und wer sie samt ihrer Geschichte kennt, kennt alle».[7] Damit kehrte er polemisch ein Diktum Friedrich Max Müllers, des Begründers der Religionswissenschaft, um, der ein Vierteljahrhundert zuvor festgehalten hatte: «Ganz dasselbe [wie von den Sprachen] gilt von den Religionen. Wer eine kennt, kennt keine.»[8] Doch auf die Dauer konnte sich die Position Müllers gegen diejenige von Harnacks durchsetzen. Das Christentum ist nicht die Religion schlechthin, sondern stellt eine historische Ausgestaltungsform neben anderen dar, die sich – in dieser Richtung hatte sich die sogenannte Religionsphänomenologie entwickelt – auch nicht einfach in vergleichbare Einzelbestände auflösen lassen, sondern je eigene Deutungsuniversen mit spezifischen Akzentuierungen darstellen.

Nach Furrer lag die Religionswissenschaft – im Wesentlichen als Religionsgeschichte betrieben – in den Händen von Hausheer, Zimmerli, Köhler, Maag, Schmid und anderen, bis sich im Jahr 1980 die Theologische Fakultät entschloss, eine eigene Professur für Allgemeine Religionsgeschichte und Religionswissenschaft einzurichten. Die Mitvertretung der Religionsgeschichte durch einen der alttesta-

[4] Biedermann 1851/1885. [5] Réville 1901, 60. [6] Furrer 1883, 8–9.
[7] Harnack 1901/1905, 14. [8] Müller 1876, 14.

mentlichen Lehrstühle konnte nicht mehr mit der Entwicklung des neuen Fachs Religionswissenschaft Schritt halten. Die Fakultät berief den Alttestamentler Fritz Stolz (1942–2001) auf diese Professur, der sein neues Fach kreativ mitgestaltete und selbst zu einer Gründerfigur der modernen Religionswissenschaft wurde. Fritz Stolz hatte Theologie und Orientalistik in Heidelberg und Zürich studiert; er war 1969 mit einer Arbeit zum Kult in Jerusalem promoviert worden und habilitierte sich 1971 über die Vorstellung der Gotteskriege im Alten Testament. Stolz wirkte ab 1972 als Dozent für Altes Testament und Hebräisch an der Kirchlichen Hochschule Bethel bei Bielefeld, 1979–1980 war er deren Rektor. Ab 1976 war er dort als Nachfolger Hans Heinrich Schmids Professor für Altes Testament, daneben vertrat er die Allgemeine Religionsgeschichte mit.

Fritz Stolz

Seinen Zugang zur Religionswissenschaft hat Stolz in seinem Einführungswerk «Grundzüge der Religionswissenschaft»[9] dargelegt. Zu seinem Tod erschien eine Würdigung durch Hans Heinrich Schmid in der «Neuen Zürcher Zeitung»,[10] die die einzigartige Form der Bearbeitung der «Religionswissenschaft mit theologischen und [der] Theologie mit religionswissenschaftlichen Methoden» hervorhob. Stolz gehört zu den Gründungsmitgliedern der Schweizerischen Gesellschaft für Religionswissenschaft und fungierte als deren Präsident.

Stolz' Lehrstuhl kam aufgrund einer Umwidmung von Gerhard Ebelings Lehrstuhl, der durch dessen Rücktritt 1979 vakant geworden war, zustande. Ein Regierungsratsprotokoll hält fest:

[9] Stolz 1988. [10] 17. Dezember 2001, 33.

> Auf den 15. Oktober 1979 trat Prof. Dr. Gerhard Ebeling, Ordinarius ad personam für Fundamental-Theologie und Hermeneutik, altershalber in den Ruhestand. Dieser Lehrstuhl soll nicht wiederbesetzt werden. Es ist aber vorgesehen, einen Teil des Lehrangebots von Prof. Ebeling im Fach Systematische Theologie auf seinen bisherigen engsten Mitarbeiter, PD Dr. Walter Mostert zu übertragen und diesen in seiner Stellung als Oberassistent zum Extraordinarius mit beschränkter Lehrverpflichtung zu befördern. Darüber wird in einem späteren Zeitpunkt gesondert Antrag gestellt. Mit dieser Regelung können die im Dozentenstab entstandene Lücke [sic] teilweise geschlossen und die im Entwicklungsplan der Theologischen Fakultät vorgesehene Schaffung eines etatmässigen Ordinariats für Allgemeine Religionsgeschichte und Religionswissenschaft ohne Erweiterung des Stellenplans verwirklicht werden. [...] Damit sollte die schon seit längerem geplante notwendige Loslösung des Faches Allgemeine Religionsgeschichte von den Lehrstühlen für Alttestamentliche Wissenschaft möglich werden. [...] Die Philosophische Fakultät I, die keinen eigenen Lehrstuhl für Religionsgeschichte anstrebt, ist einverstanden, dass die Bearbeitung von Fragen der Allgemeinen Religionsgeschichte und der religiösen Grundphänomene wie bisher in der Theologischen Fakultät erfolgt.[11]

Einer breiteren Öffentlichkeit wurde Stolz durch seinen Kriminalroman «Kirchgasse 9»[12] bekannt.[13] Von 1984 bis 1986 wirkte er als Dekan der Fakultät sowie lange Jahre als Vorsteher des Theologischen Seminars. Ausserdem war er Mitglied im Forschungsrat des Schweizerischen Nationalfonds.[14] Nach schwerer Krankheit verstarb er 2001 im Alter von nur 59 Jahren.

[11] Protokoll des Regierungsrats vom 19. Dezember 1979. [12] Zürich 1995.
[13] NZZ vom 12. Mai 1995, 54. [14] Dalferth 2001.

Aufgrund der Entwicklung der Disziplin Religionswissenschaft war schon in der Ära Stolz deutlich geworden, dass die Religionsgeschichte um eine sozialwissenschaftliche und gegenwartsorientierte Religionswissenschaft ergänzt werden muss. Waren die religionswissenschaftlichen Lehrveranstaltungen zunächst nur als Teilfach innerhalb des Theologiestudiums (und als Nebenfach der Philosophischen Fakultät) zu belegen, so führte die Fakultät auf das Wintersemester 1999/2000 einen eigenen Studiengang für Religionswissenschaft ein.

Auf eine entsprechend ausgerichtete, auf drei Jahre befristete Assistenzprofessur für Religionswissenschaft wurde Hubert Knoblauch gewählt. Er hatte Soziologie, Philosophie und Geschichte an den Universitäten Konstanz und Brighton studiert (1978–1985). Nach einer Anstellung als Assistent an der Universität St. Gallen und einem Forschungsaufenthalt an der Sorbonne in Paris (IV) arbeitete er als Wissenschaftlicher Angestellter an der Universität Konstanz (1987 bis 1990), wo er bei Thomas Luckmann promovierte (1989). Nach einem Forschungsaufenthalt in Berkeley (1990–1991) war er wiederum an der Universität Konstanz tätig und nahm zudem Lehraufträge in Bern, Zürich und Prag wahr. Er habilitierte sich 1994 an der Universität Konstanz. Es folgten Forschungsaufenthalte an der University of Nottingham (1996) und an der London School of Economics (1996–1997) sowie eine Gastprofessur an der Universität Wien (1998). Knoblauch war ab 1996 Heisenberg-Stipendiat, bevor er 2000 nach Zürich kam. Im Jahr 2002 ereilte ihn ein Ruf an die Technische Universität Berlin, wo er seither als Professor für Theorien moderner Gesellschaften im Fachgebiet Allgemeine Soziologie lehrt.

Im Jahr 2003 wurde Christoph Uehlinger (geb. 1958 in Zürich) als Nachfolger von Fritz Stolz gewählt. Er studierte von 1977 bis 1982 Theologie in Fribourg und Jerusalem sowie ergänzend dazu Ägyptologie und Altorientalistik in Fribourg, Bern und London. 1989 wurde er mit einer Arbeit über die Turmbaugeschichte (Genesis 11) promoviert, 1993 habilitierte er sich in Fribourg für Altes Testament und Biblische Umwelt. Von 1984 bis 2003 wirkte er als Assistent und Oberassistent am Biblischen Institut/Departement für Biblische

Studien der Universität Fribourg und profilierte sich wissenschaftlich vor allem im Bereich der nordwestsemitischen Ikonographie. Er stand der Schweizerischen Gesellschaft für Orientalische Altertumswissenschaften vor (1993–2003) und, als Co-Präsident (2006–2011), der Schweizerischen Gesellschaft für Religionswissenschaft.

Als Nachfolgerin Knoblauchs wurde 2004 Dorothea Lüddeckens (geb. 1966) gewählt, ebenfalls auf eine befristete Assistenzprofessur. Sie studierte Religionswissenschaft, Philosophie und Evangelische Theologie in München, Würzburg und Bonn. 1999 wurde sie mit einer Dissertation über «Das Weltparlament der Religionen von 1893» promoviert.[15] Sie war als Mitarbeiterin am Projekt «Ritualistik und Religionsgeschichte: Zoroastrische Rituale in wechselnden kulturellen Kontexten» der Deutschen Forschungsgemeinschaft (DFG) an der Universität Heidelberg tätig (2000–2003) sowie als Wissenschaftliche Assistentin am Studiengang Religionswissenschaft der Ludwig-Maximilians-Universität München (2001–2003). Nach ihrer Berufung nach Zürich (2004) habilitierte sich Lüddeckens hier mit einer Arbeit über «Bruch und Kontinuität. Die Bedeutung der Todesrituale für die Parsen in Bombay». Von 2009 bis 2010 nahm sie ein Fellowship am Lichtenberg-Kolleg an der Universität Göttingen wahr. 2010 wurde sie in einem neuen Verfahren zur ausserordentlichen Professorin für Religionswissenschaft mit sozialwissenschaftlicher Ausrichtung berufen.

Im Jahr 2006 erfolgte die Gründung des Religionswissenschaftlichen Seminars. Nachdem Religionswissenschaft zunächst auch als Vollstudiengang – analog zur Theologie – angeboten worden war, wurde das Angebot auf einen Haupt- und Nebenfachstudiengang zugeschnitten, da Religionswissenschaft in aller Regel in Kombination mit Fächern der Philosophischen Fakultät studiert wird. Seit 2010 ist auch die fakultätsübergreifende Promotion zum Dr. phil. in Religionswissenschaft möglich.

Im Jahr 2013 wurde eine neue Assistenzprofessur für Religionswissenschaft mit systematisch-theoretischem Schwerpunkt eingerichtet, die mit Rafael Walthert besetzt wurde. Er hatte Soziologie,

[15] Lüddeckens 2001.

Religionswissenschaft und Philosophie an der Universität Zürich studiert und wurde 2009 an der Philosophischen Fakultät promoviert. Seit 2010 arbeitet er als Oberassistent am Religionswissenschaftlichen Seminar. Im Wintersemester 2012/13 vertrat er eine Juniorprofessur am Religionswissenschaftlichen Institut der Universität Leipzig.

2013 sind der Theologischen Fakultät zusätzliche Räumlichkeiten im Gebäude der ehemaligen Pädagogischen Hochschule an der Kantonsschulstrasse 1 beim Kunsthaus zugewiesen worden, in denen das Religionswissenschaftliche Seminar nun untergebracht ist.

PIPER
Michael Köhlmeier Mo...
ROTH
LENOS
Carina Caduff Szenen des Todes
Im Erlebensfall
Jean-Pierre Wils ars moriendi
STERBEN

Die Bologna-Reform und die Aufhebung der Konkordatsprüfungsbehörde

Im Juni 1999 unterzeichneten 29 europäische Bildungsministerien, darunter auch die Schweiz, die Bologna-Erklärung zur Schaffung eines europäischen Hochschulraumes. Ziel war es unter anderem, ein zweistufiges System vergleichbarer Studienabschlüsse in ganz Europa einzuführen. An der Universität Zürich sind ab 2004 an allen Fakultäten die herkömmlichen Lizentiats- und Diplomstudiengänge durch Bachelor- und Masterabschlüsse abgelöst und alle Studienleistungen mit Kreditpunkten nach dem European Credit Transfer and Accumulation System (ECTS) versehen worden. Ein ECTS-Punkt soll einem studentischen Arbeitspensum von 30 Stunden entsprechen; ein Bachelorstudium umfasst 180, ein Masterstudium 120 ECTS-Punkte. Die alten Studiengänge sind an der Theologischen Fakultät per Ende 2012 ausgelaufen.

Die Umsetzung der Bologna-Reform an der Theologischen Fakultät erfolgte also im Rahmen eines gesamtuniversitären Prozesses. Auch wenn bereits vor ihrer Einführung die Propädeutische Zwischenprüfung eine gewisse Zweiteilung des Studiums markiert hatte, hat die Reform den Charakter des Theologiestudiums deutlich verändert: Es ist strukturierter, aber auch lehr- und prüfungslastiger geworden. Möglichkeiten zur individuellen Schwerpunktsetzung sind in den Regelwerken zwar vorgesehen, werden aber von den Studierenden nur unzureichend ausgeschöpft. Künftige Reformschritte werden wahrscheinlich weitere Liberalisierungsbestrebungen mit sich bringen.

Gegenwärtig bietet die Theologische Fakultät neben dem Vollstudiengang Theologie eine Reihe von Haupt- und Nebenfachstudiengängen auf Bachelor- und Masterebene an. Als Hauptfach lassen sich studieren Religionswissenschaft (Bachelor und Master), Religion – Wirtschaft – Politik (Master) und Antikes Judentum (Master); die Nebenfachstudiengänge umfassen die Disziplinen Altorientalische Religionsgeschichte, Antikes Christentum, Antikes Judentum, Bibelwissenschaften, Hebräische Sprache und Literatur, Hermeneutik, Kirchengeschichte, Religionspädagogik, Religionsphilosophie, Religionswissenschaft, Systematisch-Praktische Theologie. Das Nebenfach Ethik wird von der Philosophischen Fakultät verantwortet. – Die Möglichkeit, Theologie bzw. Teildisziplinen von ihr im Nebenfach zu studieren, besteht schon seit 1974.[1]

Bis Ende 2003 existierte die Theologische Konkordatsprüfungsbehörde der Deutschschweizer Kirchen. Sie war zuständig für die Ausbildung der evangelisch-reformierten Pfarrerinnen und Pfarrer aus dem Bereich des Konkordats[2] und nahm jeweils die propädeutisch-theologische Prüfung und die theoretisch-theologische Prüfung von Theologiestudierenden ab. Als Prüfer fungierten zumeist Professorinnen und Professoren der beiden theologischen Fakultäten in Basel und Zürich, daneben aber auch einige Pfarrerinnen und Pfarrer. Für Studierende, die nicht das Pfarramt als Berufsziel anstrebten, war es auch möglich, Fakultätsprüfungen abzulegen, die vom Dekanat organisiert wurden. Der letzte Präsident der Konkordatsprüfungsbehörde war der Basler Neutestamentler und Kirchengeschichtlicher Rudolf Brändle (2000–2003). Im Zuge der Bologna-Reform delegierten die Kirchen des Konkordats die Prüfungen im Theologiestudium ganz an die Universitäten; das Konkordat ist seither zuständig für die kirchliche Eignungsabklärung künftiger Pfarrerinnen und Pfarrer während des Studiums, für das Ekklesiologisch-praktische Semester zwischen Bachelor- und Masterstudium und für die praktisch-theologische Prüfung am Ende des einjährigen Vikariats.

[1] Bernet 1983a, 239.

[2] Zum Konkordat gehören die Kantone Aargau, beide Appenzell, Basel-Landschaft, Basel-Stadt, Freiburg, Glarus, Graubünden, Luzern, Nidwalden, Schaffhausen, Schwyz, Solothurn, St. Gallen, Tessin, Thurgau, Uri, Zürich.

Das Zentrum für Religion, Wirtschaft und Politik

Die Theologische Fakultät ist seit 2006 auch am Zentrum für Religion, Wirtschaft und Politik (ZRWP) beteiligt, das von den Universitäten Basel, Luzern und Zürich gemeinsam gegründet wurde und getragen wird. Der dazugehörige Joint Degree Masterstudiengang analysiert die Nahtstellen zwischen Religion, Wirtschaft und Politik transdisziplinär und greift gesellschaftliche Fragen rund um Religion auf lokaler, internationaler und globaler Ebene auf. Im Jahr 2014 waren 50 Studierende für den Studiengang eingeschrieben.

Der Ethiker Reiner Anselm leitete das ZRWP im Rahmen einer Gastprofessur, für die er von seiner damaligen Heimatuniversität Göttingen beurlaubt worden war (2005–2008), entwickelte den Masterstudiengang und bereitete zwei Anträge zur Förderung des ZRWP bei der Schweizerischen Universitätskonferenz (SUK) vor, die erfolgreich waren und durch die das Projekt in zwei Förderperioden unterstützt wird (2008–2012 und 2013–2016). Anselm lehrt seit 2013 als Ethiker an der Ludwig-Maximilians-Universität München.

Seit 2010 ist Daria Pezzoli-Olgiati Leiterin des ZRWP. Sie hatte an den Universitäten Fribourg und Zürich Theologie studiert. 1996 wurde sie mit einer Arbeit über die Johannesapokalypse promoviert, 2002 habilitierte sie sich in Religionswissenschaft an der Universität Zürich und hatte von 2004 bis 2009 eine Förderungsprofessur des Schweizerischen Nationalfonds für Religionswissenschaft inne.

Die Praktische Theologie und das Zentrum für Kirchenentwicklung

In der im Jahr 1996 durch die Emeritierung Kramers und den Weggang Heines nach Wien entstandenen Situation einer Doppelvakanz in der Praktischen Theologie und der damals angespannten finanziellen Situation des Kantons Zürich wurde zunächst nur eine der beiden Stellen wieder besetzt. Die Wahl fiel auf Ellen Stubbe, die damals als Pastorin in Lübeck wirkte und 1997 ihre Professur in Zürich antrat. Unter ihr ergaben sich verschiedene Personalkonflikte, die 2003, nach langwierigen Rechtsstreitigkeiten, zu einer sogenannten «unverschuldeten Kündigung» ihres Anstellungsverhältnisses führten. Der Regierungsrat erläuterte die Beendigung der Anstellung folgendermassen:

> Die Ursache des gegenseitigen Vertrauensverlustes kann weder der einen noch der andern Seite angelastet werden. Denn auch der Rekursgegnerin [der Universität] können keine schwer wiegenden Verfehlungen angelastet werden, welche die Zerrüttung als in ihrer überwiegenden Verantwortung erscheinen lassen. Letztlich war das Vertrauensverhältnis indessen derart nachhaltig zerstört, dass eine Fortsetzung des Arbeitsverhältnisses als unzumutbar erscheint, womit eine Kündigung – nachdem die Bemühungen um eine Auflösung des Arbeitsverhältnisses in gegenseitigem Einvernehmen gescheitert waren – als logische Konsequenz zu werten ist.[1]

[1] Antwort vom 9. März 2005 auf eine Anfrage von Kantonsrat Hansruedi Hartmann.

Die Situation in der Praktischen Theologie konsolidierte sich mit den Berufungen von Ralph Kunz und Thomas Schlag. Ralph Kunz, geboren 1964, studierte von 1985 bis 1991 Theologie in Basel und Zürich sowie am Fuller Seminary in Kalifornien. Von 1992 bis 1996 war er Assistent bei Werner Kramer und wurde 1997 promoviert. 2001 habilitierte er sich in Bonn mit einer Arbeit über den reformierten Gottesdienst.[2] Danach war er Beauftragter für den Bereich Gemeindeaufbau bei der Zürcher Landeskirche (2000–2001) und Pfarrer in Seuzach (Kanton Zürich) (2001–2002). Seit 2004 ist Ralph Kunz Ordinarius für Praktische Theologie mit den Schwerpunkten Homiletik, Liturgik und Poimenik.

Thomas Schlag, geboren 1965, besuchte die evangelischen Seminare Maulbronn und Blaubeuren. Nach dem Abitur 1985 verbrachte er ein kirchlich-soziales Jahr in Cardiff. Von 1986 bis 1993 studierte er Evangelische Theologie und Politikwissenschaften in Tübingen und München. Von 1993 bis 1996 war er Assistent am Lehrstuhl für Systematische Theologie/Ethik in München und promovierte mit einer Dissertation über den Praktischen Theologen und Wirtschaftsethiker Martin von Nathusius. Von 2000 bis 2004 war er Pfarrer und Studienleiter an der Evangelischen Akademie Bad Boll. Danach arbeitete Schlag an seiner Habilitation in Tübingen. 2005 wurde er auf eine Assistenzprofessur für Praktische Theologie (Religionspädagogik/Kybernetik) nach Zürich berufen; sie wurde 2011 in eine ordentliche Professur umgewandelt.

Seit 2010 besteht auf Initiative von Thomas Schlag an der Fakultät das Zentrum für Kirchenentwicklung (ZKE). Es bearbeitet Fragen der Kirchenentwicklung und des Gemeindeaufbaus und bildet so eine Scharnierstelle zwischen universitärer Forschung und kirchlicher Umsetzung. Das ZKE vernetzt Personen aus dem universitären und kirchlichen Umfeld im In- und Ausland, die sich mit diesen Fragestellungen beschäftigen; es leistet Grundlagenarbeit im Hinblick auf künftige Herausforderungen an die kirchliche Präsenz in der Gesellschaft und unterstützt kirchliche Gremien in ihrer ekklesiologischen Konzeptions- und Planungsarbeit.

[2] Kunz 2001.

Als Geschäftsführerin fungiert Christina Aus der Au, die zudem Privatdozentin für Systematische Theologie an der Theologischen Fakultät der Universität Basel ist. Sie hatte als Assistentin am Institut für Sozialethik gearbeitet (1998–2002) und war 2002 in Zürich promoviert worden; danach war sie Oberassistentin für Systematische Theologie/Dogmatik in Basel (2002–2009) und hatte sich 2008 mit einer Arbeit zu Theologie und Neurowissenschaften habilitiert.

MENSCHLICHES DENKEN
IST NUR VERBLENDUNG,
GOETTLICHES LENKEN
FÜHRT ZUR VOLLENDUNG.

Frauen als Studierende und Dozierende

Die Universität Zürich war die erste Universität in Europa, die Frauen zum Studium zuliess: 1866 immatrikulierte sich die Russin Nadeschda Suslowa als erste Frau in der Schweiz an einer Universität, nachdem sie ein Gesuch auf Zulassung zum Medizinstudium gestellt hatte.[1] Schon vorher hatte die Universität Zürich Frauen zum Studium zugelassen – ab 1840 als Hörerinnen bei philosophischen Vorlesungen, ab 1864 als Studentinnen.

Die erste Frau an der Theologischen Fakultät schrieb sich 1908 ein und war 1916 auch die erste Promovendin: die Böhmin Olga Tugemann. Vor ihr hatte bereits Lou Andreas-Salomé als Hörerin Veranstaltungen der Theologischen Fakultät besucht (ab 1880), ohne aber je immatrikuliert gewesen zu sein.

Die ersten Frauen, die das Theologiestudium in Zürich abschlossen, waren Rosa Gutknecht und Elise Pfister. Da das Schlussexamen als kirchliches Konkordatsexamen an das – Männern vorbehaltene – Pfarramt geknüpft war, richtete die Zürcher Fakultät eigens ein Fakultätsexamen ein. Die beiden Studentinnen absolvierten dies 1918 erfolgreich und wurden als europaweit erste Frauen zum kirchlichen Dienst ordiniert. Da jedoch der Regierungsrat die Wahl von Frauen ins Pfarramt 1920 ablehnte, blieb den beiden der Weg zum ordentlichen Pfarrberuf versperrt; sie wurden zuerst als Vikarinnen, dann als Pfarrhelferinnen von den Zürcher Kirchgemeinden Neumünster (Pfister) und Grossmünster (Gutknecht) eingestellt.[2] Zum Pfarramt wurden Frauen erst im Rahmen der neuen Zürcher Kirchengesetzgebung zugelassen, die 1963 in Kraft trat:[3] Erstmals wieder seit 1918

[1] Nabholz 1933, 175. [2] Belser 1988, 185.
[3] Schmid 1988.

wurden am 17. November 1963 im Grossmünster Frauen (es waren zwölf) für den pfarramtlichen Dienst ordiniert.

Die erste Habilitation einer Frau an der Theologischen Fakultät erfolgte mit Gabrielle Oberhänsli-Widmer (geb. 1957). Sie war zunächst als Lehrerin an verschiedenen Schulen tätig, bevor sie das Studium der französischen und hebräischen Sprache und Literatur in Zürich, Florenz, Lausanne und Luzern absolvierte. Sie wurde mit einer Arbeit in der Romanistik promoviert[4] und habilitierte sich für jüdische Religionsgeschichte mit einer Arbeit über biblische Figuren in der rabbinischen Literatur.[5] Sie wirkte über lange Zeit an der Fakultät als Lektorin für Hebräisch sowie als Privatdozentin und Titularprofessorin an der Universität Zürich, bevor sie 2004 als Professorin für Judaistik an die Albert-Ludwigs-Universität Freiburg i. Br. berufen wurde.

Die erste Professorin an der Theologischen Fakultät war Susanne Heine, die 1990 auf den Lehrstuhl für Praktische Theologie berufen wurde.

Im Jahr 2012 waren laut Gleichstellungsmonitoringsbericht[6] zwei Drittel der Studierenden an der Theologischen Fakultät Frauen,[7] bei den Doktorierenden beträgt der Frauenanteil 42 %. Zwischen 2003 und 2012 erfolgten 15 Habilitationen, davon 6 von Frauen. Derzeit beträgt der Professorinnenanteil der Fakultät 17 %.

[4] Oberhänsli-Widmer 1989. [5] Oberhänsli-Widmer 1998.
[6] http://www.gleichstellung.uzh.ch/fakultaeten/FaktenblaetterTHF.pdf.
[7] Im Bachelorstudium 68 %, im Masterstudium 63 %.

Katholische Theologie

Nachdem die Reformation im Jahr 1523 in Zürich eingeführt worden war, waren Stadt und Kanton nahezu ausschliesslich protestantisch. Der erste katholische Gottesdienst nach der Reformation fand erst 1807 in der St. Anna-Kapelle statt.[1] Eine eigene Kirche erhielten die Katholiken des Kantons Zürich erst 1844. Ihr Anteil an der Bevölkerung war im 19. Jahrhundert noch marginal: 1850 betrug er 2,6 %, bis 1880 stieg er dann kontinuierlich auf 9,5 % an.[2] Waren es 1910 bereits 21,8 %, stieg er 1970 auf ganze 36,7% an; aktuell (2010) beträgt er 28,2 %.

Angesichts dieser eindeutigen konfessionellen Prägung ihres Domizilkantons hatte die Universität Zürich kein Sensorium für katholische Theologie; die Überlegungen für die Gründung einer katholischen Fakultät an der neu zu gründenden Eidgenössisch-Technischen Hochschule (ETH) verliefen alsbald im Sand.[3] Doch als Folge der ökumenischen Bewegung, des Zweiten Vatikanischen Konzils sowie der ersten Volksinitiative über die Trennung von Kirche und Staat (1976) mehrten sich die Bemühungen, die traditionell protestantische Ausrichtung der Fakultät zu erweitern. Das Fakultätsprotokoll hielt zur Frage einer römisch-katholischen Dozentur fest:

> Die Frage der Errichtung eines katholischen und eines protestantischen Lehrstuhls an der ETH ist in absehbarer Zeit wieder auf die Traktandenliste zu setzen (Referent: Prof. Leuenberger). In regelmässigen Abständen sollen

[1] Kaufmann 2006, 29. [2] Borter 2013, 93.

[3] Boner 1954; vgl. NZZ vom 26. Januar 1854, 106; NZZ vom 18. August 1888 (Nr. 231), 1.

> katholischen Dozenten Lehraufträge erteilt werden. Prof. Schweizer fragt Prof. Voegtle, Freiburg i. Br., nur unverbindlich an.[4]

In ihrer Vernehmlassungsantwort zur Volksinitiative schrieb die Fakultät im Jahr 1976:

> Die Theologische Fakultät erachtet es als angemessen, dass zur gegebenen Zeit, sei es an der Theologischen, sei es an der Philosophischen Fakultät I, ein Lehrstuhl für katholische Theologie errichtet werde. Auf die nähere Umschreibung eines solchen Lehrstuhles wird verzichtet, jedoch darauf hingewiesen, dass dabei nicht an ein bestimmtes theologisches Fachgebiet gedacht ist, sondern an die Darstellung der katholischen Tradition im Sinn eines umfassenden religiösen und kulturellen Phänomens.[5]

Vor allem Fritz Büsser hatte regelmässig Veranstaltungen zur katholischen Theologie angeboten, so las er mehrmals «Vom Tridentinum zum II. Vatikanischen Konzil (Geschichte der röm.-kath. Kirche in der Neuzeit)». Auch Hans Friedrich Geisser – er hatte sich zu Johann Adam Möhler, einem katholischen Ökumeniker, habilitiert – lehrte zum Katholizismus, etwa mit einem Seminar zu «Das Selbstverständnis der römisch-katholischen Kirche im ökumenischen Zeitalter». Hanno Helbling, der katholische Feuilleton-Chef der «Neuen Zürcher Zeitung», bot einen Lehrauftrag zum Thema «Das Papsttum im 20. Jahrhundert» an. Weiter lehrten etwa Franz Furger, Dietrich Wiederkehr, der nachmalige Kardinal Kurt Koch und, von der Theologischen Fakultät Luzern, Walter Kirchschläger. Der aus dem Tessin stammende Oberassistent und spätere Ethikprofessor in Lausanne, Alberto Bondolfi, bot eine «Einführung in die katholische Soziallehre» an. Schliesslich unterrichteten etwa auch Othmar Keel,

[4] Protokoll der Fakultätssitzung vom 4. Juni 1969.

[5] Schweizerischer Evangelischer Pressedienst, 29. November 1976, 6.

Johann Baptist Brantschen und Guido Vergauwen von der Universität Fribourg in Zürich.

Im Jahr 1985 reichten die Kantonsräte Thomas Geiges (CVP) und Fritz Jauch (EVP) ein Postulat zur Schaffung eines Lehrstuhls für katholische Theologie an der Theologischen Fakultät ein.[6] Der Regierungsrat beschied dieses Postulat abschlägig, da ein einzelner Lehrstuhl nicht sinnvoll sei – an katholischen Fakultäten werde ja auch nicht jeweils ein einzelner Lehrstuhl für evangelische Theologie eingerichtet. Die bestehenden Lehraufträge sollen aber fortgeführt und ausgebaut werden.

Mit Christoph Uehlinger und Simon Peng-Keller verfügt die Theologische Fakultät der Universität Zürich derzeit über zwei katholische Personen in ihrem Lehrkörper.

[6] NZZ vom 4. Oktober 1985 (Nr. 230), 49.

Jüdische und Islamische Theologie

Das Judentum hat eine lange Geschichte in Zürich;[1] die Israelitische Cultusgemeinde Zürich wurde jedoch erst 1895 gegründet, nachdem die Teilrevision der Bundesverfassung (1866) den Jüdinnen und Juden die volle Gleichberechtigung und Niederlassungsfreiheit zugestanden hatte.

Für die Theologische Fakultät kam die Frage der akademischen Behandlung des Judentums vor allem durch den Privatdozenten Moritz Heidenheim auf, dessen Antrag auf ein Extraordinariat allerdings abschlägig beschieden wurde. Ausserdem wurde Ende des 19. und Anfang des 20. Jahrhunderts kursorisch die Lektüre rabbinischer Texte angeboten. Weiter kann man den Arbeitsschwerpunkt von Konrad Furrer in der Landeskunde Israels nennen, aber ansonsten kam das Judentum kaum anders denn als die traditionelle heilsgeschichtliche Hintergrundfolie des Christentums zum Vorschein.[2] Eine tiefgehende Auseinandersetzung mit dem Judentum lässt sich zunächst besonders bei dem Sozialethiker Rich beobachten, der 1942 vor der Schaffhauser Kirchensynode einen Vortrag zu «Die Juden und der Judenhass» hielt, der entschlossen zur Solidarität mit dem Judentum aufrief – was Rich mit der Beherbergung des Flüchtlings Leopold Rosenstreich in die Tat umsetzte.[3]

Ein vom 13. Mai 1960 datierter Brief der christlich-jüdischen Arbeitsgemeinschaft in der Schweiz (CJA) an die Kuratel der Universität Zürich[4] weist darauf hin, dass an verschiedenen Universitäten in Europa Lehrstühle bzw. Lehraufträge für das Fach der Wissen-

[1] Brunschwig u.a. 2005; vgl. Kupfer/Weingarten 1999.

[2] Vgl. Kaufmann 2006. [3] Wolf 2009, 29–32.

[4] Dekanatsakten Blanke 1960–1962.

schaft des Judentums bestehen. Gleichzeitig hält der Brief fest, dass «an keiner deutsch-schweizerischen Universität das Lehrfach der Wissenschaft des Judentums gepflegt wird, obwohl es eine wesentliche Bereicherung des vorhandenen Lehrprogrammes darstellen würde und keinesfalls vernachlässigt werden sollte». Die Absender bitten um Prüfung, ob an der Universität Zürich oder einer anderen Schweizer Hochschule das Lehrfach Wissenschaft des Judentums eingerichtet werden könne. Unterzeichnet war der Brief von Prof. Dr. H. van Oyen (Präsident) und Prof. Dr. E. Bickel (Vize-Präsident).

Daraufhin erstellte Victor Maag ein Gutachten «zur Frage eines Lehrstuhles für Wissenschaft des Judentums an der Universität Zürich». Er hielt fest, dass es in der Schweiz keine Talmudschule gebe, die die Studenten auf ein entsprechendes Studium vorbereiten würde, und deshalb sei auch die Errichtung eines Lehrstuhles für die Wissenschaft des Judentums nicht zu empfehlen. Einzelne Lehraufträge für «wissenschaftliche Vorlesungen über jüdisches Wesen und Schaffen» könnten aber Hörern aller Fakultäten Einblick in das Wesen des Judentums, seine Eigenarten und seine wissenschaftlichen sowie humanitären Leistungen geben. Solche Lehraufträge müssten allerdings als Orientierung für Nichtfachleute konzipiert sein. Weiter verwies Maag auf bereits stattfindende Veranstaltungen an der Theologischen Fakultät wie die Hebräischkurse, Vorlesungen und Seminare zur Geschichte Israels, zur hebräischen Bibelexegese sowie zur alttestamentlichen Religionsgeschichte. Das Fakultätsprotokoll hielt zum Traktandum «Lehrauftrag für Geschichte des Judentums» fest:

> Der Vorschlag der Erteilung von Lehraufträgen für Geschichte des Judentums im Einvernehmen mit der Philosophischen Fakultät wird grundsätzlich gutgeheissen. Zur Besprechung mit der Philosophischen Fakultät werden delegiert: Dekan Blanke, Maag, Schweizer, Wildberger.[5]

[5] Protokoll der Fakultätssitzung vom 21. Dezember 1960.

Einen entsprechenden Lehrauftrag nahm Rabbiner Salomon Speier wahr (1969–1973). Der Fakultät war er bereits zuvor verbunden: Viktor Maag hatte ihm im Vorwort zur Drucklegung seiner Dissertation zu «Text, Wortschatz und Begriffswelt des Buches Amos» (1951) für Hinweise und Beratung gedankt. Speier behandelte in seinen Veranstaltungen vor allem Themen zu Talmud und Midrasch. Von 1978 bis 1990 war der judaistische Lehrauftrag in den Händen von Rabbiner Samuel Adler, der auch religionsphilosophische und literarische Themen sowie Iwrit-Kurse anbot. Der Lehrauftrag musste 1986 aus Spargründen unterbrochen werden.

Als Lehrbeauftragter wirkte auch Simon Lauer vom Institut für Judaistik der Theologischen Fakultät Luzern. In den neunziger Jahren war die Privatdozentin für jüdische Religionsgeschichte, Gabrielle Oberhänsli-Widmer, in Forschung und Lehre auf dem Gebiet des Judentums tätig, bevor sie 2004 als Professorin für Judaistik an die Albrecht-Ludwigs-Universität Freiburg im Breisgau berufen wurde. In jüngerer Zeit sind Lehraufträge an Michel Bollag und David Bollag (die beiden sind nicht miteinander verwandt) vergeben worden. Die Lektüre rabbinischer Literatur auf Hebräisch und Aramäisch wird von Peter Schwagmeier regelmässig angeboten. Seit 2011 unterhält die Theologische Fakultät der Universität Zürich in Zusammenarbeit mit jener der Universität Bern einen spezialisierten Masterstudiengang Antikes Judentum, der zu einem Joint Master beider Universitäten führt.

Seit 2009 besteht an der Fakultät die Sigi-Feigel-Gastprofessur für Jüdische Studien, die jeweils im Frühjahrssemester für fünf Monate besetzt wird und sich – je nach Besetzung – Themen jüdischer Religion, Kultur, Ethik und Philosophie in Geschichte und Gegenwart zuwendet. Die Gastprofessur wurde im Gedenken an die herausragende Persönlichkeit und das öffentliche Wirken des jüdischen Schweizers Sigi Feigel (1921–2004) gestiftet. Die Vermittlung der Finanzierung verdankt die Theologische Fakultät zwei von Feigel gegründeten Initiativen, der Gesellschaft Minderheiten in der Schweiz (GMS) und der Stiftung gegen Rassismus und Antisemitismus (GRA). Bisher konnten Myriam Bienenstock, Carl Ehrlich,

Stefan Schreiner, Tamar El-Or, Irene Zwiep und Emile G.L. Schrijver zur Wahrnehmung der Gastprofessur gewonnen werden.

Seit dem Herbstsemester 2015 existiert zudem eine weitere Gastprofessur – nach dem Modell der Sigi-Feigel-Gastprofessur – für Islamische Theologie und Bildung, die in Zusammenarbeit mit der Abteilung Islamwissenschaft der Philosophischen Fakultät errichtet worden ist und für das erste Semester mit Abbas Poya besetzt wurde. Sie wird über Mittel der Paul-Schiller-Stiftung finanziert.

Spiritual Care

Eine der jüngsten Entwicklungen an der Fakultät spiegelt sich in der Einrichtung einer Stiftungsprofessur für Spiritual Care, die von der katholischen und der reformierten Kirche im Kanton Zürich sowie einer Stiftung finanziert wird. Im Zentrum der Professur steht die Seelsorge bei Sterbenden und ihren Angehörigen. Spiritual Care ist neben der Medizin, der Pflege und der Psychologie die vierte Säule der Palliative Care, welche das Leiden unheilbar kranker Menschen lindern und ihnen so eine bestmögliche Lebensqualität bis zum Ende verschaffen soll.

Das Lehrangebot der Professur ist nicht nur an Theologiestudierende, sondern auch an angehende Ärztinnen und Ärzte gerichtet. Entsprechend war auch die Medizinische Fakultät in die Konzipierung und Besetzung der Professur miteinbezogen. Im Herbst 2015 wurde Simon Peng-Keller (geb. 1969) auf diese Professur gewählt. Er studierte Katholische Theologie in Fribourg und Luzern, wirkte als Pastoralassistent in der Pfarrei Liebfrauen/Zürich (1996–2000) und war Assistent am Lehrstuhl für Fundamentaltheologie an der Universität Fribourg (2000–2008). Die Promotion erfolgte 2002. Seit 2004 ist er Dozent für Theologie des geistlichen Lebens an der Theologischen Hochschule Chur und seit 2008 Dozent für Dogmatik an der Theologischen Schule Einsiedeln. Ausserdem betreut er den Lehrgang «Christliche Spiritualität – Geschichte, Quellen und heutige Praxis» im Lassalle-Haus mit, der seit 2011 als Studiengang mit dem Abschluss als Master of Advanced Studies (MAS), in Kooperation mit der Universität Fribourg, durchgeführt wird. Peng-Keller habilitierte sich 2010 in Fribourg für das Fachgebiet Fundamentaltheologie und Theologie des geistlichen Lebens.

Aktivitäten der Studierenden

Bis in die dreissiger Jahre des 20. Jahrhunderts waren die Studierendenzahlen sehr überschaubar.[1] Die Akten der Theologischen Fakultät aus dem 19. Jahrhundert zeigen, dass sich damals die Professoren auch um den Lebenswandel der Studierenden ausserhalb der Universität sorgten und dass bei Abweichung vom gewünschten Verhalten entsprechende Massnahmen ergriffen werden konnten.

Eine organisierte Studentenschaft existiert an der Universität Zürich erst seit Beginn des 20. Jahrhunderts. Am 29. April 1919 trat das «Reglement über die Organisation der Studentenschaft der Universität Zürich» in Kraft, nachdem sich in Deutschland seit dem Wintersemester 1918/19 «allgemeine Studentenausschüsse» (AStA) gebildet hatten.[2] Die Studentenschaft der Theologischen Fakultät tritt im Wintersemester 1925/26 mit der Einführung von Morgenandachten in der Grossmünsterkapelle in Erscheinung, die während des Semesters einmal wöchentlich durchgeführt wurden[3] und ab Wintersemester 1933/34 im Gebäude des Theologischen Seminars stattfanden. Die Studierenden der Theologischen Fakultät befanden sich in einem privilegierten Sozialgefüge: «Wie an keiner anderen Fakultät verbindet [das gesellige Leben] Lehrer und Schüler auch außerhalb der ernsten Studienarbeit zu einer lebendigen Gemeinschaft.»[4]

In ihrem Organ «Der rote Student»[5] forderte die «Marxistische Studentengruppe» neben anderen Postulaten – wie der Unentgeltlichkeit des Hochschulbesuchs, der Erhöhung der Stipendien und der Schaffung eines Lehrstuhls für Marxismus – auch die Aufhe-

[1] Siehe Anhang F. [2] Stadler 1983, 26–27. [3] Erb 1937, 493.
[4] A.a.O., 494. [5] Nr. 2, Wintersemester 1930/31.

bung der Theologischen Fakultät.[6] Doch es blieb beim Postulatcharakter dieser Forderung.

Zwischen den späten fünfziger Jahren des 20. Jahrhunderts und der Jahrtausendwende bestand an der Fakultät die Institution einer von den Studierenden organisierten «Fakultätswoche», die in der Regel über das Auffahrtswochenende stattfand. Das Thema wurde von den Studierenden bestimmt, ebenso die Arbeitsformen sowie die Referentinnen und Referenten, die entweder aus der Fakultät selbst oder von ausserhalb stammen konnten. Die Themen umfassten (in Auswahl und soweit dokumentiert):

- Auslegung und Verkündigung[7]
- Das Problem des historischen Jesus[8]
- Die Anforderungen des Pfarramtes in unserer heutigen Welt[9]
- Katholischer und evangelischer Gottesdienst und Liturgie[10] (es ist allerdings unklar, ob die Tagung stattgefunden hat)
- Die politische Verantwortung des Christen und der Kirche (im Vorfeld dieser Fakultätswoche hatte eine öffentlich ausgetragene Auseinandersetzung stattgefunden, in der es um die Anwendbarkeit von Römer 13 im Zusammenhang der Dienstverweigerung ging)[11]
- Erwählung[12]
- Alternative christliche Lebensstile[13]
- Fenster zur Welt: Blicke über den Rand des theologischen Eintopfs[14]

[6] Stadler 1983, 49.
[7] Vaumarcus-Neuchâtel, 8.–10. Mai 1959.
[8] Boldern, Männedorf, 20.–22. Mai 1960.
[9] 26.–28. Mai 1961.
[10] 1.–3. Juni 1962.
[11] Gwatt, 5.–9. Januar 1972; vgl. Beutel 2012, 364–366.
[12] Boldern, Männedorf, 21.–24. Februar 1973.
[13] Hüswil, 26.–28. Mai 1976.
[14] Alpnach-Dorf, 3.–5. Mai 1978.

- Die Kirche im Blickfeld des Theologiestudenten: Christliche Existenz angesichts von ungerechten Strukturen, Alternative Modelle theologischer Ausbildung[15]
- Theologie – Leitbild 90[16]
- Die ökumenische Bewegung als Herausforderung und als Hoffnung[17]
- Theologie und Spiritualität[18]
- Körper – Seele – Geist[19]
- Grenzgänge[20]
- Widerstand und Hoffnung[21]
- Koinonia[22]
- Homosexualität und Kirche[23]

Die heutige Studierendenschaft ist im Fachverein Religionswissenschaft und Theologie organisiert und verfolgt eine Reihe von Aufgaben und Tätigkeiten. Der Fachverein ist am Erstsemestrigentag der Universität präsent, bietet je ein Essen zum Semesteranfang und zum Semesterabschluss an, unterhält verschiedene Lesekreise und ist für die Organisation des sogenannten «Kreuzgangfestes» zuständig, das jeweils am Ende des Frühjahrssemesters im Kreuzgang des Gebäudes an der Kirchgasse 9 stattfindet. Auch der Austausch mit Studierenden anderer Standorte wird gefördert, so etwa an den Interfac-Tagungen, in der sich die Theologiestudierenden der Schweiz treffen, oder an den religionswissenschaftlichen Symposien, die jeweils von einer der Fachschaften für Religionswissenschaft aus Deutschland, Österreich oder der Schweiz organisiert wird.

[15] Alpnach-Dorf, 3.–7. Mai 1979.
[16] La Chotte bei Neuchâtel, 14.–18. Mai 1980.
[17] Ökumenisches Institut, Château de Bossey, 27.–31. Mai 1981.
[18] Campo Enrico Pestalozzi, Arcegno, 19.–23. Mai 1982.
[19] Les Bois, 15.–19. Mai 1985.
[20] Prato Leventina, 7.–11. Mai 1986.
[21] Engelberg, 27.–31. Mai 1987.
[22] Innerthal am Wäggitalersee, 23.–27. Mai 1990.
[23] Schönenberg ZH, 31. Mai – 4. Juni 2000.

Ausblick

Die Theologische Fakultät der Universität Zürich hat sich seit ihrer Gründung stark verändert: Sie ist räumlich unabhängig geworden, ihre Studierendenzahlen haben sich vervielfacht, ihr Studienangebot ist vielfältiger geworden – namentlich durch die Einrichtung des religionswissenschaftlichen Studiengangs –, sie verfügt über einen ansehnlichen Mittelbau, die Aktivitäten ihrer Dozierenden sind internationaler geworden und die Anzahl der Publikationen ihrer Angehörigen ist stark angestiegen. Als kleiner, aber geschichtsträchtiger und sachlich eigenständiger Bestandteil der Universität Zürich wird sie auch in den kommenden Jahren ihren Beitrag an Forschung, Lehre und Dienstleistung erbringen.

Anhang

Die Angaben in den Anhängen A bis F sind zusammengestellt aufgrund von Informationen des Universitätsarchivs, des Rektoratsdienstes der Universität Zürich, des Dekanats der Theologischen Fakultät sowie der unter www.archiv.uzh.ch, www.histvv.uzh.ch und www.fi.uzh.ch abrufbaren Quellen.

A. Professorinnen und Professoren der Theologischen Fakultät

Heinrich Christian Michael Rettig * 30.7.1799; Neues Testament, Kirchengeschichte, Dogmatik; 1823 Privatdozent in Giessen; an Universität Zürich: *1833* Ordentlicher Professor. † 24.3.1836.

Ferdinand Hitzig * 23.6.1807; Altes Testament; 1830 Privatdozent in Heidelberg; an Universität Zürich: *1833* Ordentlicher Professor; ab 1861 in Heidelberg. † 21.1.1875.

Ludwig Hirzel * 29.8.1801; Altes Testament, Neues Testament; an Universität Zürich: *1833* Ausserordentlicher Professor. † 13.4.1841.

Salomon Hess * 7.5.1789; Praktische Theologie; an Universität Zürich: *1833* bis 1835 Ausserordentlicher Professor. † 6.8.1852.

Melchior Ulrich * 24.4.1802; Neues Testament; an Universität Zürich: *1833* Privatdozent, 1837 bis 1856 Ausserordentlicher Professor. † 22.7.1893.

Johannes Schulthess * 28.9.1763; Neues Testament; ab 1787 Dozent am Collegium humanitatis Zürich; ab 1816 Professor am Carolinum, Chorherr Grossmünster; an Universität Zürich: *1833* bis 1836 Ausserordentlicher Professor. Gründer des Verlagshauses Schulthess (1791). † 10.11.1836.

Alexander Schweizer * 14.3.1808; Praktische Theologie, Neues Testament, Ethik; an Universität Zürich: *1834* Privatdozent, ab 1835 Ausserordentlicher Professor, ab 1841 Ordentlicher Professor. † 3.7.1888.

Eduard Elwert * 22.2.1805; Neues Testament, Kirchengeschichte, Dogmatik; an Universität Zürich: *1836* bis 1838 Ordentlicher Professor; 1839 bis 1841 in Tübingen. † 9.6.1865.

Otto Fridolin Fritzsche * 23.9.1812; Neues Testament, Kirchengeschichte; 1836 Privatdozent in Halle; an Universität Zürich: *1837* Ausserordentlicher Professor, ab 1842 Ordentlicher Professor, ab 1893 Honorarprofessor. † 9.3.1896.

David Friedrich Strauss * 27.1.1808; Dogmatik; an Universität Zürich: *26.1.1839* berufen als Ordentlicher Professor, 19.3.1839 pensioniert durch Erziehungsrat. † 8.2.1874.

Johann Peter Lange * 10.4.1802; Dogmatik, Kirchengeschichte; an Universität Zürich: *1841* Ordentlicher Professor; ab 1854 in Bonn. † 8.7.1884.

Johann Heinrich August Ebrard * 18.1.1818; Altes Testament, Neues Testament; 1842 Privatdozent in Erlangen; an Universität Zürich: *1845* Ausserordentlicher Professor; ab 1847 bis 1853 Ordentlicher Professor in Erlangen. † 23.7.1888.

Aloys Emanuel Biedermann * 2.3.1819; Neues Testament, Systematische Theologie; an Universität Zürich: *1850* Ausserordentlicher Professor, ab 1860 Ordentlicher Professor. † 25.1.1885.

Gustav Volkmar * 11./12.1.1809; Neues Testament; an Universität Zürich: *1853* Privatdozent, ab 1858 Ausserordentlicher Professor, ab 1864 Ordentlicher Professor, 1856 bis 1864 auch Privatdozent am Eidgenössischen Polytechnikum (ETH). † 9.1.1893.

Constantin Schlottmann * 7.3.1819; Neues Testament; 1847 Privatdozent in Berlin; an Universität Zürich: *1855* Ordentlicher Professor; ab 1859 in Bonn, ab 1866 in Halle. † 8.11.1887.

Heinrich Kesselring * 15.7.1832; Neues Testament, Praktische Theologie; an Universität Zürich: *1858* Privatdozent, ab 1864 Ausserordentlicher Professor, 1874 bis 1903 Ordentlicher Professor. † 22.12.1919.

Karl Theodor Keim * 17.12.1825; Neues Testament, Kirchengeschichte; an Universität Zürich: *1860* Ordentlicher Professor; ab 1873 Giessen. † 17.11.1878.

Eberhard Schrader * 5.1.1836; Altes Testament; an Universität Zürich: *1862* Privatdozent, ab 1863 Ordentlicher Professor; ab 1870 Ordentlicher Professor in Giessen; 1873 Ordentlicher Professor in Jena; 1875 bis 1899 Ordentlicher Professor in Berlin. † 8.7.1908.

Konrad Furrer * 5.11.1838; Religionsgeschichte, Altes Testament; an Universität Zürich: *1869* bis 1876 und ab 1885 bis 1888 Privatdozent, ab 1889 Ausserordentlicher Professor. † 14.4.1908.

Heinrich Steiner * 10.1.1841; Altes Testament, Semitika; 1865 Privatdozent, 1868 Ausserordentlicher Professor in Heidelberg; an Universität Zürich: *1870* Ordentlicher Professor. † 19.4.1889.

Emil Egli * 9.1.1848; Kirchengeschichte; an Universität Zürich: *1879* Privatdozent, ab 1889 Ausserordentlicher Professor, ab 1893 Ordentlicher Professor. † 31.12.1908.

Gustav von Schulthess-Rechberg * 27.4.1852; Systematische Theologie; an Universität Zürich: *1885* Privatdozent, ab 1890 bis 1916 Ordentlicher Professor. † 4.7.1916.

Theodor Haering * 22.4.1848; Dogmatik; an Universität Zürich: *1886* Ordentlicher Professor; ab 1889 in Göttingen; ab 1895 bis 1920 in Tübingen. † 11.3.1928.

Paul Christ * 25.10.1836; Systematische Theologie, Praktische Theologie; an Universität Zürich: *1889* Ordentlicher Professor. † 14.1.1908.

Karl Viktor Ryssel * 18.12.1849; Altes Testament, Semitika; 1878 Privatdozent, 1885 Ausserordentlicher Professor in Leipzig; an Universität Zürich: *1889* Ordentlicher Professor. † 1.3.1905.

Paul Schmiedel * 22.12.1851; Neues Testament; 1878 Privatdozent, 1890 Ausserordentlicher Professor in Jena; an Universität Zürich: *1893* Ordentlicher Professor, ab 1923 Honorarprofessor. † 10.4.1935.

Arnold Meyer * 9.8.1861; Neues Testament, Praktische Theologie; 1892 Privatdozent, 1896 Titularprofessor in Bonn; an Universität Zürich: *1904* Ordentlicher Professor, ab 1931 Honorarprofessor. † 9.10.1934.

Jakob Hausheer * 11.10.1865; Altes Testament, Religionsgeschichte und Orientalistik; an Universität Zürich: *1905* Ordentlicher Professor, ab 1935 Honorarprofessor. † 7.5.1943.

Leonhard Ragaz * 28.7.1868; Systematische Theologie, Praktische Theologie; an Universität Zürich: *1908* Ordentlicher Professor, Rücktritt 1921. † 7.12.1945.

Ludwig Hugo Köhler * 14.4.1880; Altes Testament, Praktische Theologie; an Universität Zürich: *1908* Ausserordentlicher Professor, ab 1923 Ordentlicher Professor, ab 1947 Honorarprofessor. † 25.11.1956.

Walther Erich Köhler * 27.12.1870; Kirchengeschichte, Symbolik; ab 1900 Privatdozent, ab 1904 Ausserordentlicher Professor in Giessen; an Universität Zürich: *1909* Ausserordentlicher Professor; ab 1929 Ordentlicher Professor, 1936 zurückgetretener Ordentlicher Professor in Heidelberg. † 18.2.1946.

Hans Konrad von Orelli * 17.5.1882; Systematische Theologie, Dogmengeschichte, Praktische Theologie; an Universität Zürich: *1917* Ordentlicher Professor, ab 1923 zurückgetretener Ordentlicher Professor. † 25.10.1961.

Emil Heinrich Brunner * 23.12.1889; Systematische Theologie (ohne Dogmengeschichte und Symbolik), Praktische Theologie; an Universität Zürich: *1921* Privatdozent, ab 1924 Ordentlicher Professor, ab 1955 Honorarprofessor. † 6.4.1966.

Gottlob Schrenk * 10.2.1879; Neues Testament; ab 1912 Dozent an der Kirchlichen Hochschule Bethel; an Universität Zürich: *1923* Ordentlicher Professor, ab 1949 Honorarprofessor. † 13.4.1965.

Walter Gut * 1.9.1885; Systematische Theologie (inkl. Religionspsychologie), Dogmengeschichte, Symbolik; an Universität Zürich: *1923* Ordentlicher Professor, ab 1955 Honorarprofessor. † 2.7.1961.

Fritz Blanke * 22.4.1900; Kirchengeschichte, Dogmengeschichte; 1926 Privatdozent Königsberg; an Universität Zürich: *1929* Ordentlicher Professor. † 4.3.1967.

Werner Georg Kümmel * 16.5.1905; Neues Testament; an Universität Zürich: *1932* Ausserordentlicher Professor, ab 1946 Ordentlicher Professor; ab 1951 Ordentlicher Professor in Mainz; ab 1952 Ordentlicher Professor in Marburg, ab 1973 Emeritus. † 9.7.1995.

Walther Theodor Zimmerli * 20.1.1907; Altes Testament, Religionsgeschichte und orientalische Sprachen; an Universität Zürich: *1935* Ausserordentlicher Professor, ab 1938 Ordentlicher Professor; ab 1951 Ordentlicher Professor in Göttingen, ab 1975 Emeritus. † 4.12.1983.

Eduard Schweizer * 18.4.1913; Neues Testament; an Universität Zürich: *1941* Privatdozent; ab 1946 Ordentlicher Professor in Mainz; ab 1949 Ordentlicher Professor in Bonn; an Universität Zürich: ab 1949 Ordentlicher Professor, ab 1979 Honorarprofessor. † 27.6.2006.

Victor Maag * 17.2.1910; Altes Testament, Religionsgeschichte und Orientalistik; an Universität Zürich: *1947* Privatdozent, ab 1948 Ordentlicher Professor, ab 1978 Honorarprofessor. † 3.10.2002.

Ernst Frick * 10.3.1894; Praktische Theologie; an Universität Zürich: *1950* Ausserordentlicher Professor, ab 1956 zurückgetretener Ausserordentlicher Professor. † 24.10.1963.

Arthur Rich * 21.1.1910; Systematische Theologie und Praktische Theologie; an Universität Zürich: *1951* Privatdozent, ab 1954 Ordentlicher Professor, ab 1975 Honorarprofessor. 1964 bis 1977 Gründer und Leiter des Instituts für Sozialethik. † 25.7.1992.

Hans Wildberger * 2.1.1910; Altes Testament und Religionsgeschichte; an Universität Zürich: *1951* Ausserordentlicher Professor, ab 1955 Ordentlicher Professor, ab 1975 Honorarprofessor. † 25.6.1986.

Hans Conzelmann * 27.10.1915; Neues Testament; ab 1952 Privatdozent in Heidelberg; an Universität Zürich: *1954* Ausserordentlicher Professor, ab 1956 Ordentlicher

Professor; ab 1960 Ordentlicher Professor in Göttingen, ab 1978 Emeritus. † 20.6.1989.

Gerhard Ebeling * 6.7.1912; Fundamentaltheologie und Hermeneutik, urspr. Systematische Theologie; ab 1946 Privatdozent, ab 1946 Ordentlicher Professor in Tübingen; an Universität Zürich: *1956* Ordentlicher Professor; ab 1965 Ordentlicher Professor in Tübingen; an Universität Zürich: ab 1968 Ordentlicher Professor, ab 1979 Honorarprofessor. † 30.9.2001.

Walter Bernet * 5.8.1925; Praktische Theologie und Religionspsychologie; an Universität Zürich: *1959* Privatdozent, ab 1961 Ausserordentlicher Professor, ab 1964 Ordentlicher Professor, 1990 Emeritus. † 30.10.2000.

Siegfried Schulz * 28.6.1927; Neues Testament; ab 1957 Privatdozent in Erlangen; ab 1958 Assistenzprofessor; an Universität Zürich: *1961* Ausserordentlicher Professor, ab 1964 Ordentlicher Professor, 1987 Emeritus. † 10.7.2000.

Kaspar Fridolin (Fritz) Büsser * 12.2.1923; Kirchengeschichte und Dogmengeschichte; an Universität Zürich: *1965* Privatdozent, ab 1966 Ausserordentlicher Professor, ab 1968 Ordentlicher Professor, 1989 Emeritus. † 7.9.2012.

Alfred Schindler * 31.12.1934; Kirchen- und Dogmengeschichte; an Universität Zürich: *1965* Privatdozent, ab 1966 Ausserordentlicher Professor; ab 1970 Ordentlicher Professor in Heidelberg; ab 1979 Ordentlicher Professor in Bern; 1990 Ordentlicher Professor für Kirchen- und Dogmengeschichte in Zürich, 2000 Emeritus. † 19.11.2012.

Robert Leuenberger * 8.4.1916; Praktische Theologie; ab 1964 Privatdozent in Basel; an Universität Zürich: *1965* Ordentlicher Professor, 1983 zurückgetretener Ordentlicher Professor. † 1.10.2004.

Hans Heinrich Schmid * 20.10.1937; Altes Testament und Religionsgeschichte; an Universität Zürich: *1966* Privatdozent, ab 1967 Assistenzprofessor; ab 1969 Ordentlicher Professor an der Kirchlichen Hochschule Bethel; an Universität Zürich: ab 1976 Ordentlicher Professor, 1988 bis 2000 vollamtlicher Rektor der Universität Zürich, 2000 Emeritus. † 5.10.2014.

Eberhard Jüngel * 5.12.1934; Systematische Theologie, Dogmatik und Dogmengeschichte; ab 1961 Dozent am Sprachenkonvikt in Berlin; an Universität Zürich: *1966* Ordentlicher Professor; ab 1969 Ordentlicher Professor in Tübingen, 2003 Emeritus.

Hans Friedrich Geisser * 6.8.1928; Systematische Theologie, Dogmengeschichte und Symbolik; 1967 Privatdozent in Bonn, ab 1968 Assistenzprofessor, ab 1970 Ausserordentlicher Professor; an Universität Zürich: *1970* Ordentlicher Professor, 1993 Emeritus. † 17.1.2014.

Hans-Dietrich Altendorf * 21.7.1930; Dogmengeschichte, bes. Patristik; 1968 Privatdozent in Tübingen; an Universität Zürich: *1971* Ausserordentlicher Professor, ab 1974 Ordentlicher Professor, 1995 Emeritus.

Fritz Stolz * 16.7.1942; Allgemeine Religionsgeschichte und Religionswissenschaft; an Universität Zürich: *1971* Privatdozent für Altes Testament; ab 1972 Dozent an der Kirchlichen Hochschule Bethel, ab 1976 Ordentlicher Professor für Altes Testament; ab 1980 Ordentlicher Professor für allgemeine Religionsgeschichte und Religionswissenschaft in Zürich. † 10.12.2001.

Walter Mostert * 10.6.1936; Systematische Theologie, bes. Fundamentaltheologie und Hermeneutik; an Universität Zürich: *1976* Privatdozent, ab 1980 Ausserordentlicher Professor, 1987 Ordentlicher Professor. † 4.3.1995.

Pierre Bühler * 12.1.1950; Systematische Theologie, insbesondere Hermeneutik und Fundamentaltheologie; an Universität Zürich: *1976* Dozent; 1982 Ordentlicher Professor in Neuchâtel; an Universität Zürich: 1997 Ordentlicher Professor, 2015 Emeritus.

Theodor Strohm * 17.1.1933; Systematische Theologie, bes. Sozialethik; ab 1969 Privatdozent in Münster; ab 1969 Professor in Heidelberg; ab 1971 Ordentlicher Professor an der Kirchlichen Hochschule Berlin; an Universität Zürich: *1977* Ordentlicher Professor; ab 1982 Ordentlicher Professor in Heidelberg, 2001 Emeritus.

Odil Hannes Steck * 26.12.1935; Alttestamentliche Wissenschaft; ab 1967 Privatdozent in Heidelberg, ab 1968 Ordentlicher Professor in Hamburg, ab 1976 Ordentlicher Professor in Mainz; an Universität Zürich: *1978* Ordentlicher Professor. † 30.3.2001.

Hans Weder * 27.12.1946; Neues Testament; an Universität Zürich: *1979* Privatdozent, ab 1980 Ordentlicher Professor, 2000 bis 2008 vollamtlicher Rektor der Universität Zürich, 2011 Emeritus.

Hans Ruh * 26.4.1933; Systematische Theologie, bes. Sozialethik; an Universität Zürich: *1983* Ordentlicher Professor, 1998 Emeritus.

Werner Kramer * 12.7.1930; Praktische Theologie; an Universität Zürich: *1984* Ordentlicher Professor, 1996 Emeritus.

Samuel Vollenweider * 15.9.1953; Neutestamentliche Wissenschaft; an Universität Zürich: *1987* Privatdozent; 1989 Ordentlicher Professor in Bern; ab 2000 Ordentlicher Professor in Zürich.

Hermann Spieckermann * 28.10.1950; Alttestamentliche Wissenschaft und altorientalische Religionsgeschichte; 1987 Privatdozent in Göttingen; an Universität Zürich: *1989* Ausserordentlicher Professor; 1992 Ordentlicher Professor in Hamburg; ab 1999/2000 Ordentlicher Professor in Göttingen.

Emidio Campi * 30.9.1943; Kirchen- und Dogmengeschichte, speziell Reformation bis Gegenwart; an Universität Zürich: *1989* Privatdozent, ab 1996 Ausserordentlicher Professor (nebenamtlich), ab 2000 Ordentlicher Professor; ab 2009 Emeritus.

Susanne Heine * 17.1.1942; Praktische Theologie und Religionspsychologie; 1978 Dozentin, 1982 Ausserordentliche Professorin in Wien; an Universität Zürich: *1990* Ordentliche Professorin, 1996 bis 2010 Ordentliche Professorin in Wien.

Jean Zumstein * 7.10.1944; Neutestamentliche Wissenschaft; 1975 Ordentlicher Professor in Neuchâtel; an Universität Zürich: *1990* Ordentlicher Professor, 2010 Emeritus.

Thomas Krüger * 5.8.1959; Alttestamentliche Wissenschaft und Altorientalische Religionsgeschichte; an Universität Zürich: *1992* Ausserordentlicher Professor, 1997 Ordentlicher Professor.

Ingolf Ulrich Dalferth * 9.7.1948; Systematische Theologie, Dogmengeschichte und Symbolik; 1986 bis 1987 Professor in Tübingen, 1987 bis 1989 Lecturer an der Universität Cambridge, 1990 Ordentlicher Professor in Frankfurt am Main; an Universität Zürich: *1995* Ordentlicher Professor; ab 2008 zusätzlich Danforth Professor of Philosophy of Religion an der School of Religion, Claremont Graduate University, Kalifornien (USA), ab 2013 Emeritus.

Ellen Stubbe * 22.12.1949; Praktische Theologie und Religionspsychologie; an Universität Zürich: *1997* Ordentliche Professorin, 2003 aus dem Dienst entlassen.

Johannes Fischer * 30.10.1947; Theologische Ethik; 1993 Ordentlicher Professor in Basel (ab 1995 Schwerpunkt Ethik); an Universität Zürich: *1998* Ordentlicher Professor; 2012 Emeritus.

Konrad Schmid * 23.10.1965; Alttestamentliche Wissenschaft und Frühjüdische Religionsgeschichte; an Universität Zürich: *1998* Privatdozent, 1999 bis 2002 Ausserordentlicher Professor in Heidelberg, ab 2002 Ordentlicher Professor in Zürich.

Silke-Petra Bergjan * 9.9.1962; Kirchen- und Theologiegeschichte von der Alten Kirche bis zur Reformation; an Universität Zürich: *2000* Assistenzprofessorin mit tenure track, ab 2003 Ausserordentliche Professorin.

Hubert Knoblauch * 23.3.1959; Religionswissenschaft; an Universität Zürich: *2000* Assistenzprofessor; seit 2002 Ordentlicher Professor in Berlin.

Ralph Kunz * 10.11.1964; Praktische Theologie, Schwerpunkte Homiletik/Liturgik und Seelsorge; an Universität Zürich: *2001* Assistenzprofessor; ab 2004 Ordentlicher Professor.

Christoph Uehlinger * 1.10.1958; Allgemeine Religionsgeschichte und Religionswissenschaft; an Universität Zürich: *2003* Ordentlicher Professor.

Dorothea Lüddeckens * 1.8.1966; Religionswissenschaft mit sozialwissenschaftlicher Ausrichtung; an Universität Zürich: *2004* Assistenzprofessorin, ab 2010 Ausserordentliche Professorin.

Peter Opitz * 25.5.1957; Kirchengeschichte von der Reformationszeit bis zur Gegenwart; an Universität Zürich: *2004* Privatdozent, ab 2009 Ausserordentlicher Professor.

Thomas Schlag * 15.12.1965; Praktische Theologie mit Schwerpunkt Religionspädagogik und Kybernetik; an Universität Zürich: *2005* Assistenzprofessor mit tenure track, ab 2011 Ordentlicher Professor.

Jörg Frey * 23.2.1962; Neutestamentliche Wissenschaft mit den Schwerpunkten Antikes Judentum und Hermeneutik; ab 1998 Professor in Jena; ab 1999 Ordentlicher Professor in München; an Universität Zürich: *2010* Ordentlicher Professor.

Rafael Walthert * 19.4.1978; Religionswissenschaft mit systematisch-theoretischer Ausrichtung; an Universität Zürich: *2013* Assistenzprofessor mit tenure track.

Richard Amesbury * 11.1.1972; Theologische Ethik; ab 2003 Assistant Professor an der Valdosta State University in Valdosta (USA), ab 2007 Associate Professor of Ethics an der Claremont School of Theology; an Universität Zürich: *2013* Ordentlicher Professor.

Christiane Tietz * 20.4.1967; Systematische Theologie; ab 2008 Ordentliche Professorin in Mainz; an Universität Zürich: *2013* Ordentliche Professorin.

B. Privatdozentinnen und Privatdozenten der Theologischen Fakultät

Hans Kaspar Usteri * 7.7.1797; Kirchengeschichte, Neues Testament; an Universität Zürich: *1833* bis 1862 Privatdozent. † 8.2.1863.

Wilhelm Heinrich Schinz * 1.1.1809; Neues Testament, Dogmatik; an Universität Zürich: *1833* bis 1835 Privatdozent. † 18.10.1845.

Johann Heinrich Zimmermann * 25.11.1804; Neues Testament; an Universität Zürich: *1833* bis 1834 Privatdozent. † 31.1.1873.

August Koch * 31.12.1818; Neues Testament, Altes Testament, Orientalistik, Kirchengeschichte, Dogmengeschichte; an Universität Zürich: *1846* bis 1852 Privatdozent. † 4.3.1882.

David Fries * 8.9.1818; Systematische Theologie, Neues Testament; an Universität Zürich: *1848* bis 1851 Privatdozent. † 5.8.1875.

Carl Egli * 30.12.1829; Altes Testament, Neues Testament; an Universität Zürich: *1854* bis 1885 Privatdozent. † 23.1.1904.

Carl Friedrich Wilhelm Held * 6.2.1830; Altes Testament, Neues Testament, Dogmatik; 1858 Privatdozent in Göttingen; an Universität Zürich: *1860* Privatdozent; ab 1864 Ordentlicher Professor in Breslau; ab 1866 in Bonn. † 30.5.1870.

Moritz (Moses) Heidenheim * 23.9.1824; Altes Testament, Semitika; an Universität Zürich: *1864* bis 1898 Privatdozent. † 12.10.1898.

Hermann Spörri * 25.11.1838; Religionsphilosophie, Geschichte der protestantischen Theologie; an Universität Zürich: *1865* bis 1868 Privatdozent. † 18.6.1904.

Ernst Wörner * 7.12.1829; Neues Testament, Systematische Theologie; an Universität Zürich: *1865* bis 1875 Privatdozent. † 25.8.1875.

Hans Conrad von Orelli * 25.1.1846; Altes Testament; an Universität Zürich: *1871* Privatdozent, ab 1873 Ausserordentlicher Professor; ab 1881 Ordentlicher Professor in Basel. † 7.11.1912.

Jakob von Bergen * 11.4.1842; Altes Testament, Neues Testament; an Universität Zürich: *1877* bis 1879 Privatdozent. † 12.6.1904.

Paul Böhringer * 1.9.1852; Kirchengeschichte; an Universität Zürich: *1878* Privatdozent; ab 1879 Privatdozent, ab 1894 Ausserordentlicher Professor, 1904 bis 1925 Ordentlicher Professor in Basel. † 3.7.1929.

Friedrich Meili * 27.2.1852; Praktische Theologie; an Universität Zürich: *1885* bis 1900 Privatdozent. † 16.3.1904.

Johann Martin Usteri * 13.6.1848; Neues Testament, Altes Testament; an Universität Zürich: *1886* Privatdozent; ab 1889 Ordentlicher Professor in Erlangen. † 4.6.1890.

Georg Alfred Kappeler * 19.5.1839; Neues Testament, Kirchengeschichte; an Universität Zürich: *1892* bis 1904 Privatdozent. † 2.1.1916.

Gottfried Kuhn * 31.8.1867; Patristik und Neues Testament; an Universität Zürich: Privatdozent *1892*. † 19.7.1941.

Arnold Rüegg * 21.1.1856; Neues Testament; an Universität Zürich: *1893* Privatdozent, ab 1915 Titularprofessor, ab 1927 zurückgetretener Titularprofessor. † 5.3.1933.

Adolf Keller * 7.2.1872; Kirchenkunde und Kirchenprobleme der Gegenwart; an Universität Zürich: *1926* Privatdozent, ab 1929 Titularprofessor; seit 1937 auch Honorarprofessor in Genf, 1950 zurückgetretener Titularprofessor. Generalsekretär Schweizerischer Reformierter Kirchenbund (1920 bis 1941); Stockholmer Kirchenkonferenz; Vizepräsident Reformierter Weltbund. † 10.2.1963.

Oskar Farner * 22.9.1886; Kirchengeschichte; an Universität Zürich: *1930* Privatdozent, ab 1938 Titularprofessor, ab 1954 zurückgetretener Titularprofessor. Kirchenratspräsident. † 16.7.1958.

Walter Nigg * 6.1.1903; Kirchengeschichte; an Universität Zürich: *1931* Privatdozent, ab 1940 Titularprofessor, ab 1955 zurückgetretener Titularprofessor. † 17.3.1988.

Christian Heinrich Maurer * 30.4.1913; Neues Testament; an Universität Zürich: *1947* Privatdozent; ab 1954 Professor Kirchliche Hochschule Bethel; ab 1966 Ordentlicher Professor in Bern, ab 1978 Emeritus. † 15.4.1992.

David Lerch * 2.8.1903; Systematische Theologie und Dogmengeschichte; an Universität Zürich: *1947* Privatdozent, ab 1954 zurückgetretener Privatdozent. † 13.2.1997.

Rudolf Pfister * 23.7.1909; Kirchengeschichte, Dogmengeschichte, bes. Schweizer Kirchengeschichte; an Universität Zürich: *1950* Privatdozent, ab 1959 Titularprofessor, ab 1976 zurückgetretener Titularprofessor. † 11.5.2000.

Gottfried Wilhelm Locher * 29.4.1911; Systematische Theologie und Dogmengeschichte; an Universität Zürich: *1954* Privatdozent; ab 1958 Ordentlicher Professor in Bern, ab 1977 Emeritus. † 11.1.1996.

Ernst Gerhard Rüsch * 10.2.1917; Systematische Theologie, bes. Theologiegeschichte und Randgebiete der Philosophiegeschichte; an Universität Zürich: *1954* Privatdozent, ab 1970 Titularprofessor, ab 1976 zurückgetretener Titularprofessor. † 7.4.1997.

Max Huber * 10.2.1917; Systematische Theologie und Dogmengeschichte; an Universität Zürich: *1956* Privatdozent, ab 1964 zurückgetretener Privatdozent. † 16.8.2007.

Markus Jenny * 1.6.1924; Praktische Theologie, bes. Liturgik und Hymnologie; an Universität Zürich: *1965* Privatdozent, ab 1974 Titularprofessor, ab 1989 zurückgetretener Privatdozent. † 22.1.2001.

Thomas Bonhoeffer * 26.8.1931; Praktische Theologie; an Universität Zürich: *1966* Privatdozent; ab 1973 Professor in Bochum; ab 1996 Emeritus.

Christian Friedrich W. Walther * 21.2.1927; Systematische Theologie, bes. Sozialethik; an Universität Zürich: *1966* Privatdozent; ab 1971 Privatdozent in Göttingen, ab 1973 Ausserordentlicher Professor; ab 1974 Ordentlicher Professor Hochschule der Bundeswehr Hamburg, ab 1992 Emeritus. † 24.1.2012.

Ulrich Luz * 23.2.1938; Neues Testament; an Universität Zürich: *1968* Privatdozent; ab 1969 Dozent in Tokio; ab 1972 Ordentlicher Professor in Göttingen; ab 1980 Ordentlicher Professor in Bern, ab 2003 Emeritus.

Ulrich Karl Gäbler * 3.9.1941; Kirchengeschichte und Dogmengeschichte; an Universität Zürich: *1973* Privatdozent; ab 1979 Ordentlicher Professor in Amsterdam; ab 1989 Ordentlicher Professor in Basel, ab 1998 Emeritus.

Christof Martin Werner * 11.11.1933; Praktische Theologie, bes. kirchliche Gestalt; an Universität Zürich: *1977* Privatdozent, ab 1983 Titularprofessor, ab 2001 zurückgetretener Titularprofessor. † 7.11.2007.

Georg Schmid * 21.6.1940; Religionswissenschaft; an Universität Zürich: *1979* Privatdozent, ab 1988 Titularprofessor, ab 2005 zurückgetretener Privatdozent.

Hans van der Geest * 25.3.1933; Praktische Theologie, bes. Seelsorge-Ausbildung; an Universität Zürich: *1979* Privatdozent, ab 1993 zurückgetretener Privatdozent.

Hans-Peter Hasenfratz * 22.2.1938; Religionsgeschichte; an Universität Zürich: *1979* Privatdozent; 1985 bis 2003 Ordentlicher Professor in Bochum.

Günter Gerhard Bader * 11.2.1943; Systematische Theologie; an Universität Zürich: *1979* Privatdozent, ab 1986 Titularprofessor; 1995 bis 2003 Professor in Bonn.

Erich Bryner * 2.1.1942; Osteuropäische Kirchengeschichte; ab 1978 Privatdozent in Erlangen; an Universität Zürich: *1980* Privatdozent, ab 1989 Titularprofessor.

Martin Rose * 30.9.1947; Altes Testament; an Universität Zürich: *1980* Privatdozent; ab 1984 Ordentlicher Professor Neuchâtel, ab 2013 Emeritus.

Volker Weymann * 5.5.1941; Praktische Theologie; an Universität Zürich: *1983* Privatdozent, ab 1991 Titularprofessor, ab 1994 zurückgetretener Privatdozent.

Bernard Reymond * 7.1.1933; Kirchengeschichte (bes. neuere Geschichte der Theologien und Kirchen französischer Sprache); an Universität Zürich: *1985* Privatdozent, ab 1987 zurückgetretener Privatdozent.

Reinhard Gregor Kratz * 25.7.1957; Altes Testament; an Universität Zürich: *1991* Privatdozent; ab 1995 Ordentlicher Professor in Göttingen.

Helmut Kaiser * 25.12.1949; Sozialethik (bes. Wirtschaftsethik); an Universität Zürich: *1991* Privatdozent, ab 1998 Titularprofessor.

Matthias Krieg * 29.3.1955; Altes Testament; an Universität Zürich: *1992* Privatdozent, ab 1996 zurückgetretener Privatdozent.

Alois Rust * 2.11.1954; Philosophie; an Universität Zürich: *1994* Privatdozent, ab 2001 Titularprofessor.

Jack Brush * 9.10.1945; Systematische Theologie; an Universität Zürich: *1994* Privatdozent, ab 2009 Titularprofessor, ab 2012 zurückgetretener Titularprofessor.

Gabrielle Oberhänsli-Widmer * 16.6.1957; Religionsgeschichte des Judentums; an Universität Zürich: *1996* Privatdozentin, ab 2003 Titularprofessorin, ab 2004 Ordentliche Professorin für Judaistik in Freiburg i.Br.

Markus Huppenbauer * 19.4.1958; Ethik; an Universität Zürich: *1999* Privatdozent, ab 2006 Titularprofessor.

Johannes Jürgen Seidel * 24.2.1945; Neuere Kirchengeschichte (bes. Kirchengeschichte der Schweiz); an Universität Zürich: *2001* Privatdozent, ab 2008 Titularprofessor.

Jan Bauke * 15.12.1963;; Systematische Theologie; an Universität Zürich: *2001* Privatdozent, ab 2011 zurückgetretener Privatdozent.

Daria Pezzoli-Olgiati * 8.6.1966; Religionswissenschaft; an Universität Zürich: *2003* Privatdozentin, 2004 bis 2008 Assistenzprofessorin (SNF-Förderungsprofessur), ab 2010 Titularprofessorin.

Andreas Schüle * 7.12.1968; Altes Testament; an Universität Zürich: *2005* Privatdozent, ab 2009 zurückgetretener Privatdozent; ab 2005 Professor am Union Theological Seminary in Richmond, ab 2008 Ordentlicher Professor in Leipzig.

Cla Reto Famos * 28.6.1966; Praktische Theologie; an Universität Zürich: *2005* Privatdozent, ab 2012 Titularprofessor.

Stefan Grotefeld * 8.1.1965; Systematische Theologie, Ethik; an Universität Zürich: *2006* Privatdozent, ab 2012 Titularprofessor.

Erich Bosshard-Nepustil * 6.2.1959; Altes Testament, Spätisraelitische Religionsgeschichte; ab 2003 Privatdozent in Bern; an Universität Zürich: *2008* Privatdozent, ab 2015 Titularprofessor.

Philipp Stoellger * 19.12.1967; Systematische Theologie, Religionsphilosophie; an Universität Zürich: *2006* bis 2009 Privatdozent; ab 2007 Ordentlicher Professor in Rostock, ab 2015 Ordentlicher Professor in Heidelberg.

Martin Leuenberger * 31.5.1973; Altes Testament; an Universität Zürich: *2007* bis 2009 Privatdozent; ab 2008 Ordentlicher Professor in Münster, ab 2012 Ordentlicher Professor in Tübingen.

Matthias Neugebauer * 26.7.1969; Systematische Theologie; an Universität Zürich: *2009* Privatdozent.

Dörte Gebhard * 1.8.1972; Praktische Theologie; an Universität Zürich: *2010* Privatdozentin.

Claudia Welz * 27.9.1974; Systematische Theologie; an Universität Zürich: *2010* Privatdozentin; ab 2010 Ordentliche Professorin in Kopenhagen.

Isabelle Noth * 21.3.1967; Praktische Theologie (Seelsorge, Religionspsychologie und -pädagogik); an Universität Zürich: *2010* Privatdozentin, zurückgetretene Privatdozentin 2013; ab 2011 Ordentliche Professorin in Bern.

Annette Schellenberg * 30.7.1971; Altes Testament; an Universität Zürich: *2011* Privatdozentin; ab 2007 Professorin am San Francisco Theological Seminary, ab 2015 Ordentliche Professorin in Wien.

Margaret Jaques * 12.6.1960; Altorientalische und vergleichende Religionsgeschichte; an Universität Zürich: *2011* Privatdozentin.

Johannes Corrodi * 8.7.1968; Religionsphilosophie; an Universität Zürich: *2012* Privatdozent.

Jan-Andrea Bernhard * 4.5.1971; Kirchengeschichte; an Universität Zürich: *2013* Privatdozent.

Andreas Hunziker * 22.12.1968; Systematische Theologie; an Universität Zürich: *2013* Privatdozent.

Hartmut von Sass * 28.1.1980; Systematische Theologie; an Universität Zürich: *2013* Privatdozent.

Christian Stettler * 3.3.1966; Neues Testament; an Universität Zürich: *2014* Privatdozent.

Volker Gäckle * 7.11.1964; Neues Testament; ab 2006 Direktor des theologischen Seminars der Liebenzeller Mission; ab 2011 Professor Internationale Hochschule Liebenzell; an Universität Zürich: *2014* Privatdozent.

Frank Ueberschaer * 2.6.1972; Alttestamentliche Wissenschaft; an Universität Zürich: *2015* Privatdozent.

Franz Tóth * 27.5.1972; Neues Testament; an Universität Zürich: *2015* Privatdozent.

Benjamin Gleede * 27.12.1977; Kirchengeschichte; an Universität Zürich: *2015* Privatdozent.

C. Dekane der Theologischen Fakultät

1833 Heinrich Christian Michael Rettig
1835 Ferdinand Hitzig
1837 Ludwig Hirzel
1839 Alexander Schweizer
1841 Otto Fridolin Fritzsche
1843 Johann Peter Lange
1845 Ferdinand Hitzig
1847 Johann Heinrich August Ebrard
1847 Alexander Schweizer
1849 Otto Fridolin Fritzsche
1851 Johann Peter Lange
1853 Alexander Schweizer
1855 Ferdinand Hitzig
1857 Aloys Emanuel Biedermann
1859 Constantin Schlottmann
1859 Otto Fridolin Fritzsche
1862 Karl Theodor Keim
1864 Eberhard Schrader
1866 Gustav Volkmar
1868 Aloys Emanuel Biedermann
1870 Otto Fridolin Fritzsche
1872 Heinrich Steiner
1874 Heinrich Kesselring
1876 Alexander Schweizer
1878 Gustav Volkmar
1880 Aloys Emanuel Biedermann
1882 Otto Fridolin Fritzsche
1884 Heinrich Kesselring
1886 Heinrich Steiner
1888 Theodor Häring
1889 Heinrich Kesselring
1890 Paul Christ
1892 Karl Viktor Ryssel
1894 Gustav von Schulthess-Rechberg
1896 Emil Egli
1898 Paul Schmiedel
1900 Konrad Furrer
1902 Heinrich Kesselring
1904 Karl Viktor Ryssel / Konrad Furrer
1906 Emil Egli
1908 Arnold Meyer
1910 Paul Schmiedel
1912 Jakob Hausheer
1916 Walther Köhler
1918 Paul Schmiedel
1920 Arnold Meyer
1922 Jakob Hausheer
1924 Walther Köhler
1926 Gottlob Schrenk
1928 Walter Gut
1930 Emil Brunner
1932 Fritz Blanke
1934 Walter Gut
1936 Gottlob Schrenk
1938 Fritz Blanke
1940 Werner Kümmel
1942 Walther Zimmerli
1944 Fritz Blanke
1946 Walter Gut
1948 Emil Brunner
1950 Walther Zimmerli
1951 Emil Brunner
1952 Victor Maag
1954 Eduard Schweizer
1956 Hans Wildberger
1958 Arthur Rich
1960 Fritz Blanke
1962 Walter Bernet
1964 Gerhard Ebeling
1965 Walter Bernet
1966 Robert Leuenberger
1968 Siegfried Schulz
1970 Fritz Büsser
1972 Hans Wildberger
1974 Hans Geisser
1976 Hans-Dietrich Altendorf
1978 Hans Heinrich Schmid
1980 Theodor Strohm

DEKANE

1982	Odil Hannes Steck
1984	Fritz Stolz
1986	Hans Weder
1988	Walter Mostert
1990	Hans Ruh
1992	Werner Kramer
1994	Jean Zumstein
1996	Alfred Schindler
1998	Thomas Krüger
2000	Ingolf U. Dalferth
2002	Pierre Bühler
2004	Johannes Fischer
2006	Samuel Vollenweider
2008	Konrad Schmid
2010	Christoph Uehlinger
2012	Ralph Kunz
2014	Thomas Schlag

D. Rektoren aus der Theologischen Fakultät der Universität Zürich

1835	Heinrich Christian Michael Rettig
1842–1843	Ferdinand Hitzig
1850–1851	Alexander Schweizer
1858–1859	Ferdinand Hitzig
1866–1867	Otto Fridolin Fritzsche
1874–1875	Aloys Emanuel Biedermann
1882–1883	Heinrich Steiner
1892–1893	Heinrich Kesselring
1900–1901	Paul Christ
1910–1911	Arnold Meyer
1930–1931	Ludwig Köhler
1942–1943	Emil Brunner
1952–1953	Walter Gut
1964–1965	Eduard Schweizer
1974–1975	Robert Leuenberger
1988–1999	Hans Heinrich Schmid
2000–2008	Hans Weder

E. Ehrendoktorinnen und Ehrendoktoren der Theologischen Fakultät

1834	Georg Gessner (1765–1843)
1834	Ferdinand Hitzig (1807–1875)
1838	Salomon Vögelin (1774–1849)
1839‡	Friedrich Tuch (1806–1867)
1849	Eduard von Muralt (1808–1895)
1850‡	August Koch (1818–1882)
1861	Ernst Friedrich Gelpke (1807–1871)
1862‡	Johann Rudolf Linder (1812–1879)
1864	Johann Wilhelm Baum (1809–1878)
1864	Heinrich Krause (1816–1868)
1864	Rudolf Rüetschi (1820–1903)
1866	Carl Pestalozzi (1815–1869)
1870	Eberhard Schrader (1836–1908)
1877	Ernst Friedrich Langhans (1829–1880)
1877	Johann Jakob Mezger (1817–1893)
1879‡	Paul Böhringer (1852–1929)
1881	August Baur (1844–1926)
1883	Heinrich Bassermann (1849–1909)
1883	Eduard Langhans (1832–1891)
1883	Julius Ernst Websky (1850–1922)
1884,‡ 1887	Emil Egli (1848–1908)
1885‡	Ludwig Alfred Erichson (1843–1901)
1887	Johann Martin Usteri (1848–1890)
1891	Wilfried Spinner (1854–1918)
1891	Johann Kaspar Georg Usteri (1813–1892)
1891	Heinrich Weber (1821–1900)
1897	Alfred Johannes Aepli (1817–1913)
1898	Gottfried Heer (1843–1921)
1898	Max Krenkel (1839–1901)
1898	Carl Manchot (1839–1909)
1898	Johann Kaspar Schneller (1838–1923)
1900	Theodor Arndt (1850–1901)
1900	Konrad Wilhelm Kambli (1829–1914)
1900	Gustav von Schulthess-Rechberg (1852–1916)
1906	Friedrich Meyer (1829–1910)
1907	Walther Köhler (1870–1946)
1909	Carl Clemen (1865–1940)
1909	Georg Finsler (1860–1920)
1909	Johannes Wendland (1871–1947)

‡ Promotion zum lic. theol. h. c.

1914	Konrad Escher (1833–1919)
1914	Ulrich Stutz (1868–1938)
1914	Gottfried Traub (1869–um 1955)
1917	Hermann Escher (1857–1938)
1918	Otto Herold (1875–1945)
1919	Paul Burckhardt (1873–1956)
1919	Johannes Dierauer (1842–1920)
1919‡	Oskar Farner (1884–1958)
1919	Germain Morin (1861–1946)
1919	Oskar Netoliczka (1865–1938)
1919	Johann Niedner (1868–1920)
1919	Wilhelm Oechsli (1851–1919)
1920	Albert Schweitzer (1875–1965)
1923	Hermann Kutter (1863–1931)
1925	Albert Eekhof (1884–1933)
1925	Christian Neff (1863–1946)
1929	Rudolf Liechtenhan (1875–1948)
1929	Jakob Wipf (1871–1947)
1931	Fritz Fleiner (1867–1937)
1931	Adolf Maurer (1883–1976)
1931	Albert Schädelin (1879–1961)
1933	Max Huber (1874–1960)
1937	Johann Rudolf Hauri (1887–1939)
1937	Gottfried Kuhn (1867–1941)
1937	Arnold Zimmermann (1872–1951)
1937	Benedikt Hartmann (1873–1955)
1947	Paul Vogt (1900–1984)
1949	Jean Meyhoffer (1882–1975)
1953	Hans Jakob Rinderknecht (1893–1977)
1953	Harald H. Rowly (1890–1969)
1956	Christian Berg (1908–1991)
1956	Ernst Frick (1894–1963)
1956	Karl Fueter (1884–1963)
1958	Gertrud Kurz-Hohl (1890–1972)
1959	Otto Salomon (1889–1971)
1960	Theodor Bovet (1900–1976)
1960	Karl Zimmermann (1892–1979)
1964	Oskar Frei (1884–1968)
1965	Jacques Vincent M. Pollet (1905–1990)
1965	Walther Zimmerli (1907–1983)
1966	Gotthard Schmid (1909–1968)
1966	Willem Adolf Visser 't Hooft (1900–1985)
1968	Julia Gauss (1901–1985)

‡ Promotion zum lic. theol. h.c.

1968	Barnabas Nagy (1909–1969)
1970	Paul Schmid-Ammann (1900–1984)
1972	Samuel Henri Geiser (1884–1973)
1973	Martinus Langeveld (1905–1989)
1973	Paul Ricœur (1913–2005)
1974	Alfred Vögeli (1912–1987)
1975	Premysl Pitter (1895–1976)
1976	Otto H. Senn (1902–1993)
1979	Florence Guggenheim-Grünberg (1898–1989)
1981	Paul Frehner (1912–1988)
1983	Friedrich Dürrenmatt (1912–1990)
1983	Roger Mehl (1912–1997)
1984	Jaques Courvoisier (1900–1988)
1985	Regine Schindler-Hürlimann (1935–2013)
1986	Alfred A. Häsler (1921–2009)
1987	Simone Lucinda Saxer (1929–)
1988	Conradin Bonorand (1914–1996)
1988	Ernst Sieber (1927–)
1990	Zoltan Doka (1929–2000)
1991	Manfred Stolpe (1936–)
1994	Max Bolliger (1929–2013)
1996	Johannes Anderegg (1938–)
1997	Ernst Jenni (1927–)
1998	Bernd Moeller (1931–)
2001	Pierre-André Stucki (1936–)
2002	Stephen W. Sykes (Bischof) (1939–2014)
2003	Gabrielle Zangger-Derron (1937–)
2004	Guy Gedalyahu Stroumsa (1948–)
2005	Ruedi Reich (1945–2012)
2006	Albert de Pury (1940–)
2008	Hans-Josef Klauck (1946–)
2008	Hans Zender (1936–)
2009	Peter B. Machinist (1944–)
2010	Klara Obermüller (1940–)
2011	Arnold E. Benz (1945–)
2012	Bruce Gordon (1962–)
2013	Hans-Jürg Stefan (1936–)
2014	Linda Woodhead (1964–)
2015	Adela Yarbro Collins (1945–)
2015	John Joseph Collins (1946–)

F. Studierendenzahlen

Winter-/ Herbstsemester	Theologische Fakultät	Total Universität
1833/34	16	161
1843/44	32	148
1853/54	21	200
1863/64	27	200
1873/74	25	317
1883/84	33	460
1893/94	44	627
1903/04	20	955
1913/14	31	1 688
1923/24	32	1 640
1933/34	90	2 247
1943/44	110	2 842
1953/54	95	2 711
1963/64	182	5 064
1973/74	141	10 326
1983/84	264	16 906
1993/94	265	19 129
2003/04	224	23 323
2013	291	25 715
2014	304	25 634

Literaturverzeichnis

Aerne, P., Religiöse Sozialisten, Jungreformierte und Feldprediger. Konfrontationen im Schweizer Protestantismus 1920–1950, Zürich 2006.
Allegro, J., The Shapira Affair, Garden City 1965.
Asztalos, M., Die theologische Fakultät, in: W. Rüegg (Hg.), Geschichte der Universität in Europa. Band I: Mittelalter, München 1993, 359–385.
Barth, K., Karl Barth – Emil Brunner, Briefwechsel 1916–1966, Karl Barth Gesamtausgabe 33, Zürich 2000.
Barth, K., Nein! Antwort an Emil Brunner, TEH 14, München 1934.
Barth, R., Leonhard Ragaz (1868–1945), in: W. Lienemann / F. Mathwig (Hgg.), Schweizer Ethiker im 20. Jahrhundert. Der Beitrag theologischer Denker, Zürich 2005, 9–32.
Becher, M., Karl der Grosse, München [5]2007.
Beintker, H., Art. Brunner, Emil (1889–1966), TRE 7, Berlin / New York 1991, 236–242.
Belser, K., Ebenso neu als kühn. 120 Jahre Frauenstudium an der Universität Zürich, Zürich 1988.
Bernet, W., Das Gebet, Stuttgart 1970.
Bernet, W., Die Theologische Fakultät. Einleitung, in: P. Stadler (Hg.), Die Universität Zürich 1933–1983. Festschrift zur 150-Jahr-Feier der Universität Zürich, Zürich 1983a, 239–242.
Bernet, W., Inhalt und Grenze der religiösen Erfahrung: eine Untersuchung der Probleme der religiösen Erfahrung in Auseinandersetzung mit der Psychologie C. G. Jungs, Bern 1955.
Bernet, W., Praktische Theologie, in: P. Stadler (Hg.), Die Universität Zürich 1933–1983. Festschrift zur 150-Jahr-Feier der Universität Zürich, Zürich 1983b, 264–268.
Beutel, A., Gerhard Ebeling. Eine Biographie, Tübingen 2012.
Biedermann, A. E., Christliche Dogmatik, 2 Bde., Berlin [2]1884/1885.
Biedermann, A. E., Jenseits der Naturvölker (1851), in: ders., Ausgewählte Reden und Aufsätze, Berlin 1885, 25–40.
Bobzin, H., Über Theodor Biblianders Arbeit am Koran (1542/1543), ZDMG 136 (1986), 347–363.
Böcher, O., Zum Gedenken an Werner Georg Kümmel, ThLZ 120 (1995), 945–946.
Bolliger, D., Art. Zürich II. Universität, RGG[4], Tübingen 2005, 1926–1927.
Boner, G., Der Gedanke einer eidgenössischen katholisch-theologischen Fakultät: 1848–1854, in: ders., Der Aargau in den Verhandlungen über die Errichtung des Priesterseminars der Diözese Basel 1828–1861. Argovia. Jahresschrift der Historischen Gesellschaft des Kantons Aargau, 66 (1954), 43–51.
Borter, A. u. a., Katholiken im Kanton Zürich. Eingewandert, anerkannt, gefordert, Zürich 2013.
Brunner, E., Das Missverständnis der Kirche, Zürich 1951 ([3]1988).

Brunner, E., Erlebnis, Erkenntnis und Glaube. Eine religionsphilosophische Studie, Tübingen 1921.

Brunner, E., Wahrheit als Begegnung. 6 Vorlesungen über das christliche Wahrheitsverständnis, Zürich 1938 ([3]1984).

Brunschwig, A., Heinrichs, R., Huser, K., Geschichte der Juden im Kanton Zürich. Von den Anfängen bis in die heutige Zeit, Zürich 2005.

Bühler, P., Kreuz und Eschatologie. Eine Auseinandersetzung mit der politischen Theologie, im Anschluss an Luthers theologia crucis, HUTh 17, Tübingen 1981.

Bühler, P., Nekrolog auf Prof. Dr. Hans Friedrich Geisser, Nekrologe, Zürich 2014, 19–21.

Bühler, P., Prof. Dr. Gerhard Ebeling, Nekrologe, Zürich 2001, 11–12.

Büsser, F., Die Prophezei. Die Anfänge der Theologischen Fakultät Zürich, in: Neue Zürcher Zeitung, Nr. 512, 4. November 1973, 49–50.

Büsser, F., Heinrich Bullinger. Leben, Werk und Wirkung, 2 Bde., Zürich 2004.

Büsser, F., Johann Heinrich Hottinger und der «Thesaurus Hottingerianus», in Zwingliana 22, 1995, 85–108.

Büsser, F., Kirchengeschichte, in: P. Stadler (Hg.), Die Universität Zürich 1933–1983. Festschrift zur 150-Jahr-Feier der Universität Zürich, Zürich 1983, 251–256.

Büsser, F., Nekrolog auf Professor Fritz Blanke, Jahresbericht, Zürich 1966/1967, 106–107.

Büsser, F., «Prophezei» – «Schola Tigurina». Prototyp, Ideal und Wirklichkeit, in: Schola Tigurina. Die Zürcher Hohe Schule und ihre Gelehrten um 1550. Katalog zur Ausstellung vom 25. Mai bis 10. Juli 1999 in der Zentralbibliothek Zürich, Zürich 1999, 18–21.

Caflisch-Schnetzler, U., Gelehrte Wissenschaft versus nützliche Wissenschaft. Das Collegium Carolinum in Zürich im Spiegel der Ausbildung von Gelehrten, in: Reformierte Orthodoxie und Aufklärung. Die Zürcher Hohe Schule im 17. und 18. Jahrhundert, hg. von Hanspeter Marti und Karin Marti, Köln 2012, 303–349.

Campi, E. / Kunz, R. / Moser, C. (Hgg.), Alexander Schweizer (1808–1888) und seine Zeit, Zürich 2008.

Campi, E., Prof. Dr. Fritz Büsser, Nekrologe, Zürich 2012, [14]-[16].

Christ-von Wedel, C. (Hg.), Theodor Bibliander (1505–1564). Ein Thurgauer im gelehrten Zürich der Reformationszeit, Zürich 2005.

Conzelmann, H., Die Mitte der Zeit: Studien zur Theologie des Lukas, BHTh 17, Tübingen (1954) [7]1993.

Conzelmann H./Lindemann A., Arbeitsbuch zum Neuen Testament, UTB 52, Tübingen [14]2004.

Craig, G. A., Geld und Geist. Zürich im Zeitalter des Liberalismus 1830–1869, Zürich 1988.

Dalferth, I. U. (Hg.), Eine Wissenschaft oder viele? Die Einheit evangelischer Theologie in der Sicht ihrer Disziplinen, ThLZ.F 17, Leipzig 2006.

Dalferth, I. U., Existenz Gottes und christlicher Glaube: Skizzen einer eschatologischen Ontologie, BevTh 93, München 1984.

Dalferth, I. U., Prof. Dr. Fritz Stolz, Nekrologe, Zürich 2001, 37–38.

Dalferth, I.U. / Luibl, H.J. / Weder, H. (Hg.), Die Wissenschaften und Gott, Zürich/Freiburg 1998.
Dellsperger, R., Art. Biedermann, Alois Emanuel (1819–1885), TRE 6, Berlin / New York 1980, 484–488.
Dietrich, W./Arnet, S. (Hg.), Konzise und aktualisierte Ausgabe des Hebräischen und Aramäischen Lexikons zum Alten Testament (KAHAL), Leiden 2013.
Ebeling, G., Dogmatik des christlichen Glaubens, Tübingen 1979 ([4]2012).
Ebeling, G., Mein theologischer Weg, Hermeneutische Blätter (Sonderheft), Zürich 2006.
Ebeling, G., Studium der Theologie. Eine enzyklopädische Orientierung, UTB 446, Tübingen 1975, 2. Aufl. 2012 neu herausgegeben und eingeleitet durch P. Bühler und T. Schlag.
Egli, E., Ceporins Leben und Schriften, Analecta Reformatoria 2, 1901, 145–160.
Egloff, E., Der Standort des Monasteriums Ludwigs des Deutschen in Zürich, Diss. Zürich 1949.
Erb, H., Geschichte der Studentenschaft an der Universität Zürich 1833–1936, Zürich 1937.
Farner, O., Huldrych Zwingli. Bd. II: Huldrych Zwinglis Entwicklung zum Reformator, Zürich 1946.
Ferrari, M.C. (Hg.), Gegen Unwissenheit und Finsternis. Johann Caspar von Orelli (1787–1849) und die Kultur seiner Zeit, Zürich 2000.
Ferrari, M.C., Ein Philologe zwischen zwei Kulturen. Johann Caspar von Orelli (1787–1849), in: ders. (Hg.), Gegen Unwissenheit und Finsternis. Johann Caspar von Orelli (1787–1849) und die Kultur seiner Zeit, Zürich 2000, 15–21.
Finsler, G., Geschichte der theologisch-kirchlichen Entwicklung in der deutsch-reformierten Schweiz seit den dreissiger Jahren, Zürich 1881.
Fischer, H., Conrad Gesner 1516–1565, in Neujahrsblatt der Naturforschenden Gesellschaft in Zürich, 1966.
Franz-Klauser, O., Ein Leben zwischen Judentum und Christentum. Moritz Heidenheim (1824–1898), Zürich 2008.
Frey, J., Die johanneische Eschatologie I. Ihre Probleme im Spiegel der Forschung seit Reimarus, WUNT 96, Tübingen 1997.
Frey, J., Die johanneische Eschatologie II. Das johanneische Zeitverständnis, WUNT 110, Tübingen 1998.
Frey, J., Die johanneische Eschatologie III. Die eschatologische Verkündigung in den johanneischen Texten, WUNT 117, Tübingen 2000.
Fritzsche, O.F., Vita J. Jacobi Zimmermanni: celeberrimi quondam theologi turicensis, Zürich 1841.
Führer, J., Karl der Grosse und Zürich. Zum Nachleben eines Idealherrschers, Francia 42 (2015), 27–49.
Fumasoli, G., Die Siegel der Universität Zürich, Zürich 1984.
Furrer, K., Die allgemeine Religionsgeschichte und die religiöse Bildung. Literarische Beigabe des Programms der Höheren Töchterschule und des Lehrerinnen-Seminars in Zürich, Zürich 1883.

Furrer, K., Wanderungen durch Palästina, Zürich 1865, 2. Aufl.: Wanderungen durch das heilige Land, Zürich 1891.
Gäbler, U., Fritz Blanke. Zum hundertsten Geburtstag am 22. April 2000, Zwingliana 27, 2000, 7–12.
Gäbler, U., Huldrych Zwingli. Leben und Werk, Zürich 3. Aufl. 2004.
Gagliardi, E., Nabholz, H., Strohl, J. (Hgg.), Die Universität Zürich 1833–1933 und ihre Vorläufer. Festschrift zur Jahrhundertfeier, Zürich 1938.
Gebhard, R., Umstrittene Bekenntnisfreiheit. Der Apostolikumstreit in den Reformierten Kirchen der Deutschschweiz im 19. Jahrhundert, Zürich 2003.
Geiser, K., Die Bestrebungen zur Gründung einer eidgenössischen Hochschule 1758–1874, Bern 1890.
Geisser, H. F., Annahme der Endlichkeit. Aufsätze zur theologischen Anthropologie und zur Dogmeninterpretation, Zürich 1993.
Geisser, H. F., Glaubenseinheit und Lehrentwicklung bei Johann Adam Möhler, Göttingen 1971.
Geisser, H. F., Systematische Theologie, in: P. Stadler (Hg.), Die Universität Zürich 1933–1983. Festschrift zur 150-Jahr-Feier der Universität Zürich, Zürich 1983, 256–264.
Goethe, J. W. von, Faust. Der Tragödie erster Teil, Tübingen 1808.
Graf, F. W., Kritik und Pseudo-Spekulation. David Friedrich Strauss als Dogmatiker im Kontext der positionellen Theologie seiner Zeit, München 1982.
Gutscher, D., Das Grossmünster in Zürich. Eine baugeschichtliche Monographie, Beiträge zur Kunstgeschichte der Schweiz 5, Bern 1983.
Gutschmid, A. von, Neue Beiträge zur Geschichte des alten Orients. Die Assyriologie in Deutschland, Leipzig 1876.
Gysel, W., Das Chorherrenstift am Grossmünster. Von den Anfängen im 9. Jahrhundert bis zur Zürcher Reformation unter Huldrych Zwingli, Zürich 2010.
Harnack, Adolf von, Die Aufgabe der theologischen Facultäten und die allgemeine Religionsgeschichte. Rede zur Gedächtnisfeier des Stifters der Berliner Universität König Friedrich Wilhelm II. in der Aula derselben am 3. August 1901, Berlin 1901 = Reden und Aufsätze, Bd. 2, Giessen 1905, 159–178.
Hartmann, W., Karl der Grosse, Stuttgart 2010.
Hasse, H.-P., Zum Aufenthalt Karlstadts in Zürich (1530–1534), Zwingliana 18 (1989–1991), 366–389.
Heidenheim, M., Untersuchungen über die Synagoga magna, in: Theologische Studien und Kritiken 26 (1853), 93–100.
Heine, S., Grundlagen der Religionspsychologie: Modelle und Methoden, UTB 2528, Tübingen 2005.
Historisches Lexikon der Schweiz, http://www.hls-dhs-dss.ch/.
Hottinger, J. H., Schola Tigurinorum Carolina, id est demonstratio historica, Zürich 1664.
Huppenbauer, H. W., Der Mensch zwischen zwei Welten. Der Dualismus der Texte von Qumran (Höhle 1) und der Damaskusfragmente. Ein Beitrag zur Vorgeschichte des Evangeliums, AThANT 34, Zürich 1959.

Iff, M., Liberale Theologie in Jena. Ein Beitrag zur Theologie- und Wissenschaftsgeschichte des ausgehenden 19. Jahrhunderts, TBT 154, Berlin 2011.
Jehle, F., Emil Brunner. Theologe im 20. Jahrhundert, Zürich 2006.
Jehle, F., Hans Wildberger (1910–1986). Eine theologische Biographie, Zürich 2015.
Kaiser, H., Hans Ruh (*1933), in: Wolfgang Lienemann / Frank Mathwig (Hgg.), Schweizer Ethiker im 20. Jahrhundert. Der Beitrag theologischer Denker, Zürich 2005, 281–296.
Kaufmann, U. R., Eine liberale Theologie – aber keine neue Einstellung zum Judentum: Der Zürcher Protestantismus 1830–1912, Kirche und Israel 21 (2006), 29–45.
Kess, A., Heinrich Bullinger's Correspondence: A Brief Insight into a Long Story, in: E. Rummel/M. Kooistra (Hgg.), Reformation Sources. The Letters of Wolfgang Capito and His Fellow Reformers in Alsace and Switzerland, Toronto 2007, 131–145.
Köberle, A., Zum Gedächtnis von Theodor Häring (1848–1928): Rede gehalten bei einer akademischen Gedenkfeier der Tübinger evangelisch-theologischen Fakultät, Stuttgart 1949.
Köhler, L., Beobachtungen am hebräischen und griechischen Text von Jeremia Kap. 1–9, Leipzig 1908.
Köhler, L., Ein Schweizer wird Schweizer, Zürich 1946.
Köhler, L., Nekrolog auf Prof. D. Dr. Paul Wilhelm Schmiedel, Bericht über das akademische Jahr, Zürich 1935/1936, 61–63.
Köhler, L., Nekrolog auf Prof. D. Gustav von Schulthess-Rechberg, Rektoratsrede und Jahresbericht, Zürich 1916/1917, 59–61.
Köhler, L., Warum sind wir freisinnig? Zürich 1942.
Köhler, L./Baumgartner, W., Lexicon in veteris testamenti libros (KBL) (Ludwig Köhler, Wörterbuch zum hebräischen Alten Testament in deutscher und englischer Sprache. A Dictionary of the Hebrew Old Testament in English and German; Walter Baumgartner, Wörterbuch zum aramäischen Teil des Alten Testaments in deutscher und englischer Sprache. A Dictionary of the Aramaic Parts of the Old Testament in English and German), Leiden 1953.
Köhler, L./Baumgartner, W., Hebräisches und Aramäisches Lexikon zum Alten Testament (HALAT), neu bearbeitet von Walter Baumgartner, Johann Jakob Stamm und Benedikt Hartmann, Leiden [3]1967–1995.
Kötzsche, D., Darstellungen Karls des Grossen in der lokalen Verehrung des Mittelalters, in: W. Braunfels und P. E. Schramm (Hg.), Karl der Grosse. Lebenswerk und Nachleben. Bd. IV: Das Nachleben, Düsseldorf [2]1967, 157–214.
Kramer, W., Christos, Kyrios, Gottessohn. Untersuchungen zu Gebrauch und Bedeutung der christologischen Bezeichnungen bei Paulus und den vorpaulinischen Gemeinden, AThANT 44, Zürich 1963.
Kramer, W., Nekrolog auf Prof. Dr. Robert Leuenberger, Nekrologe, Zürich 2004, 25–26.
Kramer, W., Nekrolog auf Prof. Dr. Walter Bernet, Nekrologe, Zürich 2000, 7–8.
Kramer, W., Zu Emil Brunners Werk aus heutiger Sicht, NZZ 17./18. März 1990, 67.

Kratz, R.G., Odil Hannes Steck und seine Arbeiten über das Alte Testament, ThLZ 129 (2004), 467–479.

Kronbichler, W., Vom Carolinum zur Kantonsschule: 150 Jahre Kantonsschule, in: Neue Zürcher Zeitung, Nr. 226, 28. September 1983, 53.

Krüger, T., Kohelet (Prediger), BK XIX, Neukirchen Vluyn 2000.

Krüger, T., Odil Hannes Steck, Nekrologe, Zürich 2001, 35–36.

Krüger, T., Qohelet. A Commentary, Hermeneia, Minneapolis 2004.

Kuhn, T.K., Der junge Alois Emanuel Biedermann, Lebensweg und theologische Entwicklung bis zur «Freien Theologie» 1819–1844, BHTh 98, Tübingen 1997.

Kümmel, W.G., Einleitung in das Neue Testament, Heidelberg [21]1983.

Kunz, R., Gottesdienst evangelisch reformiert: Liturgik und Liturgie in der Kirche Zwinglis, Zürich 2001 ([2]2006).

Kupfer, C. / Weingarten, R., Zwischen Ausgrenzung und Integration. Geschichte und Gegenwart der Jüdinnen und Juden in der Schweiz, Zürich 1999.

Kutter, H., Sie müssen! Ein offenes Wort an die christliche Gesellschaft, Zürich 1903.

Lavater, J.C., Ausgewählte Werke in historisch-kritischer Ausgabe, Zürich 2001–.

Leu, U.B., Conrad Gesner als Theologe: ein Beitrag zur Zürcher Geistesgeschichte des 16. Jahrhunderts, Bern 1990.

Lindemann, A., Hans Conzelmann, Biographisch-Bibliographisches Kirchenlexikon (BBKL), Bd. 23, Nordhausen 2004, 239–243.

Lüddeckens, D., Das Weltparlament der Religionen von 1893. Strukturen der interreligiösen Begegnung im 19. Jahrhundert, Berlin, New York 2001.

Lütteken A. / Mahlmann-Bauer, B. (Hg.), Johann Jakob Bodmer und Johann Jakob Breitinger im Netzwerk der europäischen Aufklärung. Ausstellung an der Zentralbibliothek Zürich, Göttingen 2009.

Maag, V., Kultur, Kulturkontakt und Religion. Gesammelte Studien zur allgemeinen und alttestamentlichen Religionsgeschichte, hg. von H.H. Schmid und O.H. Steck, Göttingen/Zürich 1980.

Maag, V., Nekrolog auf Professor Walter Gut, Jahresbericht, Zürich 1961/1962, 90–92.

Marti, H., Die Schule des richtigen Denkens. Logikunterricht und Disputation an der Zürcher Hohen Schule und der Einfluß Johann Jakob Breitingers, in: A. Lütteken / B. Mahlmann-Bauer (Hg.), Johann Jakob Bodmer und Johann Jakob Breitinger im Netzwerk der europäischen Aufklärung. Ausstellung an der Zentralbibliothek Zürich, Göttingen 2009, 149–171.

Marti, H., Reformierte Orthodoxie und Aufklärung. Die Zürcher Hohe Schule im 17. und 18. Jahrhundert, Wien 2012.

Mattmüller, M., Leonhard Ragaz und der religiöse Sozialismus. Eine Biographie, Band I: Die Entwicklung der Persönlichkeit und des Werkes bis ins Jahr 1913, Zollikon 1957, Band II: Die Zeit des Ersten Weltkriegs und der Revolutionen, Zürich 1968.

Meyer A., Nekrolog auf Heinrich Kesselring: 15. Juli 1832 bis 22. Dezember 1919, in: Rektoratsrede und Jahresbericht, Zürich 1919/1920, 54–57.

Meyer von Knonau, G., Emil Egli, in Zwingliana 2, 1909, 257–261.

Meyer, W., Die Finanzgeschichte der Universität Zürich von 1833 bis 1933, Diss. Zürich 1940.

Möhl, C., Fritz Blanke. Querdenker mit Herz, Zug 2011.

Moser, C., Die Dignität des Ereignisses: Studien zu Heinrich Bullingers Reformationsgeschichtsschreibung, 2 Bde., Leiden/Boston 2012.

Moser, C., Repertorium der Vorlesungen an der Universität Zürich 1833–1900, 2 Bde., Zug 2011 (www.histvv.uzh.ch).

Mostert, W., Menschwerdung. Eine historische und dogmatische Untersuchung über das Motiv der Inkarnation des Gottessohnes bei Thomas von Aquin, BHTh 57, Tübingen 1978.

Müller, F.M., Einleitung in die vergleichende Religionswissenschaft. Vier Vorlesungen aus dem Jahr 1870 an der Royal Institution in London gehalten nebst zwei Essays «Über falsche Analogien» und «Über Philosophie der Mythologie», Strassburg 1876.

Müller, I., Die frühkarolingische Passio der Zürcher Heiligen, in: Zeitschrift für Schweizersche Kunstgeschichte 65 (1971), 132–187.

Müller, K., Bürgermeister Conrad Melchior Hirzel, 1793–1843, 1952.

Muralt, L. von, Walther Köhler †, Zwingliana 8 (1946), 241–245.

Nabholz, H., Zürichs Höhere Schulen von der Reformation bis zur Gründung der Universität, 1525–1833, in: E. Gagliardi u.a., Die Universität Zürich 1833–1933 und ihre Vorläufer. Festschrift zur Jahrhundertfeier, Zürich 1933, 3–164.

Neunhöffer, M. (Hg.), Ein liberaler Theologe und Schulmann in Württemberg. Erinnerungen von Dr. Gustav von Binder 1807–1885, Lebendige Vergangenheit 6, Stuttgart 1975.

Nigg, W., Geschichte des religiösen Liberalismus, Zürich 1937.

Oberhänsli-Widmer, G., Biblische Figuren in der rabbinischen Literatur. Gleichnisse und Bilder zu Adam, Noah und Abraham im Midrasch Bereschit Rabba, Bern 1998.

Oberhänsli-Widmer, G., La complainte funèbre du haut moyen âge français et occitan, Berne 1989.

Opitz, P., Heinrich Bullinger als Theologe. Eine Studie zu den «Dekaden», Zürich 2004.

Peter, H., Die Glaubensbewegung und ihr Führer aus Richterswil: Johann Jakob Hürlimann-Landis, in: Züriputsch. 6. September 1839. Sieg der gerechten Sache oder Septemberschande? Pfäffikon/Uster 1989, 217–232.

Peter, H.-B., Arthur Rich (1910–1992), in: Wolfgang Lienemann / Frank Mathwig (Hgg.), Schweizer Ethiker im 20. Jahrhundert. Der Beitrag theologischer Denker, Zürich 2005, 149–178.

Peyer, H.C., Geschichte der Universität Zürich seit dem Ende des ersten Weltkriegs. II. Die Jahre seit 1957, in: P. Stadler (Hg.), Die Universität Zürich 1933–1983. Festschrift zur 150-Jahr-Feier der Universität Zürich, Zürich 1983, 95–180.

Ragaz, L., Die pädagogische Revolution. Zehn Vorlesungen zur Erneuerung der Kultur, Olten 1920.

Ragaz, L., Mein Weg, Zürich 1952.

Reich, H., Rezensionen und Reaktionen zu Nietzsches Werken 1872–1889, Berlin/Boston 2013.
Réville, J., La situation actuelle de l'enseignement de l'histoire des religions, RHR 43 (1901), 58–74.
Rich, A., Nekrolog auf Professor Emil Brunner, Jahresbericht, Zürich 1966/1967, 93–94.
Rich, A., Wirtschaftsethik. Bd. 1: Grundlagen in theologischer Perspektive, Gütersloh 1984, Bd. 2: Marktwirtschaft, Planwirtschaft, Weltwirtschaft aus sozialethischer Sicht, Gütersloh 1990.
Riedweg, C., Bildungspolitik im frühen 19. und am Ende des 20. Jahrhunderts. Zu den bildungspolitischen Leitideen Johann Caspar von Orellis, in: M.C. Ferrari (Hg.), Gegen Unwissenheit und Finsternis. Johann Caspar von Orelli (1787–1849) und die Kultur seiner Zeit, Zürich 2000a, 327–354.
Riedweg, C., Ein Philologe an Zwinglis Seite, Museum Helveticum 57 (2000b), 201–219.
Rostig, D., Art. Ragaz, Leonhard (1868–1945), TRE 28, Berlin / New York 1997, 106–110.
Rother, W., The Teaching of Philosophy at Seventeenth-Century Zurich, History of Universities 9 (1992), 59–74.
Ruh, H., Argument Ethik, Zürich 1993.
Ruh, H., Ethik im Management. Ethik und Erfolg verbünden sich, Zürich 2004.
Ruh, H., Störfall Mensch. Wege aus der ökologischen Krise, Herbolzheim 1995.
Saurma-Jeltsch, L.E., Karl der Grosse als Sinnbild des weisen und zornigen Richters, Zeitschrift für schweizerische Archäologie und Kunstgeschichte 61, 2004, 31–43.
Schindler, A., Die Begründung der Trinitätslehre in der eunomianischen Kontroverse. Eine Untersuchung zu den Apologien des Eunomius, zu Basilius' des Grossen Schrift gegen Eunomius und zu Gregors von Nyssa trinitarischen Schriften, Zürich (masch.) 1964.
Schindler, A., Wort und Analogie in Augustins Trinitätslehre, HUTh 4, Tübingen 1965.
Schindler, A., Zwinglis «Fehltritt» in Einsiedeln und die Überlieferung dieses Ereignisses, Zwingliana 36 (2009), 49–53.
Schindler, A., Stickelberger, H., Stucki, H., 100 Jahre Zwingliverein, Zwingliana 24 (1997), 9–18.
Schindler, R., Rückblick auf Alfred Schindlers Leben, in: U. Knellwolf u.a., Im Gedenken an Alfred Schindler, Privatdruck 2012, 15–27.
Schmid, B. (Hg.), Der Ustertag im Spiegel seiner Zeit. Festschrift zur 150. Wiederkehr des 22. Novembers 1830. Ustertag-Komitee, Uster 1980.
Schmid, B., Weniger Bekanntes aus der Gesetzgebung des Septemberregiments, in Züriputsch. 6. September 1839. Sieg der gerechten Sache oder Septemberschande? Pfäffikon/Uster 1999, 174–196.
Schmid, G., Die evangelisch-reformierte Landeskirche des Kantons Zürich, Zürich 1954.

Schmid, H.H., Altes Testament und Religionsgeschichte, in: P. Stadler (Hg.), Die Universität Zürich 1933–1983. Festschrift zur 150-Jahr-Feier der Universität Zürich, Zürich 1983, 243–248.
Schmid, H.H., Altorientalische Welt in der alttestamentlichen Theologie. Sechs Aufsätze, Zürich 1974.
Schmid, H.H., Johann Caspar von Orelli und die Universität 2000, in: M.C. Ferrari (Hg.), Gegen Unwissenheit und Finsternis. Johann Caspar von Orelli (1787–1849) und die Kultur seiner Zeit, Zürich 2000, 365–375.
Schmid, H.H., Prof. Dr. Hans Wildberger, Jahresbericht der Universität Zürich 1986/1987, [59].
Schmid, H.H., Prof. Dr. Victor Maag, Nekrologe 2002, Zürich 2002, 27–28.
Schmid, H.H., Umbau der Kirche. Die Revision der Zürcher Kirchengesetzgebung 1943–1967 aus der Sicht eines ihrer Väter: Gotthard Schmid (1909–1968), Zürich 1988.
Schmid, H.H., Universität, Öffentlichkeit und Staat. 150 Jahre Zürcher Wirren um David Friedrich Strauss, Jahresbericht der Universität Zürich 1988/1989, Zürich 1989.
Schmid, K., Art. Steck, Odil Hannes, in: BBKL 24 (2004a), 1428–1433.
Schmid, K., Art. Steck, Odil Hannes, in: RGG 4. Aufl., Bd. 7 (2004b), 1696.
Schmid, K., Die Geschichte vom Sündenfall zwischen historischer Bibelkritik und Theologie. Die Kontroverse zwischen Ludwig Köhler, Emil Brunner und Hugo Gressmann aus dem Jahr 1926, in: M. Kessler / M. Wallraff (Hgg.), Biblische Theologie und historisches Denken. Wissenschaftsgeschichtliche Studien aus Anlass der 50. Wiederkehr der Basler Promotion von Rudolf Smend, Studien zur Geschichte der Wissenschaften in Basel N.F. 5, Basel 2008, 335–355.
Schmid, K., Karl der Grosse im Siegel der Universität Zürich, in: K. Spillmann (Hg.), Gestalt und Gestaltungen eines Gestalters. Ein bunter Strauss zum 1200. himmlischen Geburtstag von Karl dem Grossen, dargebracht von der Gelehrten Gesellschaft in Zürich, Zürich 2014a, 25–37.
Schmid, K., Literaturgeschichte des Alten Testaments. Eine Einführung, Darmstadt ^{2}2014b.
Schott, C., Die Sitzhaltung des Richters, in: R. Schulze (Hg.), Symbolische Kommunikation vor Gericht in der Frühen Neuzeit (Schriften zur Europäischen Rechts- und Verfassungsgeschichte 51), Berlin 2006, 153–187.
Schrader, E., Keilinschriften und Geschichtsforschung, Giessen 1878.
Schrenk, G., Nekrolog auf Professor D. Arnold Meyer, Bericht über das akademische Jahr, Zürich 1934/1935, 59–62.
Schulthess-Rechberg, G. von, Die zürcherische Theologenschule im 19. Jahrhundert, in: Universität Zürich. Festgabe zur Einweihung der Neubauten 18. April 1914, Zürich 1914, 3–149.
Schwagmeier, P., Der Zürcher Gelehrte Jakob Hausheer, in: J. Diehl und M. Witte (Hgg.), Studien zur Hebräischen Bibel und ihrer Nachgeschichte. Kleine Untersuchungen zur Sprache des Alten Testaments und seiner Umwelt 12–13, Waltrop 2011, 41–144.

Schwarz, Dietrich, Eine Gesellschaft. 150 Gelehrte Gesellschaft in Zürich 1837–1987, Zürich 1987.

Schweizer, A., Das Leben Jesu von Strauß im Verhältniß zur Schleiermacher'schen Dignität des Religionsstifters, Zürich 1837.

Schweizer, A., Die christliche Glaubenslehre, nach protestantischen Grundsätzen dargestellt, 2 Bde., Leipzig 1863/1972.

Schweizer, A., Ueber die Dignität des Religionsstifters. Ein Beitrag zur Ausmittelung des Verhältnisses von Wissen und Frömmigkeit, ThStKr 1834, 1–37.

Schweizer, E., Nekrolog auf Professor Gottlob Schrenk, Jahresbericht der Universität Zürich 1965/1966, 86–87.

Schweizer, E., Neues Testament, in: P. Stadler (Hg.), Die Universität Zürich 1933–1983. Festschrift zur 150-Jahr-Feier der Universität Zürich, Zürich 1983, 248–251.

Schweizer, P., Freisinnig – Positiv – Religiössozial. Zur Geschichte der Richtungen im Schweizerischen Protestantismus, Zürich 1972.

Smend, R., Ludwig Köhler, in: C. Bizer u. a. (Hgg.), Theologisches geschenkt. FS M. Josuttis, Bovenden 1996, 185–195.

Smend, R., Walther Zimmerli, in: ders., Deutsche Alttestamentler aus drei Jahrhunderten, Göttingen 1989, 276–298.

Smend, R., Richtungen. Ein Rückblick auf die alttestamentliche Wissenschaft im 20. Jahrhundert, ZThK 97 (2000), 259–275.

Stadler P., Johann Caspar von Orelli, Zürichs zögerlicher Universitätsgründer, in: M.C. Ferrari (Hg.), Gegen Unwissenheit und Finsternis. Johann Caspar von Orelli (1787–1849) und die Kultur seiner Zeit, Zürich 2000, 355–364.

Stadler, P. (Hg.), Die Universität Zürich 1933–1983. Festschrift zur 150-Jahr-Feier der Universität Zürich, Zürich 1983.

Stadler, P., Der Kulturkampf in der Schweiz. Eidgenossenschaft und katholische Kirche im europäischen Umkreis, 2. Aufl. Zürich 1996.

Steck, O.H., Bereitete Heimkehr. Jesaja 35 als redaktionelle Brücke zwischen dem Ersten und dem Zweiten Jesaja, SBS 121, Stuttgart 1985.

Steck, O.H., Die Prophetenbücher und ihr theologisches Zeugnis. Wege der Nachfrage und Fährten zur Antwort, Tübingen 1996.

Steck, O.H., Exegese des Alten Testaments. Leitfaden der Methodik. Ein Arbeitsbuch für Proseminare, Seminare und Vorlesungen, Neukirchen-Vluyn [14]1999.

Steck, O.H., Gott in der Zeit entdecken. Die Prophetenbücher des Alten Testaments als Vorbild für Theologie und Kirche, BThSt 42, Neukirchen-Vluyn 2001a.

Steck, O.H., Lehrstuhl für Alttestamentliche Wissenschaft und Spätisraelitische Religionsgeschichte in der Theologischen Fakultät der Universität Zürich, ThZ 57 (2001b), 199–209.

Steiner, H., Alte Rotuli neu aufgerollt. Quellenkritische und landesgeschichtliche Untersuchungen zum spätkarolingischen und ottonischen Zürich, Forschungen zur oberrheinischen Landesgeschichte 42, Freiburg i.Br. 1998.

Steiner, H., Ferdinand Hitzig. Rede bei der Stiftungsfeier der Zürcherischen Hochschule am 29. April 1882, Zürich 1882.

Stolz, F., Der Gott der Theologie und die Götter der Religionswissenschaft, in: ders., Religion und Rekonstruktion. Ausgewählte Aufsätze, Göttingen 2004, 287–304.

Stolz, F., Grundzüge der Religionswissenschaft, Göttingen 1988.

Stolz, F., Von der Theologie zur Keilschriftforschung. Der Assyrologe Eberhard Schrader, 1836–1908, Uni Zürich 5 (1987), 3–4.

Straub, E., Alexander Schweizer als Ausleger des Neuen Testaments, in: E. Campi u.a. (Hgg.), Alexander Schweizer (1808–1888) und seine Zeit, Zürich 2008, 217–238.

Strauss, D.F., Das Leben Jesu – kritisch bearbeitet, Tübingen 1835. Neudruck, hg. und mit einer Einleitung versehen von Werner Zager, Darmstadt 2012.

Tietz, C., Dietrich Bonhoeffer. Theologe im Widerstand, München 2013.

Tillich, P., Dogmatik. Marburger Vorlesung von 1925, hg. von Werner Schüßler, Düsseldorf: Patmos, 1986.

Uehlinger, C., Religionswissenschaft in der Schweiz: Geschichte und aktuelle Perspektiven. Bulletin der Vereinigung der Schweizerischen Hochschuldozierenden 36,1 (2010), 5–12.

Volkmar, G., Die Religion Jesu und ihre erste Entwicklung nach dem gegenwärtigen Stande der Wissenschaft, Leipzig 1857.

Vollenweider, S., Nekrolog auf Prof. Dr. Eduard Schweizer, Nekrologe, Zürich 2006, 35–36.

Vollenweider, S., Nekrolog auf Prof. Dr. Siegfried Schulz, Nekrologe, Zürich 2000, 19–20.

Wagner, S., Franz Delitzsch. Leben und Werk, Giessen 2. Aufl. 1991.

Waldburger, P., Zum 70. Todestag des Begründers der Zwingliana: Eine Eingabe Emil Eglis als Präsident der Armenpflege Kappel, 1870, Zwingliana 14/10 (1978), 590–596.

Weder, H., Die Rede der Reden. Eine Auslegung der Bergpredigt heute, Zürich (1985) ^{5}2003.

Weder, H., Neutestamentliche Hermeneutik, Zürich (1986) ^{2}1989.

Weder, H., Nekrolog auf Prof. Dr. Hans Heinrich Schmid, Nekrologe, Zürich 2014, 68–71.

Weder, H., Theologie, Hermeneutik und Kirche: Ehrenpromotion Hans Weder, Jena 2013.

Weigelt, H., Johann Kaspar Lavater. Leben, Werk und Wirkung, Göttingen 1991.

Wellhausen, J., Die Composition des Hexateuchs und der historischen Bücher des Alten Testaments, Berlin ^{3}1899.

Wellhausen, J., Prolegomena zur Geschichte Israels, Berlin u.a. 1883/^{6}1927.

Wesseling, K.-G., Karl Viktor Ryssel, in: Biographisch-Bibliographisches Kirchenlexikon, Bd. 8, Herzberg 1994, 1121–1124.

Wette, W.M.L. de, Lehrbuch der historisch-kritischen Einleitung in die kanonischen und apokryphen Bücher des Alten Testaments, sowie in die Bibelsammlung überhaupt, mit einer Schrifttafel und Registern, neu bearbeitet von Eberhard Schrader, 8. Aufl., Berlin 1869.

Widmer, S., Zürich. Eine Kulturgeschichte. Band 7: Schöngeister und Aufrührer, Zürich 1979.

Wiesmann, H. Das Grossmünster in Zürich, in: Mitteilungen der Antiquarischen Gesellschaft in Zürich 32, 1937, 1–7.
Wildberger, H., Jahwewort und prophetische Rede bei Jeremia, Zürich 1942.
Wildberger, H., Isaiah, 3 vols. Minneapolis 1991–2002.
Wildberger, H., Jesaja 1–39, BK X, 3 Bde., Neukirchen-Vluyn 1972–1982.
Wissenschaftlicher Informationsdienst der Universität Zürich (Hg.), Uni Zürich. Mitteilungsblatt des Rektorats, Themenheft Theologie 11 (1980).
Wittmer-Butsch, M., Gabathuler, M. Karl der Grosse und Zürich. Zur Gründungsphase des «Grossmünsters», in: A. Meyer u. a. (Hgg.), Päpste, Pilger, Pönitentiarie. Festschrift für Ludwig Schmugge, Tübingen 2004, 211–224.
Wolf, W., Arthur Rich, in: Schaffhauser Beiträge zur Geschichte 81 (2007), 269–282.
Wolf, W., Für eine sozial verantwortbare Marktwirtschaft. Der Wirtschaftsethiker Arthur Rich, Zürich 2009.
Wolff, U., «Das Geheimnis ist mein». Walter Nigg. Eine Biographie, Zürich 2009.
Wyss, G. von, Die Hochschule Zürich in den Jahren 1833–1883. Festschrift zur fünfzigsten Jahresfeier ihrer Stiftung im Auftrage des akademischen Senats verfasst, Zürich 1883.
Zeindler, M., Emil Brunner (1889–1966), in: Wolfgang Lienemann / Frank Mathwig (Hgg.), Schweizer Ethiker im 20. Jahrhundert. Der Beitrag theologischer Denker, Zürich 2005, 85–104.
Ziegler, T., David Friedrich Strauss, Strassburg 1908.
Zimmerli, W., Ezechiel, BK XII/1.2., Neukirchen-Vluyn 1969 (^{2}1979).
Zimmerli, W., Grundriss der alttestamentlichen Theologie, ThW 3, Stuttgart 1972 (^{4}1982).
Zumstein, J., L'évangile selon Saint Jean, vol. 2, Genève 2007, vol. 1, Genève 2014.
Zürcher, C. Konrad Pellikans Wirken in Zürich, 1526–1556, 1975.
Zwingli, H., Huldreich Zwinglis sämtliche Werke; einzige vollständige Ausgabe der Werke Zwinglis, unter Mitwirkung des Zwingli-Vereins in Zürich herausgegeben von E. Egli u. a., Berlin u. a. 1905– (Corpus reformatorum 88–101).

Abbildungsnachweis

Fotografien der Gebäude an der Kirchgasse 9, Zollikerstrasse 117 und Kantonsschulstrasse 1 in Zürich: Ursula Markus, Zürich (S. 8, 14, 16, 20, 24, 27, 28, 33, 36, 46, 56, 84, 91, 92, 94, 104, 110, 152, 154, 156, 162, 168, 180, 190, 194, 197, 198, 203, 204, 210, 214, 216)

Der Kreuzgang beim Grossmünster in Zürich / Aquatinta von Franz Hegi (1774–1850), Privatbesitz Paul Michel (S. 39): Blick in den reichhaltig mit Skulpturen versehenen West- und Südflügel des Kreuzgangs vor dem Abbruch des Kreuzgangs 1851; die Grabplatten am Boden verschwanden beim Wiederaufbau.

Das Chorherrengebäude Anno 1803 / Franz Hegi (S. 40), Zentralbibliothek Zürich, Graphische Sammlung und Fotoarchiv

Chorherrenstift beim Grossmünster um ca. 1840 / unbekannter Künstler (S. 43), Zentralbibliothek Zürich, Graphische Sammlung und Fotoarchiv

Ferdinand Hitzig, Quelle unbekannt (S. 48)

Alexander Schweizer, Porträt von Karl Friedrich Irminger, Collection du Musée Schwab, Biel/Bienne (S. 54)

David Friedrich Strauss, Porträt aus Die Gartenlaube, Nr. 4, 1908, David Friedrich Strauß. Zu seinem hundertsten Geburtstage, 83 (S. 64)

Alois Emanuel Biedermann, Universitätsarchiv Zürich, UAZ AB.1.0069 (S. 72)

Leonhard Ragaz, Porträt von Heinrich Altherr aus der Basler Zeit (S. 107)

Emil Brunner und Karl Barth, Karl Barth-Archiv, Basel (S. 123)

Fritz Blanke, Universitätsarchiv Zürich, UAZ AB.1.0080 (S. 126)

Eduard Schweizer, Universitätsarchiv Zürich, UAZ AB.3.201 (S. 133)

Gerhard Ebeling, Archiv Mohr Siebeck, Tübingen (S. 143)

Robert Leuenberger, Universitätsarchiv Zürich, UAZ AB.3.131 (S. 149)

Eine Fakultätssitzung im Jahr 1980, Universitätsarchiv Zürich, UAZ E 5.2.32 (S. 177)

Fritz Stolz, Universitätsarchiv Zürich, UAZ AB.2.77 (S. 185)

Register